高校后勤管理及服务育人

郭 俊 著

哈尔滨出版社
HARBIN PUBLISHING HOUSE

图书在版编目（CIP）数据

高校后勤管理及服务育人 / 郭俊著． -- 哈尔滨：哈尔滨出版社，2024. 6. -- ISBN 978-7-5484-7974-1
Ⅰ．G647.4
中国国家版本馆 CIP 数据核字第 2024QD7522 号

书　　名：高校后勤管理及服务育人
GAOXIAO HOUQIN GUANLI JI FUWU YUREN

作　　者：郭　俊　著
责任编辑：韩伟锋
封面设计：张　华
出版发行：哈尔滨出版社（Harbin Publishing House）
社　　址：哈尔滨市香坊区泰山路 82-9 号　邮编：150090
经　　销：全国新华书店
印　　刷：廊坊市广阳区九洲印刷厂
网　　址：www.hrbcbs.com
E - mail：hrbcbs@yeah.net
编辑版权热线：（0451）87900271　87900272
开　　本：787mm×1092mm　1/16　印张：16.5　字数：350 千字
版　　次：2024 年 6 月第 1 版
印　　次：2024 年 6 月第 1 次印刷
书　　号：ISBN 978-7-5484-7974-1
定　　价：76.00 元

凡购本社图书发现印装错误，请与本社印制部联系调换。
服务热线：（0451）87900279

前　言

科学发展观的核心是以人为本，其在高校的根本体现，就是要坚持人本化教育理念，始终明确以大学生为教育的主体，以全面提高大学生综合素质为教育的根本目的。要坚持统筹兼顾的工作方法，不断创新、落实、发展高校育人工作的机制和方法，充分调动一切积极因素，形成多角度结合、全方位进入的立体式育人体系，做到"全员育人、全过程育人、全方位育人"，高校后勤作为高等教育的重要组成部分，是学校大系统中的子系统，其作用随着高等教育的大发展和高校后勤社会化改革的深入而日益凸显。可以说，没有后勤的基础保障，学校就办不成，办不好。

在高校培养合格人才的过程中，后勤起着不可忽视的作用。后勤服务工作是高校育人工作的重要组成部分。在当前后勤服务社会化改革背景下，高校严格落实立德树人的根本任务，积极构建大思政格局，积极发挥后勤服务育人功能。如何有效实现高校后勤服务育人和管理育人的功能，是高校后勤工作者需要探索和实践的新课题。研究和探索高校后勤管理与服务育人工作有利于进一步提高高校思想政治工作能力和水平，提升人才培养质量。

育人无处不在，无时不在，无论从社会发展对于大学生的素质要求、还是从利于大学生成长成才的角度出发，高校后勤工作者所具有的团结拼搏、吃苦耐劳、无私奉献的精神品质，正是当代大学生所需要的。"学高为师，身正为范"，后勤工作者既是服务者也是教育者，他们的言行举止会通过与大学生长期直接的接触而产生潜移默化的影响作用。

为了确保研究内容的丰富性和多样性，笔者在写作过程中参考了大量理论与研究文献，在此向涉及的专家、学者们表示衷心的感谢。

最后，限于笔者水平，加之时间仓促，本书难免存在一些不足，在此恳请同行专家和读者朋友批评指正！

目 录

第一章 高校后勤管理概述 ... 1
  第一节 高校后勤管理的概念 ... 1
  第二节 高校后勤管理的目标 ... 5
  第三节 高校后勤管理的原理与方法 ... 6
  第四节 高校科学后勤管理理念的树立 ... 16

第二章 高校后勤管理基本原则及模式 ... 19
  第一节 高校后勤管理的基本原则 ... 19
  第二节 高校后勤管理的模式 ... 24
  第三节 高校后勤人力资源管理的研究 ... 28
  第四节 高校后勤财务管理的研究 ... 43
  第五节 高校后勤社会化管理的研究 ... 45

第三章 高校后勤管理信息化建设实践 ... 70
  第一节 高校后勤管理信息化的内涵 ... 70
  第二节 高校后勤信息化建设的重要意义 ... 75
  第三节 信息化背景下高校后勤管理路径 ... 78

第四章 高校后勤管理技巧 ... 99
  第一节 后勤管理计划技巧 ... 99
  第二节 后勤管理决策技巧 ... 102
  第三节 后勤管理组织技巧 ... 105
  第四节 后勤管理协调技巧 ... 113

第五节　后勤管理控制技巧 …………………………………… 120

第六节　后勤精细化管理技巧 ………………………………… 127

第五章　高校后勤管理的运作机制 …………………………… 132

第一节　高校后勤管理市场机制的建设 ……………………… 132

第二节　高校后勤管理体系的构建 …………………………… 138

第三节　高校后勤管理运行机制的优化 ……………………… 144

第四节　高校后勤管理服务机制的创新 ……………………… 154

第六章　高校后勤基础设施建设 ……………………………… 159

第一节　高校学生公寓基础设施建设 ………………………… 159

第二节　高校食堂餐饮基础设施建设 ………………………… 167

第三节　高校超市基础设施建设 ……………………………… 177

第四节　高校物流服务中心基础设施建设 …………………… 183

第七章　高校后勤服务育人基本原理 ………………………… 191

第一节　服务育人的内涵与特征 ……………………………… 191

第二节　服务育人的原则 ……………………………………… 201

第三节　服务育人的基本要素 ………………………………… 205

第八章　高校后勤服务育人的功能 …………………………… 214

第一节　高校后勤服务育人功能的定位 ……………………… 214

第二节　高校后勤服务育人功能的内容 ……………………… 223

第三节　发挥高校后勤育人功能的途径 ……………………… 228

第九章　高校后勤服务育人发展路径探索 …………………… 233

第一节　高校后勤服务育人的基础——队伍建设 …………… 233

第二节　高校后勤服务育人的保障——科学管理 …………… 240

第三节　高校后勤服务育人的途径——"四结合" …………… 246

参考文献 …………………………………………………………… 253

第一章 高校后勤管理概述

第一节 高校后勤管理的概念

一、高校后勤管理学的内涵

（一）高校后勤管理学定义分析

一门学科之所以称其为一门学科，在于它有独特的、稳定的研究对象。毛泽东曾指出，"科学研究的区分，就是根据科学对象所具有的特殊的矛盾性。因此，对于某一现象的领域所特有的某一种矛盾的研究，就构成某一门学科的对象。"高校后勤管理学的研究对象是高校后勤这一特定领域，而高校后勤具有自己的内在规定性和运行规律。经济学、管理学、工程学和教育学等基础学科虽可以指导高校后勤这一特定领域的实践，但这种指导仅具有间接意义，因此有必要以高校后勤自身的实践为依据，形成一门高校后勤管理学，直接指导该领域的工作。"高校后勤"并不是一个过渡性的概念，虽然我们正在大力推进高校后勤社会化改革，高校后勤可能最终不会有某一个特定的实体与之对应，但只要有高校存在，就必然有高校后勤管理。对于完全社会化、企业化的高校后勤服务实体，虽然在形式上它们和一般的企业没有区别，但是由于它们所服务的市场和顾客的特殊性，它们在管理上呈现出自身的特色，高校后勤管理学就仍有必要。总而言之，研究对象所具有的特殊性和稳定性，决定了高校后勤管理学是一门有生命力的学科。

正如我们不可能建造一座空中楼阁，我们也不可能凭空建立起高校后勤管理学的体系，建立高校后勤管理学的前提是其必须具有厚实的理论基础和充分的经验积累。高校后勤管理学是在现代经济学、管理学、工程学、教育学等基础学科上建立起来的一门综合性学科，这些基础学科都有庞大的理论体系，可以在思想、方法、知识等方面给高校后勤学提供依据、指导、借鉴和支撑。中外高校后勤管理丰富的实践经验，特别是二十一世纪以来后勤社会化的历程，为我们提供了充分的研究素材，可以供我们总结、归纳、提炼，形成成熟、完善、不断发展的理论体系；同时，实践还作为客观公正的"法官"，对我们研究成果的真伪进行检验、评判，使这门学科的真理性得到保证。一门学科的建立，总是以基础理论的突破开始，就像没有牛顿力学三大规律就没有牛顿力学，没有质能方程就没有相对论一样。所以我们认为，高校后勤管理学得以建立的最大理论突破是邓小平的社会主义市场经济理论，它使我们得以充分地认识到高校后勤的经济属性和教育属性，为高校后勤的社会化改革提供了理论依据，也为我们建立高校后勤管理学扫清了理论上的障碍，使我们可以不必为姓"社"或姓"资"而争论不休，更使我们可以大胆地运用社会主义市场经济的理论来指导高校后勤社会化改革以及开展对高校后勤管理学的研究。

当前学术研究和学科建设的一个大趋势是学科划分的日益细化和各学科之间的交叉融合，这一趋势反映了人类对于自然界和人类社会认识的日益深化。

大的学科由于分、子学科的增加而形成庞大的体系，譬如大树，一级学科好比主干，主要反映对该领域研究对象共性的认识，是对该学科一般规律的总结；下面的二、三级学科则好比枝叶，越细分越偏向于反映对研究对象个性的认识，分别从不同的部分、不同的方面揭示研究对象运行的特殊规律。"大树"越往"主干"上走，就越抽象和一般，直接的应用价值就越差，而"枝叶"则很好地弥补了这一点。高校后勤管理学作为管理学的分支学科，揭示了高校后勤这一特殊领域的管理规律，丰富了管理学的学科大厦，提高了管理学解释世界的能力和对于人类活动的指导意义。目前的高校后勤社会化改革，重点和难点主要集中于两个方面：一是比较宏观的高校后勤体制的构建；二是比较微观的后勤服务实体的内部管理。在这两个方面，高校后勤管理学都有很强的应用价值。

（二）高校后勤管理学的学科分析

高校后勤管理学是一门交叉学科和综合学科，高校后勤管理学是经济学、管理学、工程学、教育学等学科交叉融合而形成的。

从学科属性来看，高校后勤管理学只能是一门管理学而不能是其他的学科，否则必然是"文不对题"；从知识体系构成来看，管理学的知识是高校后勤管理学的主体，高校后勤管理学主要是管理学在高校后勤领域内的应用和延伸。就学科发展的一般规律而言，综合性学科和交叉性学科一般都是以一门学科为主体搭建起一个理论框架，然后用这个理论框架去整合其他学科的知识，从而形成一个合理的、严密的知识体系。高校后勤管理学以管理学的理论为框架，在分析高校后勤特点与规律的基础上，可以很方便地把现有的高校后勤管理理论和实践经验纳入进来，同时现代管理学的不断发展和广泛应用，可以为高校后勤管理学的发展提供源源不断的支持。

管理学这个一级学科下面划分了若干二级学科，其中包括高等学校管理的后勤管理学——高等学校管理和后勤管理这两个二级学科交叉融合成三级学科：高校后勤管理学。高校后勤管理学除了从管理学的"母体"中吸取营养外，还接受经济学、教育学、工程学和其他学科的指导。

（三）高校后勤管理学的学科体系

与其他学科一样，高校后勤管理学也可以划分为理论与实务部分。我们把高校后勤管理学的知识体系划分为三个层次：第一层次是基本理论层次，主要探讨高校后勤的基本属性与特征、高校后勤管理的内涵与外延、管理目标、管理对象、管理职能、管理体制与模式、高校后勤管理的研究方法、高校后勤管理的国际比较研究等；第二层次是高校后勤管理的分支学科，是基本理论到实务之间的过渡地带，主要包括高校后勤宏观管理和高校后勤微观管理两个部分，前者主要研究政府对高校后勤的整体布局、法律政策框架、改革推进模式等内容，后者则主要是从事高校后勤服务的实体对后勤经营、服务、运作各方面进行的管理，这两个部分构成我们研究的主体，主要包括高校后勤战略管理、人力资源管理、营销管理、财务管理和物流管理等；第三层次则主要是高校后勤管理的实务，主要包括学生公寓管理、食堂管理、商业管理、通讯管理、基建管理、绿化管理、医疗管理等。

高校后勤管理活动是在不同的层次上展开的。高校后勤管理按照层次一般划分为高层管理、中层管理和基层管理。

高层管理是在组织的战略层次上展开的，其管理者主要负责组织战略的制定以及与外部环境进行联系，比如与政府主管部门、金融机构、学校有关行政部门等建立良好的关系，也就是说高层管理活动是组织的战略计划活动。

中层管理的目的是对企业的资源进行优化配置，以实现高层管理所制定的战略目标。中层管理者主要在其职责范围内执行计划并监督基层管理者完成计划。例如，食堂负责人通过对食堂各种服务人员工作的安排从而达到为师生提供可口饭菜这样一个目标。

基层管理主要是对日常业务活动的监督，基层管理者监督指导诸如记录订货、收取支票、控制存货和维修设备之类的活动。一旦出现如定价错误或日常设备损坏等问题，基层管理者就应出面解决这些问题，以保证组织的正常运转。在对其负责的业务活动进行指导时，基层管理者需要充分掌握质量控制报告、存货转交报告等信息。例如，公寓管理人员要定期了解学生宿舍内设备的损坏情况及维修记录等。

高校后勤服务实体在市场经济的条件下，要按照现代企业的管理规则进行运作。现代企业的职能领域相当广泛，各个领域之间相互影响，相互促进。对于高校后勤来说，战略管理、人力资源管理、物流管理、财务管理等职能领域是值得重点关注的，在这些职能领域内，很多高校后勤服务实体在理论和操作上都是比较欠缺的。

战略管理就是分析企业的外部环境要求和内部资源状况，并以此为基础确定企业发展的方向和策略。战略管理致力于对市场营销、财务会计、生产作业、研究开发、计算机信息系统等进行综合管理，以实现企业的成功。在战略管理中，迈克尔·波特的五种竞争力模型和价值链管理思想是相当有效的分析工具。一个组织素质的高低，在很大程度上是其成员素质的总体反映。得到并留住能干的员工，是每个组织取得成功的关键，不管这一组织是刚建立还是已经运作多年。所以，人力资源管理是管理工作职能领域中相当重要的一个环节。财务状况往往被看作是考察企业竞争力和对投资者吸引力的最好尺度。确定企业的财务优势与劣势是制定有效战略的必要条件。财务因素往往会改变企业现行的战略与计划。企业的资金周转率、财务杠杆比率、流动资金、盈利率、资产利用率、现金流量及股东权益等财务指标状况可以排除某些战略的采用，所以财务管理职能在企业中相当重要。财务活动包括投资活动、融资活动、利润分配活动和资产管理活动。

后勤和物流本身有着天然的联系。物流是为满足消费者需求而进行的从起点到终点间的原材料、中间过程库存、最终产品和相关信息有效流动和储存的计划、实施和控制的管理过程。物流管理的目的是在尽可能最低的总成本条件下实现既定的客户服务水平，寻求服务优势和成本优势之间的平衡。高校后勤的采购、运输等环节都涉及到物流的控制，这必然要求建立现代化的物流管理体系。

第二节 高校后勤管理的目标

一、服务上满足师生

后勤队伍以窗口建设、校园基本建设、环境卫生和绿化美化校园为重点，强调以"文明、规范、热情"的服务态度做好服务和管理工作。

为使教师和学生有一个良好的教与学的环境，后勤还要定期检修教室及文体设施，水电维修人员要经常到宿舍为学生维修水电设施。

总之，后勤管理要把"三服务（为教学、科研、学生服务）、两育人（服务育人、管理育人）"作为评估后勤各项管理服务工作的标准，使后勤围绕教学做好各项保障工作，为师生员工做好服务，为学校发展做好后勤工作。

二、环境上美化、亮化校园

校园环境是高校赖以生存的硬件基础，是环境育人的主要场所。校园环境和校容校貌的管理、修缮是高校后勤管理的重要工作内容。通过后勤员工的努力，给师生提供良好的工作学习环境是后勤工作的重要目标。

建设整洁干净的校园永远是后勤工作的重要内容。因此，后勤要加强对保洁公司的监管力度，对环境卫生、教室卫生、楼道卫生等重要区域进行"地毯式"检查，做到环境卫生无死角。

三、物质上保证教学运转

作为大学，教学大楼是必要的物质条件，建好、管好、用好大楼是后勤管理工作的当务之急。教室、实验室的教具和设备要符合要求。教室的大小、光线的好坏直接影响教师的教学效果和学生的学习效果。教室中的主要设备应有桌椅、黑板、电灯、讲台、多媒体设备、通风设备等。

（一）桌椅的要求

无论是哪一层次的学生，上课都需要桌椅，这是各类学校进行教学的必要物质条件。后勤安排桌椅时，一要考虑规格，二要保证数量。后勤要按照每个教室容量合理配备课桌椅。

（二）黑板的要求

黑板要平整、纯黑、不反光。黑板前的地面应添加讲台，以便于学生听讲和教师观察学生的听讲情况；讲台要比黑板稍长，利于使用。

（三）实验室的要求

实验室要比教室稍大一些，便于教师演示和学生操作。实验室还必须有教师准备室。

四、精神上服务育人

后勤工作要树立"三服务、两育人"的意识，即"后勤工作为教学、科研和师生员工服务"以及"服务育人、管理育人"，高校后勤管理要发挥管理育人、服务育人的作用，以及大学生参与后勤管理，推动高校后勤社会化改革的作用。

第三节 高校后勤管理的原理与方法

一、高校后勤管理的原理

（一）系统原理

系统原理是现代管理科学的一个最基本的原理，它指人们在从事管理工作时，运用系统的观点、理论和方法对管理活动进行充分的系统分析，以达到管理的优化目标，即从系统论的角度来认识和处理企业管理中出现的问题。

1. 系统存在的条件

系统就是若干相互联系、相互作用、相互依赖的要素结合而成的，具有一定的结构和功能，并处在一定环境下的有机整体。系统的整体具有不同于组成要素的新的性质和功能。具体来讲，系统的各要素之间、要素与整体之间、整体与环境之间，都存在着一定的有机联系，从而在系统的内部和外部形成一定的结构。可以说，要素、联系、结构、功能和环境是构成系统的基本条件。

要素指构成系统的基本成分。要素和系统的关系是部分与整体的关系，具有相对性。一个要素只有相对于由它和其他要素构成的系统而言，才是要素；相对于构成它的组成部分而言，则是一个系统。

联系指系统要素与要素、要素与系统、系统与环境之间的相互作用关系。一方面，它表明系统内的要素处于不断的运动之中。系统中任何一个要素的变化都会影响其他要素的变化，进而影响系统的发展。同时，要素的发展也会受到系统的制约，这是因为系统的发展是要素或部分存在和发展的前提；另一方面，作为一个整体的系统与它周围的环境进行物质、能量和信息的交换，形成了从系统的输入端到系统输出端的物质流、能量流和信息流。

结构指系统内部各要素的排列组合方式。每一个系统都有自己特定的结构，它以自己的存在方式规定了各个要素在系统中的地位与作用。结构是实现整体大于部分之和的关键，结构的变化制约着整体的发展变化；构成整体的要素间发生数量比例关系的变化，也会导致整体性能的改变。总之，系统的整体功能是由结构来实现的。

功能指系统与外部环境在相互联系和作用的过程中所产生的效能。它体现了系统与外部环境之间的物质、能量和信息的交换关系。系统的功能取决于过程的秩序，如同要素的胡乱堆积不能形成一定的结构一样，过程的混乱无序也无法形成一定功能。从本质上说，功能是由运动表现出来的。离开系统和要素之间及其外部环境之间的物质、能量和信息的交换过程便无从考察系统的功能。

系统边界将起到对系统的投入与产出进行过滤的作用，在边界之外是系统的外部环境，它是系统存在、变化和发展的必要条件。系统外部环境的性质和内容发生变化，往往会引起系统的性质和功能发生变化。因此，任何一个具体的系统都必须具有适应外部环境变化的功能，否则将难以取得生存与发展。

2.系统的特征

（1）整体性

系统的整体性又称为系统性，通常理解为"整体大于部分之和"。也就是说，系统的功能不等于要素功能的简单相加，而是往往要大于各个部分功能的总和。

它表明要素在有机地组织成为系统时，这个系统已具有其构成要素本身所没有的新质，其整体功能也不等于所组成要素各自功能的总和。

根据整体性这一特点，在研究任何一个对象的时候，不能仅研究宏观上的整体，也不能仅研究各个孤立的要素，而是应该了解整体是由哪些要素组成的以及在宏观上构成整体的功能。也就是说，人们在认识和改造系统时，必须从整体出发，从组成系统的各要素间的相互关系中探求系统整体的本质和规律，把握系统的整体效应。

（2）层次性

任何较为复杂的系统都有一定的层次结构，其中低一级的要素是它所属的高一级系统的有机组成部分。系统与要素、系统与环境是相对的。就自然界而言，从宇宙大系统到基本粒子系统，存在着若干层次，各层次之间又相互交叉、相互作用。从社会生活来看，公共领域和非公共领域是社会生活的基本领域，以此可以把现代社会的管理划分为公共管理和企业管理两大类型。而在公共管理和企业管理之下，还可划分为许多不同层次的管理子系统。这样，逐层都有着系统与要素的关系。一般而言，系统的运动能否有效、效率高低，很大程度上取决于能否分清层次。

因此，研究系统的层次性对于实行有效管理具有重要的意义。当我们面临一个复杂系统时，首先，应搞清它的系统等级，明确在哪个层次上研究该系统；其次，运用分析和综合的方法，根据系统的实际情况把系统分为若干个层次；然后，把系统的各个部分、各个方面和各种因素联系起来，考察系统的整体结构和功能；最后，在此基础上，进一步明确层次间的任务、职责和权利范围，使各层次能够有机地协调起来。

（3）目的性

所谓目的性，指系统在一定的环境下，必须具有达到最终状态的特性。它贯穿于系统发展的全过程，并集中体现了系统发展的总倾向和趋势。一般而言，系统的目的性与整体性是紧密联系在一起的，若干要素的集合就是为了实现一定的目的。可以讲，没有目的就没有要素的集合。

因此，人们在实践活动中首先必须确定系统应该达到的目的，以明确系统可能达到什么样的最终状态，以便依据这个最终状态来研究系统的现状与发展；其次，实行反馈调节，使系统的发展顺利导向目的。例如，企业就是以营利为目的而进行生产和服务的经济组织,在市场经济下,企业的生命力在于其经济效益的最大化,这是企业组织追逐的根本目标。由于经济效益是通过企业营利来实现和衡量的,管理者必须运用反馈控制的方法,使企业的其他目标能够顺利地服务和服从于这一总目标。

（4）适应性

任何系统都存在于一定的环境之中,都要和环境有现实的联系。所谓适应性,就是指系统随环境的改变而改变其结构和功能的特性。系统在适应性方面涉及三种不同的情况：

第一,系统原有的稳定状态被破坏后,逐渐过渡到一个新的稳定状态,即依靠系统本身的稳定性来适应环境的改变。

第二,当系统稳定状态被破坏后,靠系统内部或人为提供的一个特殊机制,抗拒环境的干扰,修补被破坏的因素,使系统回到原来的稳定状态。像大学组织在传统上有能力阻挡外界力量并将它们的工作环境限制在一定范围的因素之内。大学组织作为生命有机体一样向前进化,它所面临的困境是如何在适应社会的变化中保持大学的内在发育逻辑。大学组织要保持学术发展的完整性,必须具有修复功能的机制,以超稳定的形态来表明大学组织的适应性。

第三,系统由于突然的、强大的干扰,稳态结构迅速被破坏,一个新的稳定形态迅速形成。

（二）责任原理

高校后勤正在走向社会化,所以必须建立现代企业制度。而现代企业制度要求职责分明,它所体现的是责任原理。

管理是追求效率和效益的过程。在整个过程中,要挖掘人的潜能,就必须在合理分工的基础上明确规定这些部门和个人必须完成的工作任务和必须承担与此相应的责任。这就是管理中的责任原理。

1. 明确每个人的职责

在高校后勤业务中,挖掘每个员工潜能的最好办法是明确每个人的职责。分工是生产力发展到一定阶段的必然要求,在合理分工的基础上确定每个人的职位,明确规定各职位应负责的任务,这就是职责。职责是整体赋予个体的任务,也是维护整体正常秩序的一种约束力。它以行政性规定来体现客观规律的要求,绝不是随心所欲的任务。与分工相对应的是每个人的职责。职责是在数量、质量、时间、效益等方面有严格规定的行动规范。表达职责的形式主要有各种规程、条例、方法、范围、目标、计划等。一般来说，分工明确，职责也会明确。分工只是对工作范围做了形式上的划分，而工作的质量、数量、完成时间、效益必须通过职责划分体现出来。

首先，职责界限要规定清楚。职责要按照与实体联系的紧密程度，划分为直接责任和间接责任、实时责任和事后责任。如在高校后勤食堂业务中，烹饪人员应对饭菜的质量负直接责任和实时责任，而食堂负责人应对其负间接责任和事后责任。

其次，职责要规定横向联系的内容。在规定某个职责的时候，要规定同其他部门和人员的配合情况。只有这样，才能提高整个组织的绩效。

最后，职责一定要落实到人。否则，就会出现无人负责的情况，导致管理上的混乱和无效。也就是说，制度本身的完善并不能取代制度能否有效执行。

2. 职位设计和权限的合理委托

与职责对应的是一定的权力。任何任务的完成都需要人、财、物的支持，这就需要一定的权力。高校后勤管理人员要善于授权，要把员工完成职责所必需的权力合理委托给他们，由其做独立的决策，必要时给予适当的支持。只有这样，才能使员工具备履行职务责任的条件。任何职务都是一定权力和责任的统一体。承担责任就意味着承担一定的风险。风险理论要求一定的风险与一定的收益相对应。如果职责设计的风险与收益不对称，责任承担者可能感到工作难以接受，或者可以从中得到与其工作不对称的利益。这里的利益包括物质上的利益和精神上的满足感。

当然，某个岗位上职责明确、责权对应，并不意味着工作的有效开展，还需要看岗位任职者的能力。每个人的科学知识、工作才能等都是不一样的，这就必须使个人能力与岗位职责相对应，同时组织要定期对员工进行知识的培训和更新。

3. 有效的奖惩系统

奖惩必须分明、公正和及时。高校后勤集团要对每个员工（包括管理人员）的工作绩效给予公正、及时的奖惩，这有助于提高员工的积极性，挖掘每个员工的潜力，不断地提高绩效。对每个人进行公正的奖励，要以准确的考核为前提。

对于有成绩和贡献的员工，要及时地予以肯定和奖励，使他们的积极性和工作努力度保持下去。惩罚是任何人都不乐意接受的，惩罚的真正意义在于通过惩罚少数人来教育多数人，强化管理的权威。惩罚也可以及时制止一些人的不良行为，以免给组织带来更大的损失。

（三）服务原理

服务在字义上来说是履行某一项任务或是从事某种业务，也有为公众做事、替他人劳动的含义。在现代社会中，服务的含义越来越广泛。从产品和服务的区别来说，服务是具有无形特征却可给人带来某种利益或满足感的，并且可供有偿转让的一种或一系列活动。服务通常是无形的，并且是在供方和顾客接触面上至少需要完成一项活动的结果。

当今社会，服务主要涉及三方面：一是在顾客提供的有形产品上所完成的活动；二是在顾客提供的无形产品上所完成的活动；三是无形产品的交付；四是为顾客创造氛围。

服务主要具有以下特性。

1. 无形性。商品和服务之间最基本的，也是最常被提到的区别是服务的无形性。因为服务是由一系列活动所组成的过程，而不是实物，我们不能像感觉有形商品那样看到、感觉或者触摸到服务。

2. 异质性。服务是由人表现出来的一系列行动，而且员工所提供的服务通常是顾客眼中的服务。由于没有两个完全一样的员工，也没有两个完全一样的顾客，所以就没有两种完全一致的服务。

服务的异质性主要是由员工和顾客之间的相互作用以及伴随这一过程的所有变化因素所导致的。它也导致了服务质量取决于服务提供商不能完全控制的许多因素，如顾客对其需求清楚表达的能力、员工满足这些需求的能力和意愿、其他顾客的到来、顾客对服务需求的程度。由于这些因素的存在，服务提供商无法确保服务是否可以按照原来的计划和宣传的那样提供给顾客，有时候服务也可能会由中间商提供，那更加强了服务的异质性。

3. 生产和消费的同步性。大多数商品是先生产，然后存储、销售和消费，但大部分的服务是先销售，然后同时进行生产和消费。这通常意味着服务生产的时候顾客是在现场的，而且会观察甚至参加到生产过程中来。有些服务是很多顾客共同消费的，即同一个服务由大量消费者同时分享，比如一场音乐会。

这也说明了在服务的生产过程中，顾客之间往往会有相互作用，因而会影响彼此的体验。

服务生产和消费的同步性使得服务难以进行大规模的生产，服务不太可能通过集中化来获得显著的规模经济效应，问题顾客（扰乱服务流程的人）会在服务提供过程中给自己和他人造成麻烦，并降低自己或者其他顾客的感知满意度。另外，服务生产和消费的同步性要求顾客和服务人员都必须了解整个服务的传递过程。

（四）效益原理

效益是管理的永恒主题。"要向管理要效益"，效益的高低直接影响着整个组织的生存和发展。高校后勤集团在走向社会化的道路中，一方面要追求合理的经济效益，另一方面要完成它的社会目标，即为广大师生服务。经济效益是实现社会目标的基础和保证，而社会目标的实现有助于后勤集团长远经济利益的实现。

效益是有效产出与其投入之间的一种比例关系，可以从社会和经济两个不同角度去考察，即可以划分为经济效益和社会效益。两者既有联系，又有区别。经济效益是追求社会效益的基础，社会效益是提高经济效益的重要条件。

经济效益可以运用若干个经济指标来反映，而社会效益则难以计量，必须借助于其他形式来间接反映。

1. 高校后勤对经济效益的追求

在实际工作中，管理效益是直接通过经济效益来体现的。影响经济效益的因素很多。

首先，主体管理思想正确与否占有相当重要的地位。高校后勤在走向现代化管理的过程中，采用先进的科学方法和手段，以及建立合理的管理机构和规章制度无疑是必要的，但更重要的是企业主管所采取的战略。如果对高校后勤的服务对象的经济承受能力定位错误，那么服务的内容再好，到头来也无济于事。实际上，经济效益总是与管理主体的战略联系在一起的。

其次，追求局部效益必须与追求全局效益协调一致，全局效益比局部效益更为重要。如果全局效益很差，局部效益就难以持久。高校后勤中如果仅有少数业务单元效益较好，也难以得到持久发展的人力、物力、财力的支持，这是因为整个后勤集团的效益差，负担沉重。因此，管理者应该把全局效益放在首位。当然，没有局部效益的提高，全局效益也难以得到提高。

再次，管理要追求长期稳定的高效益。企业时刻处于激烈的竞争中，而高校后勤目前的市场竞争不算激烈。但是，我们应该看到随着高校后勤改革的继续深入，竞争对手将大量涌现。服务实体不能仅满足于眼前的经济效益，为此，企业经营者必须要有远见卓识，随时盯着市场的变化。只有不断加强组织的后劲，积极进行企业的技术改造、技术开发、产品开发和人才培养，才能使企业获得长久的生命力。

最后，要确立管理活动的效益观，并学会自觉地运用各种客观规律。管理活动要以提高效益为核心，就必须学会运用价值规律，随时掌握市场情况，制定灵活的经营方针，灵敏地适应复杂多变的市场环境，满足社会需求。

2.高校后勤对社会效益的追求

高校后勤具有社会目标，对社会效益的不断追求有助于实现长远的经济效益。只有通过对社会效益的追求，高校后勤才能在学校和师生中得到支持，这是其长远发展的保证。对高校后勤业务来说，经济效益与社会效益是正相关的。

根据企业理论的最新成果，企业要实现利益相关者的价值最大化。也就是说，管理者的决策要对整个社会负责，他们的经营被看作公共财产，他们对提高公众利益负有责任。即使这样的活动对短期利益有消极影响，但为了长远发展，有时也是必需的。

二、高校后勤管理的方法

（一）高校后勤管理的基本方法

传统的管理方法主要有以下三种。

1.行政方法，即依靠行政组织的权威，运用命令、规定、指令、条例等行政手段直接指挥下属工作。科学的行政方法能够有力地保障党和国家路线、方针、政策的贯彻执行。在工作出现矛盾和失误的情况下，为保证后勤管理总体目标和计划不受干扰，并能尽快地解决问题，采取行政方法进行干预、调节往往比其他方法更为有效。

2.经济方法，即用经济手段，如工资、奖金、罚款、经济责任制等作为杠杆，组织调节和影响后勤职工行为的方法。经济方法有利于调动后勤广大干部、职工的工作积极性。

3. 责任制方法。这是行政方法和经济方法相结合的一种形式。它要求必须建立健全岗位责任制度、考核评估制度和奖惩制度，使制度和法规相对封闭，以做到责、权、利相结合。这样做有利于体现按劳分配、多劳多得的分配原则，也有利于提高后勤广大干部职工工作的主动性和创造性。

（二）高校后勤科学管理技术

当前，随着科学技术的不断发展，社会生产力不断进步，高新技术不断涌现，广大师生的生活需要和消费观念都发生了很大变化，单靠传统的管理方法远远不能够满足当前后勤管理向社会化过渡的需要。高校后勤管理必须引入现代科学的管理技术，引入现代企业管理的制度和方法，不断充实和完善后勤管理方法体系，以进一步满足广大师生生活的要求，加快高校后勤社会化的步伐。

1. 基础管理

高校后勤基础管理是指后勤管理中带有基础性、起点性和普遍性的工作。它是高校后勤部门进行科学管理及决策的客观依据和贯彻"按劳分配"原则的重要依据，是提高后勤部门整体素质的重要基础，也是提高后勤部门经济效益和社会效益的重要保证。

高校后勤基础管理主要包括信息工作、定额工作、服务的标准化和规范化、规章制度工作、班组工作及民主工作等，以下主要介绍三项。

（1）信息工作。高校后勤部门的信息大致包括上级的指示、指令；兄弟院校的有关后勤管理的动态、信息、经验的教训；校内各部门对后勤部门的工作反馈；微信公众号、广播、新闻等有关内容；后勤部门的工作总结、报表、财务运行情况及分析；学校教学、科研及师生生活所需物资的市场行情等。信息工作就是要把广泛收集来的各种可能的信息进行加工、处理，使之成为我们日常管理工作的参考和依据。

（2）定额工作。高校后勤部门的定额分为劳动定额、劳动定员、物资消耗定额、物资储备定额、资金占用定额、劳动产品价格等。定额工作是高校后勤部门为合理利用人力、物力和财力而制定的消费标准和占用标准工作，它是后勤进行科学组织生产和按劳分配的依据。

（3）规章制度工作。高校后勤部门的规章制度主要包括全局性的基本工作制度、各专业管理制度、岗位责任制度及奖惩制度等，它是高校后勤全体干群的行为规范和共同准则。同时，制定规章制度也是实现高校后勤企业化科学管理的重要保证。规章制度工作的重点在于抓好落实。

2. 目标管理

目标管理又称成果管理，是美国管理学家杜拉克于1954年提出的一种管理理论。杜拉克认为，"一个组织的目的和任务，必须转化为目标，如果一个领域没有特定的目标，则这个领域必然会被忽视"。他认为，"目标管理是一种建立在个人自主管理基础之上的，动员全体职工参与制定目标并保证目标实现的管理方式"。概括地讲，目标管理是指一个组织在一定时期内努力的方向、范围和预定的成果。它是应用行为科学的原理，让职工参与管理，使管理者与职工一起协商，共同制定目标，确立彼此的成果和责任，使之进行自我控制、自我考核、自我评价，以此来激励每个成员的责任心，发挥最大的潜力，以达到整体的目标。

高校后勤部门的目标是多方面、多层次的。其总目标构成一个体系，围绕总目标可制定出部门目标，围绕部门目标可制定出基层目标，围绕基层目标可制定出个人目标，从而形成高校后勤部门的目标管理体系。各级管理者通过目标对下级进行管理，并通过目标来衡量每个人贡献的大小，以保证整个组织的总目标的实现，而每个职工则根据目标的总需求来制定个人的目标。高校后勤管理引入目标管理的方法，有利于改进后勤干部的管理方法，实现领导和群众相结合；有利于改革现行的干部制度，改进后勤考核、评估方式，充分调动广大后勤干部职工的积极性、主动性和创造性；有利于提高高校后勤管理工作的计划性与决策的科学性，提高后勤管理的工作效率和经济效益。

3. 全面质量管理

全面质量管理是20世纪60年代由美国通用电气公司的质量专家费根鲍姆和朱兰等人提出来的。目前已经成为现代科学管理的一个主要组成部分，受到了人们的普遍关注。

全面质量管理的步骤包括：分析现状，找出存在的问题；分析产生问题的主要原因；找出问题的主要因素；制订解决问题的措施、计划；严格执行计划；检查计划执行情况；总结经验教训，实行人才标准化；解决遗留问题等。

全面质量管理的方法有简易图表法、排列图法、因果图法、对策表法、系统图法等。高校后勤服务部门的服务工作有必要引入全面质量管理的方法，保证其"三服务、两育人"工作的顺利开展和进行。

要搞好全面质量管理，高校后勤服务者首先要具备质量意识。质量意识就是要在自己的工作中自觉体现出为师生员工提供最满意的服务，用自己的辛勤汗水去为别人创造方便、安适和幸福的环境。质量管理意识是做好后勤服务工作的思想基础，是体现后勤职工职业道德和素质的标志。后勤职工质量意识的强烈与否影响着服务质量的优劣，标志着后勤职工素质的高与低。后勤服务者热爱学校、热爱本职工作、尊重服务对象，是形成质量意识的重要条件。

第四节　高校科学后勤管理理念的树立

一、树立以灵魂塑造为核心的现代管理理念

　　管理理念是凝聚人心的一种文化。这种文化是无形的，是一种精神支柱，是"存在于人们的思维意识之中的，用以对事物、观念进行'是非''好坏''善恶''值得追求与应该抛弃'等判断的观念标准体系"。高校后勤在构建管理理念中，一定要超越形式主义，抓住经营灵魂塑造这个要点，以经营灵魂塑造为中心，培育适应市场经济的集体价值观，培育反映高校后勤集体个性的集体行为。以统一的经营理念塑造高校后勤部门的集体意志，以强有力的经营管理塑造高校后勤部门的集体形象。高校后勤部门往往忽视统一灵魂、统一信仰的塑造，所以员工与后勤部门的凝聚力不强，精神资本弱于金钱资本和物质资本。只有以统一的灵魂作指挥中枢，人力资本、金钱资本和物质资本才会得到极大强化。

　　在灵魂塑造的过程中，要处理好社会效益和经济效益两者之间的关系，主要是处理好服务和经营的关系。服务是基础，是根本，是生命线。服务搞不好，高校后勤在学校就没有信誉。在服务做好的基础上，一定要抓好经营。经营既是提高，也是动力，经营反过来能够安定人心，并且能够促进服务。

二、树立以长期培育为特征的现代文化理念

　　高校后勤部门管理理念培育的目的是长远发展，而非获取某一时、某一局部的利益。因此，管理理念的培育是高校后勤的长期战略，而非追求短期成效。高校后勤一旦培育出优良的管理理念，会使其获得长足发展的可能。它能完善高校后勤的内部管理，塑造独特个性，整合各种资源，帮助后勤不断创新，在

教职工和学生间树立起良好的形象。只有把管理理念的培育过程作为高校后勤的长期战略，精心设计、全员参与、长期坚持、认真维护，管理理念才能成为保持高校后勤持续、稳定发展的动力。

三、树立管理制度与以人为本相结合的管理理念

在高校后勤改革与管理的过程中一定要重视制度的约束，但制度的约束必须建立在员工主体自觉性的基础上。也就是说任何制度的最后建立都要考虑它所承受的主体是员工本身，而员工是有高级思维的。如果制度建立了，却影响了员工的积极性，这种制度就是不合适的。

同时，外在制度的建立必须具有可执行性、可操作性、严肃性和普遍约束性。谈到管理制度，往往指管理一方制定一个管理制度，被管理者按照管理者规定的去办，但却忽视了管理者与被管理者的对等性的存在，即契约规则的存在。强调管理制度的严肃性是对的，被管理者应该按制度办事。但随着社会文明的发展和进步，在制度建立时也要强调人本主义，因为人是构成生产力诸因素中起主导作用的因素，又是最活跃的因素。只有在对等、共同认可的前提下制定的制度，才能被很好地执行，才能在很大程度上规范和约束员工的行为，才能培育和建立良好的团队精神，以实现高校后勤的改革、管理和发展目标。

四、树立管理效益和管理成本相结合的高效管理理念

在高校后勤管理活动中，既要考虑管理的效益，也要考虑管理的成本，管理成本直接影响管理效益的大小。如果管理的成本太小，管理效益太小，那么这种管理体制和运行机制的选择就不太合适。因为任何管理都要付出成本，这种成本的支付直接涉及管理效益问题，特别是高校后勤目前基本上是微利或零利润运行，其管理服务和经营的效益基本反映在管理成本的控制上。所以从管理效益来看管理制度是否合适，应考虑成本支付是否合适。

因此，应实现管理效益与管理成本的有效结合，这就是高效管理的理念，即强调管理的高效率、高效益、低成本。

五、树立管理目标与管理手段相结合的有序化管理理念

管理的手段无陈规可循，不能笼统地照搬人家的东西。后勤各个部门应有自己独有的管理目标所要求的管理措施。管理目标是通过必要的管理手段来实现的，管理手段的正确性与科学性直接影响着管理目标的实现，同时管理手段在管理目标实现的过程中具有可变性。在不同的时期和阶段，管理手段应与环境和阶段目标相适应。管理目标与管理手段有效结合是指导高校后勤社会化改革管理顺利进行的重要的思想理念。

第二章 高校后勤管理基本原则及模式

第一节 高校后勤管理的基本原则

我国高校后勤管理工作者在长期的实践中，逐步形成了后勤管理工作的基本原则，这些原则正在被更多的高校后勤管理工作者所认识和自觉地运用于实践，并将不断地趋于完善。

一、育人原则

服务育人与管理育人原则是后勤工作目标与过程所规定的指导要求。目标是指后勤服务工作的宗旨与目的，过程是指体现宗旨与目的的组织管理和展开具体服务的活动。服务育人与管理育人就是要求后勤工作者在贯彻服务宗旨，达到服务目的的同时获得育人的结果。在具体组织管理、服务活动的决策、安排、设计、实施过程中具有育人的意识，落实育人的基本任务，体现育人的实际功效。

服务育人与管理育人原则既是目标与过程的要求，又是指导思想与具体工作的统一，就其内涵而言，具有"隐性"和"显性"两个层次。显性层次所体现的是后勤服务管理部门为体现服务宗旨与目的的外在服务行为，服务环境，服务规范，服务过程，服务形象，并通过这些来教育约束服务对象，使之养成基本的社会公德和文明行为规范，以及良好的生活与学习习惯和正确的社会态度。隐性层次所体现的是后勤工作的所有组织管理活动，要有助于在潜移默化中达到对大学生的社会认识、心理健康、价值观、人生观、世界观的养成产生积极的影响。

二、政策导向原则

政策导向原则指的是高校后勤服务和管理工作者要有正确、积极的政策观念。政策和策略是实现目标的具体保证，一方面高校后勤要遵循党和国家的教育方针，服从党和国家的各项教育政策、法规；另一方面高校后勤长期以来形成了服务行业齐全、服务种类繁多的特点，这些特点决定了高校后勤与社会服务行业和各级政府部门有着极为广泛而密切的联系，因此，还必须自觉执行各级政府部门的政策法令，如价格、税收政策和社会服务程序等。

学校在拟订贯彻有关政策的措施时，也要使政策措施与希望后勤所起的作用一致，创造一个良好的政策环境，来引导人人关心、参与、支持后勤工作，使学校后勤系统的工作与其他系统的工作同步均衡地得到加强。

政策导向原则并不是简单机械地照搬照抄有关具体规定，而是要根据国家和地区现阶段政治、经济、文化、教育的总方针、总政策，结合高等教育和学校的具体情况，有原则、有分析地加以运用，制定符合实际情况的和有利于真正落实总方针、总政策的各项具体政策。在政策滞后的情况下，应当主动地采取相应措施，弥补不足，并积极地向有关制定政策的部门反映情况，提出改进建议，以维护政策的威信，增强政策的正确性和凝聚力，推动高校后勤工作的顺利发展。

三、协调原则

整体协调的原则主要有两层含义：一是在学校这个整体中，后勤工作作为学校整体工作的一个重要组成部分，它的稳定、发展和建设应与学校教学科研工作的发展相匹配、相协调，学校对后勤服务的软件与硬件投入必须与学校对教学科研的投入相协调、相配套。二是后勤部门作为一个整体，其内部的各个行业部门应协调发展，配套成龙，集约经营，体现出整体的效益，形成对学校教学科研和师生员工生活进行综合服务的保障体系。对需要与可能、当前与长远、局部与整体、有利因素与不利因素、内部条件与外部环境、先进环节与薄弱环节等进行全面统筹安排，合理而有效地运用有限的经费和人、财、物资源，保证学校事业健康发展。

整体协调的根本出路在于根据形势、任务的发展，及时调整高校后勤管理模式，并按归口管理的原则充分发挥职能部门的作用，实现宏观调控和微观搞活相结合，形成良性循环。

四、效益原则

高校后勤工作的综合效益有三个含义：

第一，育人的效益。后勤工作的特征决定在其服务、经营、管理过程与结果中体现育人的特性。因此，如果忽略了这方面的特性，单纯追求经营服务经济效益，一定会导致工作方向的失误。这里必须处理好"市场"与学校需求之间的落差，市场消费水准与党和国家希望培养人才的要求之间的不同差别。高校后勤服务行业的服务保障目的重于其盈利的目的。

第二，社会效益与经济效益相辅相成，互相促进。后勤工作在现阶段既不可能很快割断长期计划经济体制延续下来的福利型供给制的各种因素，同时也受社会主义市场经济机制的影响，所以出现了高校后勤服务工作的商品化与福利性并存的局面。处理这两方面的关系，我们既要把握社会主义高等学校后勤工作的总方向，全心全意为培养人才服务，使服务项目、内容、场所等安排设计不悖于培养"四有"新人；又要讲经济效益，即通过多元化、多层次地为师生员工有偿服务和为社会服务来积累更多的资金，创造更多更好的服务设施，实现经济效益转化为社会效益，以满足日益发展的教育科研事业和师生员工的生活需要。

第三，人、财、物安排整体平衡，合理利用，有利于学校协调发展的综合效益。后勤服务工作管理的目标是获取最佳社会效益、经济效益，这两项效益的良好结果会呈现出育人效益。要使这些效益显示出来，必须对人、财、物安排整体平衡，即对服务过程的各个因素和各个环节进行协调平衡，合理利用，使人、财、物的安排、使用方向与使用构成相一致，避免浪费、重复与盲用。人、财、物的整体平衡合理利用的另一个重要方面是量力而行，不留缺口，不超资源分配和超前消费，瞻前顾后，使当前需要和长远需要相结合，连续性与稳定性相结合，现实需求与潜在需求相结合。

五、优化原则

后勤管理的专业优化和管理科学化的内在要求,具有两个内容:一是系统管理的科学化、法制化、规范化,在整体上使后勤这一综合性管理部门实行专业优化的归口管理。二是后勤各个分支机构具有很强的专业特征,也面临着队伍、技术手段、管理手段、管理方法的专业优化。

后勤归口管理的专业优化是高校后勤工作经历了十年的改革后逐渐形成和发展起来的一个新概念。十年中,"福利型"后勤的传统观念被打破,高校后勤管理部门普遍按"两权分离"的原则,即在学校财产所有权不变的前提下,赋予后勤管理部门以财产的支配与使用的权利,实行经济责任承包制,使后勤工作的系统管理得到第一次"专业优化",充分调动了管理者与劳动者的创造热情与工作积极性,使自主服务经营权转化为服务质量与服务水平的不断改进,服务项目和服务内容的拓展,服务过程成本消耗的降低。

从 20 世纪 80 年代后期到 90 年代初,后勤管理工作已开始第二次系统管理专业优化的进程。即依据社会主义初级阶段的理论与特征,从市场和价值规律,从后勤工作的领导体制、运行机制、法规措施、队伍建设、团体文化系统的建立等全方位地去思考、实践、改革,使之形成一个系统结构优化的,具有社会主义特色的高校后勤工作体系。

随着上述体制与机制上的优化,后勤各个分支部门的专业优化进程也取得了重要进展。根据各分支专业特性形成了一套优化的、符合现代化生产管理要求的管理机制、管理目标、管理手段、管理队伍、管理方法。如饮食、车队、招待所等服务部门的"全员标准化服务",后勤工业产业部门的"企业化管理"等都反映了专业优化这一原则在实践中的运用。

六、民主原则

民主参与的原则是高校后勤管理一个重要的具有中国特色的管理原则。它既符合党的民主集中制原则,又印证现代管理理论中的"决策民主意识"和"管理过程参与意识",是在管理实践中起重要作用的基本法则。

民主参与原则有两层含义:其一是从管理客体上验证,让师生员工民主参与后勤管理、决策、实施监控、评估整个过程的积极意义；其二是从管理主体上希望、鼓励和强化参与意识——"主人翁"意识。后勤管理的实践证明，实现有效的目标管理需要充分调动系统内人员的积极性，并取得系统外人员的理解与认同。让师生员工和系统内职工"民主参与"后勤管理，既沟通内外，让外部人员理解后勤工作的艰辛，又使管理决策与过程监控、目标的完成度得以充分透明，体现后勤工作人员心中有群众，有服务对象，全心全意为人民服务的方向与宗旨；同时也激励内部职工主动参与决策与管理过程，明确管理目标及其在实现目标过程中的角色位置。

后勤管理的实践与现代管理理论充分说明，在管理措施、管理实施、管理评价过程中，最核心的是"人的因素"，因为实现上述环节的是人而不是其他。民主参与原则的核心就是调动人在管理诸多环节中的主观能动性与主体创造性。实践也证明了群众中蕴藏着丰富的智慧、才能与创造力。

民主参与的原则成为后勤管理一个重要原则的另一个原因，是由于我国特殊国情所决定的国有性与社会性，使后勤管理的相当一部分内容或绝大部分内容是作为事业福利内容而展开的。因此后勤管理决策、实施、目标与评估往往与师生员工的切身利益密切相关，所以，倘若在国家拨款投入不足的情况下，后勤管理活动不呈现其开放性，势必在更大程度上使后勤工作陷入被动局面。

七、勤俭原则

勤俭办学的原则是我国办教育的一个基本原则，也是后勤管理工作的一个基本原则。后勤系统是一个管钱、管物、管能的部门。努力开源节流，增收降耗，加强计划性，减少盲目性，是后勤管理工作的一项基本任务。

从现代管理理论的角度来思考，从高校后勤管理的实践经验教训来看，勤俭原则不光是表面的"节约每一个铜板，用在革命事业上""少花钱多办事""把有限的经费尽可能用到刀刃上"，而是要从管理角度上加强对人、财、物的管理和利用、开发。一项好的决策，一个好的安排，一种程序严密的过程控制规范，将成为最好的节约措施。此外，勤俭节约的校风又是一种育人环境，教职工的行为是很形象的教育，身教重于言教，潜移默化的影响不可低估。正是从这个意义而言，应赋予勤俭办学原则以新的理解和含义，把勤俭办学原则贯穿于整个管理过程中，随着高校后勤事业的发展，就越要坚持这一原则。

第二节　高校后勤管理的模式

高校后勤管理模式指的是高校后勤部门的机构设置及这些机构之间上下左右的各种关系和权限职责的划分。这些关系和权限职责的划分通常是用各种制度、条例、命令等方式来明确的。在某些情况下，也有按传统或习惯的方式沿用和确认的。高校后勤管理模式是高校后勤管理系统优质高效地完成"三服务、两育人"任务的组织保证。

一般而言，采用怎样的管理模式受制于整个社会的政治、经济、文化背景，取决于该系统的目标、人员结构和管理水平。

新中国成立以来，在相当长的时期内，我国采用的大体上是集权式模式，即垂直下构型机构设置、中央计划发展的模式和行政型的领导方法，强调统一思想、统一指挥、统一行动、统一步伐。高等学校作为国家事业性单位之一，其管理模式既是其中一个组成部分，也是它的一种缩影。党的十一届三中全会以后，我国进入了社会主义建设新时期，从国家到地方实现了以经济建设为中心的战略转移，管理模式发生了以进一步解放生产力为根本宗旨，以实践为检验真理的唯一标准，坚持四项基本原则和改革开放，引入分权式管理模式、市场调节机制和经济型领导方式等一系列的变化。高等学校成为对国民经济具有全局性、先导性影响的基础行业，这给高校管理模式的改革提供了重要的理论依据和广阔的社会背景。高校后勤在改革过程中，根据各校的实际条件迈出了探索前进的步伐，出现了许多范围大小各异、程度不尽相同的适应工作需要的新的管理模式。尽管就整体而言，相当部分还没有完全脱离原有的管理模式的基本框架，但同高校管理系统中的其他系统相比较，它是改革最活跃、成效也相对显著的系统。

纵观近年来我国高校后勤的管理模式，以其机构、权限和领导方式三要素为基本标准，大致可划分为事业型的行政管理模式、事业型的经济管理模式和企业型的经济管理模式三个较为典型的类型。在每一个类型中，还可以划分出若干亚类。

一、事业型的行政管理模式

所谓事业型的行政管理模式，即由最高领导机构掌握全部权力，并由其按任务将既定的工作计划、方案与人、财、物等实施条件，以行政指导的方式下达给职能部门和实施单位的管理模式。在这种模式中，最高领导机构是全权责任者，以此为中心构成"宝塔型"的工作执行系统。

根据学校规模大小，这种管理模式可分为三种：

（一）分管后勤的副校（院）长，下设总务处统辖各职能科的三级管理。

（二）分管后勤的副校（院）长或校长助理，下设各职能处的三级管理。

（三）分管后勤的副校（院）长、总务长或校长助理，下设各职能处的四级管理。

上述三种模式如果从学校（院）、职能部门和服务部门之间的行政、经济关系上看，实际上是一种模式。

80年代以前，我国高校后勤管理基本上都实行这种事业型的行政管理模式，其特点是权力高度集中，指挥有力，整体反应迅速，有利于"大兵团作战"。但是，这种模式使各职能部门和实施单位几乎都成为直线式执行系统的成员，它们缺乏自主权，因而也抑制了相应的独立应变能力和主动性；同时，由于没有发挥经济杠杆的作用，所以主要是依靠政治运动、行政权力和精神鼓励来运行的。当高校规模逐渐扩大后勤任务日益复杂多变、物质利益越发被人们所承认和重视时，这种模式的局限性就暴露得更为充分，在实践上也更难调动职工内在的、深层次的主动性和积极性。

二、事业型的经济管理模式

所谓事业型的经济管理模式，即由最高领导机构掌握大部分权力，并由其按任务或工作范围将既定的工作目标、质量要求与人、财、物等设施条件，以经济合同、工作协议的方式下达给实施单位或职能部门的管理模式。在这种模式中，最高领导机构是全权组织者，以此为核心构成"宝塔型"的各层次都享有一定经济权力和负有相应经济责任的工作执行系统。

在实践中，这种模式也有多种类型：

（一）单项任务经济承包责任制

这是后勤管理模式改革的初级形式。后勤管理部门根据一定的工作目标，将某一项或某一组任务与完成任务的相应经费，发包给有一定基础的班组或个人，明确规定承包方的任务范围、定额、经费和服务质量标准等具体要求，而承包方则接受发包方的检查、监督和考核。

在这种模式中，行政管理手段占支配地位，同时在一定的任务范围内辅助以经济权力和责任。

（二）服务部门经济承包责任制

学校在有条件的服务部门中，建立经济承包责任制，实行半企业化的管理。基本做法是，学校负责这些部门的人员工资、公费医疗、大型房屋维修和设备更新，而将原先直接拨给这些部门的其他费用（如行政事业费等）转拨给各系、所和各行政单位，承包部门按学校规定的价格实行有偿服务，并在一定程度上实行独立核算，自负盈亏。

在这种模式中，校部管理与职能部门之间仍保持原有的行政和经济关系，而职能部门在具体组织和实施后勤管理中，则与服务部门之间产生与行政关系相对应的经济关系。

（三）职能部门经济承包责任制

这是以科或处为单位，向学校实行经费全面大承包的管理方式。一般是学校根据后勤历年的情况，规定开支标准以及预估发展数，确定后勤部门完成计划内各项服务任务所需的经费，然后将核定的经费总额拨给承包部门，超支不补，节支、创收则按规定提留和上缴学校。有的学校在承包经费中把工资总额也一起划拨给后勤部门承包。

在这种模式中，学校后勤管理领导与后勤职能部门之间已不再是单纯的行政关系，虽然后勤管理在上下级之间仍保持着事业型的管理模式，但经济关系的不断扩展和深化，推动了后勤改革的力度和速度。

改革开放以来，我国高校后勤中的绝大多数已实行了上述事业型的经济管理模式，其重要标志是在事业单位的基本格局中建立了经济关系。这种事业型的经济管理模式的明显特点包括：第一，打破了传统单一的行政管理模式，实行了经济和行政管理相结合的综合管理方法；第二，承包部门经济相对独立，增强了经济核算观念，有利于增收节支；第三，初步克服了分配上的平均主义，冲击了后勤管理中的"大锅饭"现象；第四，逐步建立了以岗位责任制为中心的各项经济管理制度；第五，承包部门提高了工作效率和经济效益，扩大了后勤服务项目，方便了教学、科研和师生员工的生活。但这种模式在深化改革的形势下也有其不足的一面，首先是承包单位与学校并没有在经济上真正实行独立核算，不同程度地存在由学校"包底"的情况，如人员工资、公费医疗、大型房屋和设备的维修更新等，这使承包单位还不能真正在竞争中形成风险意识，在内部产生能够与社会第三产业竞争的内驱力，从而为学校创造更多的收入；其次，从管理模式上看，也给各种短期行为留下了可乘之机，难以保证持续、稳定、健康发展。

三、企业型的经济管理模式

所谓企业型的经济管理模式，即以"小机关、多实体、大服务"为特征的企业化的管理模式。在这种模式中，原有的后勤管理系统分化为行政职能机构和经营服务实体两大部分，前者作为校方代表为后者优先提供校内市场，转让科技成果，实行宏观指导和监督；后者以"三服务，两育人"为首要任务，以校内市场为基地，面向社会大市场，按价值规律和商品交换的原则实行独立自主的企业化经营，并以其经营成果为学校的建设和发展提供后勤保障。

在这种模式中，学校后勤各层次按性质和专业分工合作，既有共同的目标，又有独立的自主权，各司其职，各负其责。虽然这种模式在当前的后勤管理中并不占多数，但这是今后创建适应现代企业制度的后勤管理模式的主要方向，其发展趋势有两种类型：

（一）服务与经营结合型

学校在加强管理的同时，把监督权下放到后勤管理职能部门，由职能部门再根据内外部条件确定经营实体与服务部门的职责划分。

（二）经营实体型

这种类型是指社会条件完全成熟，高校后勤的服务项目都以经济实体的经营服务来承担。从管理角度说，还可分垂直型和并列型两种：

1. 垂直型。在学校的指导和监督下，职能部门代表学校管理后勤经营实体。

2. 并列型。在学校的指导和监督下，职能部门与经营实体在同一层面上相互协调。

高校后勤管理实行企业型的经济管理模式,是国家经济和社会发展的必然趋势,是社会主义市场经济和社会第三产业充分发展的必然产物,这不仅对后勤管理深化改革具有积极意义,更重要的是直接促进了高校其他事业的发展。其特点在于:第一,学校领导可以集中精力抓好教学和科研工作;第二,国家拨给学校的教育经费可以更集中地用于教学和科研工作;第三,通过经营服务可以获取一定的合法利润;第四,以外养内,用获取的一部分利润补贴校内的服务,使师生员工得到实惠;第五,可以通过参与社会服务竞争,不断提升后勤经营管理能力和技术水平,并促进学校内部管理水平的提高,增强内部的竞争能力。

任何模式的优劣都是相对的、有条件的。根据现代管理的权变原则,只有坚持"三服务,两育人"为根本宗旨,只有最适于国情、校情,具有最大的调动和发挥后勤干部职工内在积极性的潜力和现实性的后勤管理模式,才是实践中最有活力和最有效的后勤管理模式,落后或超前都可能导致损失或失败。总结我国高校后勤管理模式的演变趋势可以看出如下基本特点:

第一,逐步在理论上承认了部门、团体、个人的物质利益和经济杠杆的作用,为建立新的经济运行机制敞开通道。

第二,逐步将行政权和经济权、所有权和经营权分开,精简和优化行政管理机构的权限,下放经营服务的自主权,为发挥管理系统中各层次、部门、团体的主动性和积极性提供保障。

第三,从"一刀切"的事业型行政管理模式发展到以企业型的经济管理模式为特征的适应不同情况和条件的多种模式,向社会化迈进。

第三节　高校后勤人力资源管理的研究

一、高校后勤人力资源管理存在的问题

(一)管理目标不明确

市场经济要求企业以追求利益最大化为主要目标,而目前后勤企业尚未建立利益追逐机制,即未能按市场法则确定企业目标,因此,作为企业管理系统

有机组成部分的人力资源管理也难以按市场要求运行。造成高校后勤目标不明确的主要原因在于其特殊的利益结构安排。

1. 从学校利益角度。要求高校后勤承担改革的主要成本，包括：为保证学校稳定，要承担大量社会负担和冗员、要为学校创造出一定的经济效益，等等。因而，学校对后勤要求目标是多元化的，实现利润只是其中目标之一。

2. 从后勤企业利益角度。一方面，高校后勤无法摆脱与学校千丝万缕的联系，后勤要按学校的要求运行，实现学校的目标，则可获取更多政策支持、资金方便等，这是高校后勤生存的重要基础；另一方面，现阶段高校后勤承受着市场化和社会化竞争的双重压力，改革任务艰巨，解决沉重的冗员负担，整合原有的混乱管理组织都需要付出很大代价，企业首先考虑的是生存问题，为保证企业的正常经营只能以稳定为主要目标，难于以追求利润为主要目标。

3. 从后勤企业经营者角度。由于目前高校后勤领导实行任命制，加上激励机制不完善，从利益角度，他们关心的并不是企业经营状况，而是上级领导的评价。企业效益好坏与管理者利益并无太多的直接联系，相反若与上级领导关系处理不好或企业职工思想不稳定，在上级要求的方面出了差错，则经营者可能要断送自己的前程，从而造成企业经营者缺乏冒险、创新动机，企业无法形成追求利益的动力。

4. 从后勤企业职工利益角度。企业转型时期也是利益调整时期，因而造成了职工追求短期利益的倾向，从道义上讲也不能要求职工个体此时过多地考虑企业长远发展问题，因而职工实际追求更多的是自身的短期利益，而不是企业的长期利益。

（二）劳动就业体制不健全

劳动就业体制是构成人力资源管理的重要基础。虽然传统的劳动计划、统招统配、固定用工的制度已经被放弃，就业体制出现了一些市场化的特征，但在实际运行过程中，高校后勤企业仍难于按实际需要安排就业和用工。

1. 劳动计划

传统就业体制中，计划贯穿于就业全过程，城镇待业青年招工、大中专毕业生分配等等，均由国家统一计划安排工作，学校只能执行国家的劳动计划。高校后勤企业难以根据自身的实际需要安排职工。目前，高校后勤仍要安排例如复转军人、少数毕业生等国家计划人员，照顾一些特殊的"关系户"，安置职工家属、子女等。

2. 用工制度

由于我国用工需求不是增长需要型而是就业需要型，职工与高校后勤长期形成一种默认的契约，即高校后勤职工以接受低工资及福利待遇为条件换取不被解雇的权利（铁饭碗）。实际上这种合约制定者是政府和学校，合约的安排最终体现在职工与学校的关系，而学校为履行承诺，对职工承担着无限责任。随着《劳动法》的实施，高校后勤对职工实行合同制管理，原有的固定用工制度有所松动，然而改革用工制度并不容易。首先，这种变化难以为广大职工所接受，"高校后勤职工"身份体现着职工过去对社会的贡献，包含着职工与学校因体制造成的利益关系，因此，他们对重新确立劳动关系抱着消极态度。一些学校后勤部门在实施劳动合同制的过程中采取"老人老办法、新人新办法"，也难以起到全面改革用工制度的作用；其次，实行合同用工的本质是企业根据生产经营需要，决定职工数量和结构，并进行动态管理。而实践中从社会公开招聘职工效果并不理想，想招的人要不到，不想要的人却通过各种渠道千方百计挤进来；再次，解除劳动合同不易，除非职工有严重违纪或违法行为，否则企业辞退职工将会遇上很多的困难。相反，职工不愿留在企业则可随时不辞而别，给企业造成较大的损失。此外，目前对劳动合同管理也不完善，职工通过工会与企业集体谈判确定工资或签订劳动合同，其实合同内容是由企业（政府）单方面确定，职工并无协商余地，当事人权力受到限制，一定程度上影响了合同的履行。因此，可以认为，目前高校后勤劳动合同"形式重于内容"，用工制度未得到根本转变。

3. 劳动力流动

计划经济否定了劳动者支配自己劳动力的权利，个人利益要绝对服从组织需要，政府以行政力量代替企业及职工个人的选择，至今为止，人才流动还在很大程度上受到限制。首先，受体制惯性影响，人才流动或多或少受到种种非理性规范的约束，如户籍制度、身份资格规定和部门或地区的各种行政规定束缚，使人才流动困难；其次，劳动力市场条块分割，信息手段落后，流动受到阻碍；再次，配套制度如社会保障制度不完善，增加了流动成本；此外，高校后勤冗员严重，因人设事、因人设岗现象仍然存在，加大了正常流动的困难等。正是以上种种原因，阻碍了人力的合理有序流动，人才学非所用、用非所长现象比比皆是，人才短缺与人才浪费并存，人力资源配置效率低。更为严重的是，造成了高校后勤职工的非正常流动。素质高、能力强的职工流出了高校后勤，而素质低的职工想要将其分流下岗却很困难，高素质人才又因高校后勤吸引力不强及无空余岗位等原因而招收不进来，人力资本存量逐渐减少，企业竞争力下降，出现了冗员严重而又人才奇缺的怪圈。

从以上论述可以看出，目前高校后勤劳动就业体制仍处在转型过程中，劳动就业体制改革的目标应是从传统计划安置型的劳动就业制度向市场劳动就业制度发展，最终创建一个适应市场经济发展的、市场在人力资源配置中起基础作用的新型劳动就业制度。

（三）人才管理存在问题

人力资源管理在我国引进并运用只是近十几年的事，由于历史、社会以及后勤自身的原因，后勤企业人力资源管理的各个环节仍存在一些问题。当前，各高校普遍缺乏统一的、与企业发展战略和目标相匹配的人力资源管理体系，缺少相关的管理人才和理论指导，对人力资源管理的内涵认识也相对不足。现代企业人力资源管理理论包括对员工的招聘、计划、选择、绩效评估和激励方式、薪酬和福利体系的设计、员工的培训和开发、劳动关系的改善等方面，而目前高校后勤人力资源管理在这些方面均存在一定问题。

1. 人力资源配置环节存在问题

（1）人力管理中仍然存在着分割现象。传统高校后勤中，员工身份是"先天的"，在进入学校前就由相应的"资格"决定了。如新就业的大中专毕业生是天生的干部，进入企业后安排在技术、管理岗位上，而工人则永远在设定的工人岗位上流动（除非转干），外部调入人员亦根据其相应的职级（一般是比照党政机关）放在企业相应职位上。尽管打破干部工人界限已讲了许多年，但这种分割现象仍未彻底改变。从政府层面，人事部门管干部、劳动部门管工人的办法依旧不变，政府主管部门照样给干部、工人分别评定职称（技术职务）。一些企业人事、劳动职能管理部门仍旧分立，这种将本无质的区别的劳动力人为分割为不同类型人员的现象不利于人力资源的整体开发和管理，不利于调动全员的积极性。

（2）人才使用存在明显缺陷。就目前高校后勤内部用人上，"大锅饭"现象仍严重存在，内部升迁默认"论资排辈"，对职工表现管理缺乏办法，绩效评价缺乏标准，一些企业内部人控制问题严重，造成用人不当、任人唯亲甚至压抑人才等现象，职工积极性、创造性难以发挥，优秀人才难以脱颖而出。

（3）对企业经营者实行任命制，存在许多弊端。高校后勤经营者采用传统的任命制（有些也称聘任制，实质并无重大区别）。这种办法最大的问题一方面是选择面窄，用句俗话说叫"少数人选人，在少数人中选人"。另一方面，经营者由上级任命，自然要对上级负责，因此要花费大量精力满足上级需要，影响力成本很高。对企业经营者的评价由上级做出，而企业经营的好坏与经营者似乎关系不大，因此出现了"说你行，不行也行；说你不行，行也不行"的怪现象。即使有的经营者业绩实在太差，难于待下去，还可换个单位，干部能上能下制度在高校后勤中推进缓慢。近年来，不少高校虽然也采取了公开招聘高级管理人才的办法，但毕竟涉及面窄，而且其招聘方式仍然存在许多问题，实际上一些企业招聘到的人才一时也很难发挥很大作用。此外，采用任命制，还容易滋生跑官、要官、卖官、买官等腐败现象，造成很不好的影响。因此，改革高校后勤经营者的任用办法，实现人才资源的有效配置，也是高校后勤人事制度改革的重要内容之一。

2. 考核制度存在问题

科学的绩效考核机制尚未建立。业绩考核、能力评估与后勤职工密切相关的行为还停留在传统的定性考核阶段，缺乏有效的理论指导，考核办法本身存在不科学的部分。高校后勤以往的考核办法与高校机关的考核办法一样，尽管一般也采用定性考核与定量考核相结合的办法，但所谓的定量没有确定的指标，只是工作标准的一种数字化描述，并非真正的绩效考核。对考核的定位存在偏差，考核的定位是绩效考核的核心问题。考核的定位问题实质就是通过绩效考核要解决什么问题，绩效考核工作的管理目标是什么。考核的定位直接影响到考核的实施，定位的不同必然带来实施方法上的差异。从根本上来说，考核不外乎两类目的：一类是评价性的，在评价的基础上进行利益分配和激励；另一类是发展性的，考核不只是手段，要通过绩效考核达到提高绩效的目的。目前高校后勤的考核目标过于狭窄，它只是进行评价性的，主要变成了工资管理和奖金分配的一种手段或者说是对职工过去一年工作表现的定性结论，从而使"考核"失去了应有的功能，变成了事实上"斤斤计较"的工具。考核的标准设置缺乏科学性，重视任务绩效，忽视周边绩效，导致某些员工不择手段去实现考核目标，表现为短期目标，同时忽视服务育人这一高校后勤必须具备的功能，并缺乏这方面的必要的评价指标。

3. 激励机制不够健全

一是适合企业运作的薪酬体系尚未构建。在编员工的工资大多数仍然按照事业单位的年功序列执行，在岗位工资和奖金方面略微拉开一点差距，但缺乏量化指标。基础工资和绩效工资的设置没有结合后勤各实体的具体情况，在编员工和外聘员工的收入差距仍然很大。二是有效的人力资源配置机制尚未建立，公平竞争的用人机制只停留在表面上，对员工深层次的精神需求考虑不足。优胜劣汰的机制和让优秀员工脱颖而出的气氛尚未真正形成。三是缺乏有意识的激励行为，对激励的方式方法了解不够、运用不当。

4. 忽略对员工的进一步培养和提升

整体素质不高，高校后勤引进人才困难，留住人才也很困难。长期以来，众所周知的是，高校后勤对人力资源都只注重使用而忽略了继续培养。人力资源是一种可以再生的资源，但是不加以继续投入，难以维持可持续发展。当前而言，除了少数企业文化氛围较强的企业加强系统培训外，其余的可以说寥寥无几。然而，高校后勤本身有着固有的特殊使命，服务的对象都是为国家培养的高级人才和专家学者，厚德载物的学术环境需要一支高素质的现代化后勤队伍与之相适应，如果忽略了员工素质的提高，就不能实现后期社会化改革的最终成功。在后勤员工培训的过程中，要区分不同岗位人员的培训方式，一方面是管理人员的培训；另一方面是技能型人才的培训。在高校后勤这个服务型企业里面，一线员工的技能培训显得尤为重要。

5. 人力资源管理者的素质有待进一步提高

目前，多数高校后勤尚未成立专门的人力资源管理机构，有些虽然在机构设计上成立了人力资源管理机构，但工作主要集中在日常事务的处理方面，专业化和职业化程度不高，不能适应现代企业制度下对人力资源管理的具体要求，在诸如工作系统分析、绩效管理、薪酬设计、激励机制以及员工培训方面缺乏专业化的学习。人力资源管理者在后勤实体的决策参与度很低，多为被动适应领导意志的需要，听命行事，不能发挥人力资源管理部门的参谋、导向和决策参考作用。

二、高校后勤人力资源管理的对策

（一）树立一个兼顾多方的管理目标

高校后勤的社会化改革使得后勤的职能正在逐步从学校分离出来。高校普遍成立了后勤服务实体，模拟企业运行，有些高校的后勤实体已经按照现代企业制度要求，注册为独立企业法人，实现了与学校的彻底分离。高校后勤人力资源管理主要任务有两个：一是为高等学校的发展提供有力的保障，为广大师生提供良好的服务，造就良好的工作学习环境；二是自身在社会化改革背景下的经营发展。后勤员工一方面要遵循教育规律，认识到自己所处的高校环境的要求；另一方面要遵循市场规律，在市场经济的规则中取得竞争优势，不断地壮大后勤服务的规模，参与市场竞争。

在这个任务目标以及遵循两个规律的要求下，必须要有一支高素质的后勤队伍和科学的人力资源管理制度与之相适应。要有一支高素质的后勤队伍和科学的管理制度，必须解决高校后勤在人力资源管理中存在的问题，才能实现高校后勤保障和经营发展双重目标。

（二）制定一套立足自身的劳动就业体制

如果把高校后勤的人力资源改革看成一个人，那么其劳动就业体制就好比这个人的一双鞋，是影响改革步伐的重要因素。一个组织要有效率，人与岗位的匹配是基本的要求，这是人力资源管理的第一个环节。这一要求涵盖了人力资源管理理论工作中分析与工作设计的内容，结合高校后勤人力资源管理的实际，应从定岗定编与择优聘任两个方面入手。

1. 建立高校后勤的定岗定编制度

定岗定编是后勤企业岗位管理中的一项基础性的工作。它涉及后勤业务目标的落实、员工能力和数量的匹配，从而影响到整个后勤运营成本的降低和效率的提高。在中国计划经济时代，定岗定编是由国家有关部门来承担的，随着后勤社会化改革的进一步深化，后勤集团面临日益激烈的市场竞争，定岗定编、择优聘任已经成为后勤自身管理和经营的重要内容。

（1）高校后勤定岗定编的基本原则

高校后勤定岗定编首先要依据的是后勤本身的发展战略或业务目标，高校后勤在特定的时期内，要完成什么样的目标，这是后勤一切工作的重心。如果目标不清楚，或者根本没有，后勤一切工作就都失去了方向和依据，包括定岗定编。这似乎是一个很浅显的道理。但在实际工作中，又会经常遇到类似的情况，后勤业务目标不明确，或者明确但不科学。在这种状况下，定岗定编是无法进行的，勉强进行，也缺乏说服力。定岗定编的目的是实现"人、岗、事"三者之间的合理匹配，以达到"人尽其才、才尽其用"的目标。

其次，定岗定编还要遵循以下几个具体的原则：

①效率优先原则。采取定性与定量相结合的办法，科学测定各个岗位的劳动定额，根据集团下达的全年任务指标，核定各岗位的编制数。

②满负荷工作原则。明确岗位职责，使每个岗位工作量饱满。

③按需设岗原则。根据工作和生产需要设岗，对岗不对人，不能因人设岗。

④精简原则。精简行政管理人员，压缩非生产性人员，消除"工头"现象，加强和充实生产第一线力量，达到减员增效的目的。

（2）高校后勤岗位定岗定编的方法与步骤

①准备阶段，确定岗位数，并进行岗位评价

由最熟悉各岗位工作的人员组成调研小组，按照部门职能划分方案，将部门的所有职能分为核心职能、比较重要职能、一般职能，依据有利于高校良性发展目标下的合理师生和员工比，科学合理地确定后勤服务岗位数。

岗位评价的实质就是对完成本岗位工作所支出劳动量的衡量过程，岗位评价中最主要的两项工作是设计岗位评价指标体系和岗位评价标准。岗位评价指标体系就是确定评价要素。由于评价要素是影响岗位活动支出量的诸要素，直接与岗位的等级乃至工资报酬有关，因此评价要素的选定要力争准确。结合高校后勤的具体情况，干部岗位的工作量由工作的难易程度、责任的轻重程度、工作环境和所需的任职者的资格条件高低等方面来衡量，与之相对应，工人岗位工作的量由劳动强度、劳动责任、劳动条件和劳动技能等方面的因素来体现。岗位评价指标体系就由上述这些方面因素进一步分解成若干要素。岗位评价标准就是为每个评价要素规定统一的衡量标准，这种衡量标准如同一把尺子，可以量出岗位一个评价要素的量值，继而得出岗位的总量值。

根据岗位评价的设计岗位评价指标体系和设计岗位评价标准制定的《职位说明书》，采取自下而上和上下结合的方式，进行定岗、定编、定责、定待遇的工作。

②实施阶段

a.组织领导。集团成立定岗定编工作领导小组，负责领导、组织本次定岗定编工作。各二级单位成立相应的领导小组，负责本单位的定岗定编工作，其组成人员为二级单位党政负责人。

b.学习动员。由后勤集团领导组织各二级单位负责人学习，提高认识，统一思想，明确任务，做好定岗定编的思想准备；各二级单位主要负责人召开本单位管理人员会议进行动员，各单位要组织学习讨论，明确定岗定编的目的意义，提高认识，更新观念，做好思想准备。

c.组织落实。各二级单位在后勤工作领导小组的统一领导下，按照文件精神认真组织落实各岗位定岗定编工作。结合社会化改革后勤的具体情况，岗位的设置一般要分三个层次，一是集团中层干部即各实体中心主任、副主任的定岗定编；二是组长及事业、企业编制人员岗位定编；三是临时工岗位定编，将一批责任心强、有较好技术能力的临时工逐步培养成集团一线员工的骨干。

2.建立高校后勤人员的择优聘任制度

竞聘择优上岗是劳动人事管理引入竞争机制，实现合理配置人力资源的形式之一。随着后勤社会改革的深入，后勤集团将对各实体按需设岗、定岗定编，通过各实体全员竞聘上岗，双向选择，自愿择岗，择优聘用，引导全体员工选择适合发挥个人才能的岗位，达到人力资源优化整合的目的。

第一步要宣传动员。召开后勤服务集团全体职工大会，宣传讲解学校对各实体竞聘工作相关政策和规定；公布各实体、后勤中层干部（如中心主任、副主任）职位，公布岗位设置、岗位职责、竞聘条件、竞聘办法；解答后勤职工提出的有关竞聘上岗方面的各种问题。

第二步是竞聘岗位。竞聘岗位工作分三步走：第一步是后勤中层干部即各实体中心主任、副主任岗位竞聘；第二步是组长及事业、企业编制人员岗位竞聘；第三步是临时工岗位竞聘。

（1）后勤集团中层即各实体中心主任、副主任岗位竞聘

原后勤服务集团的职工和学校其他部门的教职工，根据各实体中心主任、副主任岗位设置和竞聘条件要求，结合本人实际，按要求填报竞聘申请表。由

学校招聘领导小组主持召开全体后勤职工大会，由参加竞聘者陈述竞聘理由、条件和工作设想、目标，接受招聘领导小组的面试。每位竞聘者陈述时间有一定的限制。由后勤招聘领导小组讨论、研究、确定聘任人选。一般要报学校审批后公示，由主管后勤集团总经理聘任。

（2）事业、企业编制人员竞聘各实体员工岗位

由后勤集团与各实体中心主任商量核定各实体员工岗位设置及定编后，原后勤服务中心事业、企业编制人员及学校其他部门教职工，均可报名参加各实体员工岗位竞聘，按要求填写申请表，并在规定时间内送交各实体中心主任，逾期视为弃权。

由各实体中心主任主持，后勤集团派人参加，召开各实体员工岗位竞聘会议。竞聘者陈述竞聘理由、条件、个人专长及能力，表明态度。

由各实体中心主任、副主任、组长及后勤管理处有关人员，讨论、研究、确定各岗位聘任人员，公布所聘各实体各岗位人员名单，办理相关移交手续后上岗。

（3）临时工竞聘各实体员工岗位

原后勤服务中心聘用的临时工，未被聘任的事业、企业编制人员和自愿参加竞聘的其他人员，按要求填写岗位申请表，在规定时间内递交各实体中心主任，逾期视为弃权。由各实体中心主任主持，召开临时工聘任会议。由报名者申请竞聘人员陈述竞聘理由、个人意愿和条件，表明态度。由各实体中心主任、副主任、组长讨论、研究、确定各岗位聘任人员，公布名单。

3. 建立以固定编制人员和流动人员相结合的高校后勤用人制度

随着中国经济的发展，越来越多的外来务工人员涌入城市，构成城市建设和发展的坚实力量。高校后勤社会化改革以来，随着高校的进一步扩招，后勤实体规模也变得越来越大，需要大量的外来务工人员。同时，原来编制的人员随着改革的深入逐步地分流和转移，身份的定位由原来的旱涝保收的事业编制逐步转化为与企业发展风险共担的企业编制。目前，中国高校后勤的实际情况是外聘人员和临时农民工的数量占主导地位。如何进一步挖掘他们的潜力，保证后勤的稳定发展是值得研究的课题。随着改革的深入，外聘人员必将成为后勤发展的主力，目前在管理队伍中，在编人员占多数的情况下，外聘人员只是一个补充，在目前情况下建立以固定编制人员和流动人员相结合的新型用人制度是高校后勤值得肯定的用人制度。

（1）固定编制人员和流动人员相结合的用人制度不但可以降低人力成本，而且可以使两种人员相互促进，提高工作效率。同时能够加强与外部的信息沟通，使整个集团不断流动新鲜的血液。

（2）所谓固定编制是相对的，原来的在编人员不可能一下子与后来的聘任人员采用同样的政策，就这部分人员来说，岗位是相对固定的。随着改革的深入，全体员工采用同样的政策才是后勤社会化改革成功的标志之一。同样，所谓流动人员也是相对的，如果流动人员工作出色，同样也会有提升的机会。

（三）建立科学的高校后勤绩效考核机制

高校后勤的绩效构成包括三个方面：后勤的整体绩效、后勤的部门绩效、后勤的员工绩效。其中，企业整体绩效的提升，来自各部门绩效形成的总体绩效的改进，部门是由员工组成的，部门的绩效改进依赖于员工绩效的提高，这构成了一个绩效管理系统目标体系。因此，从管理的角度来说，要提高整个后勤集团的绩效，必须加强集团各部门的绩效考核，重点加强目标责任制管理以及员工（岗位）的绩效考核。高校后勤考核采用定性考核与定量考核相结合的办法。

1. 定性考核的内容及标准

定性考核适用于高校后勤各类人员。凡定性考核不合格、基本合格的，无论定量考核结果如何，最后考核结果应为不合格或基本合格。

定性考核的标准：各类人员都应认真贯彻执行党的路线、方针和政策，拥护党的领导，忠诚党的教育事业，教书育人，为人师表，模范遵守党纪国法和学校的各项规章制度，认真履行岗位职责。凡年度考核中出现下列情况，如违反党的路线、方针、政策，违反四项基本原则，造成不良影响者；参加非法组织，宣扬封建迷信、歪理邪说者；工作责任心差，出现教学事故、责任事故，给学校造成经济损失或影响学校声誉者等情况，定性考核结果应为不合格。

凡年度考核中出现下列情况之一者，定性考核结果应为基本合格：

（1）经常迟到、早退，劳动纪律较差者；

（2）服务态度较差，工作责任心不强，造成不良影响者；

（3）受到学校行政警告处分者；

（4）未完全履行岗位职责者。

2.定量考核的内容及标准

定量考核内容包括德、能、勤、绩四个方面，以考核岗位职责完成情况为主，重点考核工作实绩，并将考勤等劳动纪律指标作为重要内容考核。严格地说，这四个方面的考核应该叫人事考核，德、能的考核可以称为特征考核；而勤、绩的考核才可以称为绩效考核。对于绩的考核应该是考核中占比最大的部分，而且各部门应该根据本部分的具体情况分别设计考核指标。

在考核的过程中，量化积分采取两级测评，群众测评占50%，参加测评人员各单位自定，党总支及部门领导测评占50%。最后将这两部分相加，按积分排名，积分在前15%的为优秀，其余为合格、基本合格和不合格。

各部门根据自己的情况及所属员工的工作内容，确定各部门"履行岗位职责情况"。履行岗位职责情况的定量考核要区分两类不同的岗位：一类岗位采用关键绩效指标考核；另一类采用岗位绩效标准（也称工作标准）考核。前者侧重考核结果，后者侧重考核过程。两类考核针对的岗位不同，侧重点也不同。指标设立时，经营部门要注重效益结果，服务部门要注重服务反馈，经营服务部门要二者兼顾。

（四）健全高校后勤人力资源激励机制

1.物质激励

物质需求是人最基本的需求，高校后勤管理者应给予充分的重视，实行物质激励来调动职工的积极性。

一是要积极帮助后勤职工解决工作困难。改善职工的工作环境，尤其是对那些常年从事脏、苦、累工作的职工，提供必需的保护配置，为其工作创造较好的工作物质基础，激励职工放手工作，多做出贡献。

二是在生活上为职工解除后顾之忧。高校后勤职工在生活上最大的困难就是住房问题、子女上学问题，针对这些需要，学校要进行"凝聚力工作"建设。实施"安居工程"，解决好后勤的住房困难问题和生活配套服务设施，开展送温暖活动，帮助职工解决子女入托、入学等问题。

三是建立体现高校后勤特点，具有激励功能的分配制度。

目前，全国高校后勤改革已如火如荼。高校档案工资激励性逐渐减弱，高校后勤应逐渐实施与学院档案工资脱钩的绩效工资制度，建立后勤企业内部效率优先、按劳分配的激励机制。后勤服务总公司实施绩效工资制度，打破了原事业单位员工的工资模式，建立绩效为主的新型工资结构，即基础工资+技能工资+岗位工资+效益工资。其中岗位工资将根据各岗位的劳动技能、责任、强度和任务复杂程度等要素综合测定，进行分类，列出岗序，职工通过竞聘找岗，以岗定薪，岗变薪变；由高校后勤总公司确定各部门效益工资总额，各部门制定分配细则，通过对职工出勤、工作态度、完成工作的质与量的考核确定分配数。这种工资结构中前两块与后两块大约各占50%，加大了职工个人收入中活的部分，进一步调动了职工的积极性。

2. 精神激励

"精神激励"是人成长需要的基本内涵。马斯洛在他的需要层次理论中讲的自我实现这一成才的需要中尤其强调：人在较强烈的高层次的需要没有满足时，会舍生忘死的追求，从而产生强烈的激发力量，且随着自我目标实现的需要，又会给自己增加新的个人理想和崇高的信念，会产生更高标准的自我实现目标。

第一，学校要形成"尊后勤职工、重后勤"的良好氛围，树立高校后勤职工在学生、家长和社会上的威信。这一点对后勤员工有着特殊的意义，唯有对后勤员工保持信任、尊重、理解、支持和关怀并授予权限，才会让后勤员工有担起责任的使命感，然后才谈得上创造好成绩。因此，学校各级组织和领导应及时关心他们的学习、工作、生活，对不尊重后勤员工劳动的人和事进行严肃的批评。

第二，推行榜样激励。榜样的作用是无穷的，有了榜样，职工学有方向、赶有目标，工作上会出现你追我赶的局面。榜样应该是事业心强、责任感强并取得实绩的同志，他们的事迹要真实，要来自群众，有广泛的群众基础，让群众觉得不是高不可攀，这样的榜样才能起到激励作用。管理者应在后勤职工中注意树立榜样，宣传榜样，组织大家学习。管理者以身作则的模范作用，是对干部员工无形的激励，因此领导要注意自己的形象塑造，要使自己的人品人格成为下属引以为豪、有意效仿的对象，用自己的模范行为激励员工，潜移默化影响员工。

第三，丰富情感激励。管理者与被管理者建立起相互信任、相互支持、相互尊重的、融洽的人际关系和和谐、奋发向上的工作氛围是十分有益的，也是十分必要的。后勤工作中遇到矛盾和问题，对员工要多理解、少责备、多帮助、少说教，这样长期坚持下去，管理者与被管理者之间就会架起一座心灵沟通的桥梁。组织的关心和爱护必然会使员工产生强烈的感情共鸣，从而激发所有员工的工作热情，调动起他们的工作积极性。

同时，我们必须创造良好的工作环境氛围，要在高校后勤中建立起一种新型的、和谐的人际关系，管理从"以工作为中心"转变为"以人为中心"，加强高校后勤人员上上下下之间的信息交流，正确引导和发挥非正式群体的作用，努力培植优良的企业文化，塑造良好的高校后勤形象，从而激励全体职工为集体服务。

（五）全面规划和落实高校后勤人力资源培训

高校后勤应该克服"重使用、轻培养"的倾向，有计划、有组织地培养各类人才，创建一套适应知识经济体制要求的、充满生机与活力的育人机制，全面规划和落实高校后勤人力资源培训，不断提高高校后勤员工的素质和能力，来适应高校后勤发展，增强市场竞争力。

1.加强高层管理者的培训

高校后勤首先要重视管理人员的培训，培养符合高校后勤发展的有潜质的管理人才。

（1）重点提高其管理水平和创新能力

高校后勤应该立足时代，结合自身的发展战略，制定详细的发展计划，对担任中层以上职务的人员和未担任领导职务的后备管理人员进行针对性的特殊训练，重点提高他们的管理水平和创新能力，并注重把培训学习和实际管理活动结合起来，使培训更具有实效性。培训的方式应该灵活多样、方便实用的，既可以将有培养前途的管理人员送到高校深造，参加人力资源管理专业的系统学习与在职培训，以弥补其理论知识的缺陷，又可以加强校际间、后勤与其他企业间的合作与交流，结合高校后勤的实际，将致力于人力资源管理方面研究的专家学者及实践工作者请到学校，为管理人员进行专题讲座和交流。通过学习与培训，提高管理人员的专业素质和实践能力。第一，树立服务意识。管理者要从观念上真正理解什么是人力资源管理，在工作中树立以人为本的思想，对管理对象进行不断的客户化的服务。第二，重视人力资源管理与开发技术。人力资源部门必须熟练掌握招聘、考核、薪资、培训等人力资源管理与开发技术，推动数量化、标准化、有效化的人力资源管理目标的实现。

（2）职称挂钩，持证上岗

应尊重国际惯例，对责任重大、社会责任性强、事关公共利益、具备一定专业技术才能的人力资源管理人员，逐步建立职称系列，改变原有并入其他职称系列的做法，将人力资源管理人员按照学历水平、专业类别、工作年限、岗位级别等分为初级、中级、高级的三个等级，并根据三个等级的职责特点，确定集体的考核指标、考核标准和考核方法，对人力资源管理者的任职资格提出一定要求，实行执业准入控制，从事人力资源管理工作的人员必须持有"人力资源专业技术资格证书"，未取得专业证书者不能从事相应工作。

2.加强一线员工的技能培训

高校后勤具有服务业劳动力密集的一般特点，大量的一线员工每天为广大的师生提供面对面的服务，一线员工服务技能的水平直接体现后勤整体的服务水平。所以加强技能培训，提高一线员工的素质具有重要的意义。

高校后勤人力资源培训内容要围绕高校后勤集团技术提高、技术改造、设备升级，针对生产运行的难点和薄弱环节组织员工培训，提高员工专业知识和实际操作能力，让每个员工都具有同市场一样的竞争能力。同时，要特别注重以按章操作为主要内容的安全技能培训，将广大员工安全技能与生产技能放在同等重要的地位，将员工安全技能培训和考核纳入岗位技能培训项目，强化员工的安全意识、规范化安全操作的培训。技能培训人员一般集中在后勤的一线岗位，他们需要的是解决他们生产实际中遇到的实际问题和专业工具的具体使用知识，他们既需要在课堂里学习一定的理论知识，更需要在生产现场的具体设备上进行操作和培训。为此，要坚持理论联系实际、按需施教、学以致用、讲究实效的培训原则，按工作任务、工种岗位的实际需要，采用以能力培养为中心，模块培训为主线，理论联系实际，教室、培训基地、生产现场三位一体的培训教学方法。

高校后勤的人力资源部门还必须建立和完善培训质量标准体系，质量标准应该有科学性、专业性和适应性特点，应包括质量方针、质量要素和培训质量；保证程序应包括培训方案的前期设计与开发、培训过程的实施与管理、培训考核和效果评估反馈等各项工作，明确培训各环节应完成的活动和检验方法，具体包括做什么、由谁做、做到什么程度，评价标准是什么。同时还须建立完善培训项目的评价机制，加强对培训过程的检查督导，从培训全过程的跟踪检查中不断寻找和发现问题，形成一个培训需求分析—制订培训计划—考核评估—反馈和总结提高的过程，使培训工作一步一步走向规范化，以确保各类技能培训项目实施的质量和效果。

第四节　高校后勤财务管理的研究

后勤工作是高校工作的重要组成部分。学校办后勤，不同于学校办产业。学校办产业，就是要赚钱，以产业收入来壮大学校自身的财力，来支持教育的发展，来支持教学、科研上水平出成果。而办后勤的宗旨应该是保证基本服务。最后要达到三点：一是服务对象满意；二是学校财务部门对后勤的切块经费逐年实质性地减少；三是后勤职工个人收入逐年增加。同时达到这三点，才是后勤深化改革有成效的标志。

现就如何深化我校后勤改革，谈几点财务管理方面的意见。

一、后勤经费的组成结构

我校后勤经费根据不同性质，分为4种类型：一是代管经费。例如修缮经费、世界银行贷款设备维护经费等。我校是个老校，修缮的需求量与所能安排的财力往往有较大的缺口。因此，维修项目的确定、预算的审定，应是在行政管理部门提出建议的基础上，由学校财务经济管理小组讨论后决定，再由后勤执行，代管代办，办妥办好。不得擅立项目，不得擅超预算。至于"世贷"维护费同样也是如此。二是包干经费。校内食堂质优价低，广大食堂管理人员、炊事员工作好是一方面，另一方面是学校从教育事业费中按标准学生人数（教职工折合人数），每年给膳食办几十万包干经费，作为食堂人员的工资及奖酬金和小型低值易耗炊具的添置。另外再如幼稚园，学校也按第二代子女的人数给一定的包干经费。诸如这类包干经费，过去的原则是包干留用，超支不补。现在我们认为，这部分经费仍然要拨、要给，这是保证后勤基本服务的一个重要前提和支撑点。同时应鼓励利用后勤的人、财、物，以有偿或经济服务的收入来支持和补充包干经费。因此，与后勤深化改革同步，包干经费应逐年按比例递减，切实实现学校后勤切块经费实质性地减少之目标。三是承包经费。多年来，车队、修缮、接待办公室以及物资供应中心，一直是独立核算，自负盈亏，自主经营，按已签订的承包协议，每年向学校上缴利润。对于这一块，一方面要精简机构、减少层次、转变机制，另一方面要冲出校门，打破封闭式的服务格局，较大幅度地提高逐年全额成本核算之后的利润总额，上交学校的利润应按比例逐年递增。四是职能部门的事业经费。后勤中，行政管理处用于全校绿化、垃圾拖运、劳保用品发放等工作所需经费，属于正常事业经费。这部分经费也是保证基本服务的需要，从学校事业费中拨付。今后视后勤深化改革发展情况而定，希望能逐渐减轻学校这方面的负担。

二、财务管理的措施

一是划小核算单位，核算到基层、到班组。千斤重担层层挑。人人头上有指标。使得责任权利落到实处，层层包干，自主经营。学校只考核其二点：（1）净上缴数的落实，可采取风险抵押等形式；（2）落实基本服务的监控手段，以保证基本服务。二是收费项目与收费标准的核定。校内后勤中有的服务是唯一的，不存在竞争问题。因此，在开展校内有偿服务时，必须由学校委托有关几个部门单位共同制定出有偿服务的收费项目与收费标准，以达到既合情合理，又实事求是。要让师生付费后，感到称心、方便、满意。三是科学确定包干基数和承包上缴利润数。这里有二层意思，第一层意思是该缴的缴、按季上缴，该拨的拨、按季下拨。要搞真承包，体现风险意识，一定要改正过去多年来包盈不包亏的现象；第二层意思是科学确定基数。要在投标招标的基础上，按"经过努力能完成，经过很大努力才能突破"的原则，经过科学测算，适当参照社会同类型服务承包的基数，确定各项承包基数。摒弃过去谈基数计价还价，基数与实际实现数不成比例的做法。基数要体现公平竞争的原则、要体现实事求是的理念、要体现奋进努力才能达到的目标。四是扩大勤工助学的范围。高等教育不是义务教育。近年来，学生学杂费逐年提高，如何为家境贫寒的学生提供更多的勤工助学的机会应该引起后勤部门的充分重视，并努力为之创造条件。

三、提高干部素质，加强队伍建设

政策一旦决定了，剩下的任务中，头等重要的就是干部的选派和培养。后勤干部要既懂行，又安心后勤工作。干部选对了，基本服务就能得到保证，有偿服务就能得到服务对象的满意，经营服务就能多盈余、多积累、多上缴。学校财权下放，放水养鱼，只有"放"给放心的干部，水才能蓄住，鱼才能满塘。另外，后勤要注意适当增加一定数量的培训费，使职工的培训走上经常化、正规化的轨道，不断提高后勤职工的政治、业务素质。同时，还应当看到，阻碍后勤深化改革的一个主要问题是解聘人的问题。只有把那些不适合在后勤岗位上的职工"流动"出去，才能使后勤工作不断注入新的活力，才能促进学校的事业不断向前发展。

第五节 高校后勤社会化管理的研究

一、高校后勤社会化改革的实现方式

高校后勤社会化改革的方向明确了、目标明确了、政策原则明确了、重点任务明确了，改革中的大量工作就能集中到高校后勤社会化改革的实现方式上。如何把实现方式的文章做强做大，应该成为高校后勤社会化改革的重大课题。

（一）高校后勤社会化改革实现方式的基本范畴

高校后勤社会化改革的实现方式就是高校后勤社会化改革模式，就是坚持改革的根本方向，体现改革的内在本质，达到改革基本目的或整体目标的方式、方法、途径、路子。改革的根本方向、内在本质、基本目的或整个目标，构成高校后勤社会化改革的科学内涵，而体现其科学内涵的方式、方法、途径、路子则构成了高校后勤社会化改革的实现方式。高校后勤社会化改革的实现方式，既涉及管理体制上的问题，也涉及运行机制中的问题，是管理体制改革和运行机制转变的具体方式和互相渗透；既涉及经济成分构成，又涉及市场环境构建，是不同经济成分在相同市场环境里的运营方式和相互关系；既涉及后勤资源系统又涉及后勤服务体系，是后勤资源系统在后勤服务体系中的作用质量和作用效率。

所谓管理体制，就是实现管理职能的组织系统、组织形式和组织保证，包括管理方式的选择、管理机构的设置，也包括管理职能的分布、管理制度的建设。在市场经济条件下萌生和正在发展起来的高校后勤社会化管理体制，与长期以来在计划经济条件下建立和形成的"高校办社会""国家集中包揽"的高校后勤封闭式的管理体制，有本质上的区别。其本质区别就在于高校后勤是否实行社会化，是否采取与社会化要求相适应的管理体系、管理方式、管理机构和管理制度。高校后勤社会化管理体制改革是高校后勤社会化改革的重要任务，也是重点目标之一。所谓运行机制，就是在实现管理职能、管理目的的过程中所使用的激励、平衡和控制的手段、办法和措施，包括动力机制、保障机制、约束机制和监督机制，以及由此产生的活力和潜力。高校后勤社会化的运行机制既要受到高校后勤必须为高校服务的宗旨的约束，又要受到市场经济运行法则对高校后勤工作的影响。高校后勤社会化运行机制是高校后勤宗旨化、企业化的结合和发展。高校后勤社会化运行机制的建立、发展和完善是高校后勤社会化改革的核心内容，是与社会化管理体制相适应、相配合的内在力量，不但是重点任务、核心内容，也是难点所在。所谓经济成分就是资产性质、资产分割以及由此带来的资产关系、资产权益。在高校后勤社会化改革中，高校后勤经济成分由单一化转向多元化，不但有国家投入的全民所有制资产，而且有社会投入、民间投入和学校投入、后勤投入、职工投入的不同所有制性质的资产。高校后勤投资体制的改革，带来了高校后勤资源开发的社会化强势，也带来了多元化产权关系的结构方式。所谓市场环境，就是市场装备、市场设施和市场机制、市场信用。在高校后勤社会化改革中，与社会主义市场经济发展形势相适应，市场环境发生了明显而深刻的变化，计划经济条件下的高校后勤市场与市场经济条件下的高校后勤市场有本质上的差别，高校后勤社会化改革的实现方式，不但必然促进高校后勤市场建设，而且必然接受高校后勤市场的检验。所谓资源系统，就是人、财、物的整体构成。所谓服务体系，就是保障功能实现的完整、集中和统一的手段和力量。在高校后勤社会化改革中，高校后勤资源的社会化和高校后勤保障的可靠性，同样是高校后勤社会化实现方式的两大亮点。

在探索高校后勤社会化实现方式的过程中，必须重视管理体制的改革，同时必须强调运行机制的转变，利用多样化的实现方式建立起具有中国特色的新型高校后勤保障体系。管理体制是运行机制的载体，运行机制是管理体制的灵魂。如果把管理体制的改革和运行机制的转变分割开来，运行机制转变就是一句空话，而管理体制改革就剩下一个空壳。在高校后勤服务系统与高校行政管理系统规范剥离之后，就更应该强调运行机制的转变。我们说，制约我国高校发展的体制性障碍，从本质上分析就是因为体制上的问题排斥了机制上的转变，排斥了活力也排斥了动力。现在，管理体制上的问题开始得到解决，急需巩固和提高，而运行机制上的问题则越来越重地排到改革的日程上来。

（二）高校后勤社会化改革实现方式的基本类型

按照管理方式、运行状态、产权关系、制度建设等方面的差异，目前全省高校后勤社会化改革的实现方式，大致有五种类型：

一是校内乙方模式，也就是后勤资产由校方委托服务方经营管理的模式。在这种模式中，甲方大都是代表学校行使行政职能的后勤办公室或后勤管理处，乙方是原高校后勤人员和相应资源从学校整体剥离后成立的后勤服务实体，后勤服务实体以学校国有资产经营者身份为学校提供后勤保障服务，实质是一种校内公司。实行这种模式运作的比如吉林大学、东北师范大学、长春理工大学等很多院校，一方面建立了由后勤管理处作为"小机关"承担学校后勤管理职能的行政管理机构，对外协调后勤与地方政府等各有关部门的关系，对内协调学校各职能部门及师生的各类服务需求，代表学校对承担学校后勤服务职能的经营实体和社会专业公司的服务质量进行监督、考核和评价，行使甲方管理的权利和义务；一方面将原有饮食、住宿、维修、生活、绿化、幼儿保教等后勤服务实体组成后勤服务集团（总公司），形成了以后勤服务集团（总公司）作为"大实体"来承担全校教学、科研和师生员工生活服务的后勤保障体系。由原来的行政拨款制向服务收费制过渡。这种模式的选择是学校后勤规范剥离后的必然发展，操作难度较小，剥离后的后勤实体原来同属学校的各个部门，对学校的后勤市场和师生服务需求比较了解，容易提供符合师生要求的服务，有利于稳定发展。这种模式便于学校统一管理，统一协调，学校对后勤服务实体的人员构成和服务能力比较熟悉，也便于内部人员的分流和转岗。这种模式基本完善了甲乙方的经济合同关系，营造出了校内市场氛围，便于实施模拟企业化运行机制。当然，这种模式也有几个不利因素。首先，校内甲乙方的关系由于历史的原因，还带有一定计划经济时期的管理色彩，并且由于后勤资产的产权关系不顺，实际上还是由学校直接承担后勤实体运营风险，或者承担大部分风险，或者承担最终风险；其次，校内乙方没有完整的经营自主权，不具备市场主体资格，不利于市场机制作用的发挥，而投资主体的单一使高校承担着无限的经济连带责任；最后，作为甲方代表的后勤管理处无法形成对乙方真正的管理和监督，而作为乙方的后勤服务实体又对学校的依附性较强，难以真正建立企业化的运行机制。只要排除这些不利因素，校内乙方模式即委托经营模式会得到较大的发展。

二是独立乙方模式，也就是后勤资产依法转移，由服务方独立经营管理模式。这种模式与校内乙方模式最大的区别在于乙方是具有独立法人资格的市场主体，产权关系明晰，双方具有平等的法律地位。独立乙方模式同样是后勤社会化改革的一种实现方式，应该加以支持和鼓励。这种模式目前在我省高校中有两种具体形式：第一种是部分学校中的学生公寓、食堂等完全由社会企业投资、建设并自主经营，学校按有关政策规定支付相应费用并享受相应后勤服务。社会企业与校方通过签订协议、合同，在学校这个稳定的服务市场上实现了一步到位的社会化。如吉林师范大学万达公寓就是这样。但在实践中，特别是在法律、政策尚不健全的情况下，应该注意防止两种倾向的发生：一种是，由于社会企业是以追求最大限度的利润为主要经营目的的，要防止只要经济效益不顾社会效益的倾向，要加强监督和指导，防止出现偏差；一种是，由于学校方吸引社会投资的目的是开发社会后勤资源，解决学校扩招的困难，就可能出现不顾投资方合法权益的倾向，要防止内外有别而造成的不平等竞争的问题。第二种形式是原高校后勤与学校行政系统剥离后，以后勤占用学校固定资产和后勤积累为资本，进行工商注册，成立有限责任公司或股份公司，取得独立法人资格。如北华大学，在这方面做了积极的探索。吸收社会投资，开发后勤资源和依法转移现有后勤资产，在后勤社会化改革中是一种创新，具有很大的发展潜力，不但促进了后勤社会化管理体制的改革，而且促进了企业化运行机制的转变。

三是合作乙方模式，也就是投资主体多元化而带来的股份制或类似股份制经营管理模式。这种模式的基本特点在于投资主体是多方合作，在后勤服务实体中形成一种后勤资产混合所有制形态。合作乙方模式在当前高校中也有两种形态：第一种形态是普遍存在于各高校建设的学生公寓和食堂等后勤服务设施项目上，学校以土地占用、资金补贴等有形投入或以学校声誉、市场提供等无形资产入股，由社会企业投资完成基本建设，实行股份合作制经营管理办法，股东各方共享利益，共担风险。由于社会企业的参与，投资主体的多元化，使后勤产权关系发生了变化，形成混合所有制形态下多元投资权益的交叉和分割。另一种形态是学校后勤实体在学校内部动员职工力量，通过合法投资、建设，取得与学校平等的后勤资产股份权益，如吉林农业大学后勤集团自筹资金建设了一栋学生公寓，进行合法经营获取合法利润，壮大了后勤集团的实力，又解决了学校社会化投资的难题、实现了学校与后勤实体的"双赢"，得到了双方的认可。合作乙方模式的优点在于，双方或多方都是出资人，双方或多方以各自投入的各种资本数量为股份,享受相应利益,承担有限责任;同时在日益规范的股权结构下,投资各方产权比较明晰,资产权益受到相应的保护,有利于调动社会投资的积极性和关心投资权益的自觉性,可以有效地对资产的安全和效益、经营管理的质量和效率实行监督。但在具体操作上,在法制建设上,在配套政策上,还存在许多不规范的地方,急需改进和完善。但无论怎么说,由于股份制投资所带来的股份制经营管理的模式,具有实际和发展意义。

四是社会服务模式,也就是直接转移或利用社会第三产业为高校后勤服务的模式。这种模式,实际上早已有之。它的特点是学校的后勤服务项目直接由社会企业提供保障或经营承办。这里也有两种情况:一种情况是,学校后勤原有资产的产权不变,经过租赁经营的方式让社会第三产业承办,实际只是一种经营权的转移,把社会第三产业引进校内。东北师范大学的一所学生食堂采用的就是这种模式,既提高了该食堂的经营水平、服务质量,又在校内形成了竞争局面。另一种情况是,直接接受社会第三产业服务。吉林粮食高等专科学校规模比较小,后勤职工比较少,而学校的后勤服务项目却小而多,仅靠现有职工能力和后勤资源不能有效地全面保证学校后勤正常运行。因此,他们将学校内部原有的水电管理、电话通信等服务项目交由社会行业部门直接提供,学校通过交纳相应费用,享受后勤服务保障。这种高校后勤社会化的实现方式,最直接了当,但由此带来原有后勤资源的浪费、原来职工的失业下岗、造成服务成本提高等问题,则可能加大学校政治上、经济上的压力。

五是联合经营模式,也就是通过校际联合或专业联合的方式,形成集团化、专业化、集约化的大服务经营管理的模式。除以上四种具体模式外,还有一种探索中的模式,如吉林粮食专科、财税专科、商业专科等院校,由于这些专科学校本身规模不大,后勤服务项目很多,服务量很小,分散起来实力较弱,很难降低服务成本,缺乏市场竞争力,因此酝酿实行跨校联合,形成一定的规模,提高服务质量,保证服务效果。这些学校之间拟成立的这种跨校联合体作为一种集团形式,以专业公司为主,发展多种经营,优化资源配置,实现后勤资源在更大范围内的优化组合,形成竞争优势,走集约化、规模化、企业化、现代化的发展之路。这也是我们应积极鼓励并努力探索的一种改革模式。而像吉林大学等后勤服务规模很大、经济实力很强、服务水平很高的院校,在保证校内服务的前提下为其他高校,其他社会团体,其他需要提供后勤服务的党政军机关、企事业单位提供后勤服务,走出去,面向社会实行多种经营、多项服务,也具有开拓意义。

事实证明，只要全面理解高校后勤社会化改革的科学涵义，抓住本质，坚持从实际出发，支持和鼓励、促进和发展多样化的实现方式，就能走出我国高校后勤社会化的崭新道路。

（三）高校后勤社会化改革实现方式的主要特征

高校后勤社会化改革的本质是社会主义市场经济规律在高校后勤领域里的体现，高校后勤社会化的根本方向是高校后勤工作、后勤服务、后勤产业的社会化，高校后勤社会化改革的整体目标是建立具有中国特色的新型高校后勤保障体系。高校后勤社会化改革的实现方式是在体现本质、把握方向、实现目标的过程中所选择的方式、方法、途径、路子。高校后勤社会化改革实现方式的主要特征应当反映高校后勤社会化本质属性的各个方面。因此，我们在研究高校后勤社会化改革实现方式的时候，不能不强调高等教育发展规律和市场经济运行法则对高校后勤社会化的制约和影响，不能不强调主要体现在运行机制方面的高校后勤社会化改革实现方式的主要特征。

一是按照事企分开、两权分离的原则，在后勤实体和服务对象之间实施契约化管理。高校后勤的服务对象就是高校，高校作为社会公益性质很强的事业机构，作为知识密集型的科研单位，行使行政管理、教育管理、科研管理的职能，而高校后勤服务，不但在高等教育发展中必须发挥后勤保障作用，而且具有强烈的经济属性，两者之间具有不同的管理职能。由于管理职能、管理目的不同，必然产生不同的管理手段、管理方式和管理办法。在高校后勤社会化改革中，把高校教育职能和高校后勤职能分开，把学校的行政管理权和后勤的经营管理权分开，是必然提出的改革任务。这一任务，我们在高校后勤社会化改革自觉发展阶段，特别是在高校后勤社会化改革全面推进阶段，已经基本完成，已经打破了事企不分、两权胶结的格局，代之而起的是事企分开、两权分离的契约化管理。高校后勤和高校后勤服务对象之间构成契约双方，在契约面前处于平等地位，双方之间必须同等履行契约规定的权益、责任和义务，必须接受契约规定的违约责任、违约处罚。契约是契约双方作出的相互承诺，只要符合国家法律、政策，就具有法律效力，就受到法律保护，从契约签订、认证、生效到契约执行、兑现、延续或中止，从契约纠纷的处理到违约责任的追究，都属于契约管理的组成部分。在高校后勤实体和服务对象之间实施契约化管理是高校后勤社会化改革的重大步骤，不但体现管理体制的改革，而且体现运行机制的转变。尽管契约管理在当前还不够完善，不够规范，还有许多工作要做，但是迈出这一步，并且正在健康发展，其在高校后勤社会化改革中的意义是卓然可见的。

二是引进现代企业制度，在高校后勤服务实体中建立企业化管理体制和运营机制。在事企分开、两权分离之后，引进现代企业制度，实现后勤实体企业化经营，自然就摆到改革的日程上来了。在改革的实践中，我们已经注意解决以下三个问题：第一，实行机构重组。一般的做法是后勤管理处或后勤办公室作为学校行政管理机构，其职能是：制定学校后勤工作规划，实施后勤行政管理工作；以契约形式和后勤实体落实学校后勤工作任务；检查、验收后勤服务项目的质量，代表学校结算服务费用。高校后勤服务实体的职能是为学校提供后勤保障、后勤服务，实行独立核算、自主经营、自负盈亏；在保证大局稳定的前提下，有用人的权力、分配的权力、奖罚的权力，有决定投资的权力、合法谋利的权力，有自有财产处分的权力、发展多种经营的权力、享受政策扶持的权力，有降低服务价格的权力、引进现代管理手段的权力；在为高校服务的过程中，必须接受高校对服务的监督，必须合法经营，严格履约，必须贯彻服务育人的方针，保证服务的质量和效率。实践证明，机构改革是引进现代企业制度的重要保障。第二，实行人员重组。高校后勤社会化改革，高校后勤实体企业化经营，决定了原学校后勤系统工作人员，只有少数管理者能应聘进入"小机关"，从事后勤行政管理工作，保留学校事业编制。而大多数人员都要从事业编制和行政序列中剥离出来，或进入后勤实体，或通过各种分流渠道予以安置。人员的分流重组，是高校后勤社会化改革中的一个难点。在现阶段，从全国高校后勤职工队伍的情况看，仍然存在年龄偏大、学历偏低、专业知识不足和结构不合理的现象。相当一部分学校后勤员工超编，人浮于事现象严重，使得后勤实体在人员重组时面临着巨大压力。如果要求后勤实体对所有人员进行"内部消化"，则必然影响后勤实体发展的活力；如果把现有人员大量推给学校、推向社会，则必然增加不安定因素。因此，在人员重组中既强调充分安置又实行适当分流。一方面，创造尽可能多的就业岗位，使绝大多数的后勤职工有岗可上、有业可就、有事可做、有钱可挣；一方面，建立顺畅的人员分流渠道，通过下岗、待岗、培训、内退、病退、买断工龄等办法，为分流人员提供生活保障和发展条件。在人员重组中，实行竞争上岗、无岗分流，考试定级、无级分流，年终考核、末位分流的办法，形成新的劳动力资源动态管理机制；同时建立社会化劳动用工和社会保障制度，实行干部聘任制和劳动合同制，根据后勤实体生产、经营、服务工作需要，在分流校内人员的同时有限制地从劳动力市场吸收经营管理及各种生产、技术、服务的专业人才。总之，对高校后勤职工的安置，既体现党和国家的关怀，体现学校、后勤实体的温暖，又要体现优胜劣汰、奖勤罚懒的市场竞争机制，努力做到在岗有所事、病退有所养、下岗有所保。实践证明，只有在人员重组上有所突破，高校后勤社会化改革才能少些障碍。第三，实行资产重组。对于后勤资产的处理，是社会化改革过程中不可回避的问题。应该指出的是，将后勤资产剥离给后勤实体，在理论上和原则上是完全可行的，因为它没有使国有资产的性质发生变化，而仅仅是将这些资产的被授权主体由学校变为后勤实体。后勤实体作为企业，享有独立的法人财产权，以其全部法人财产组织经营活动。国有资产由原来的资产实物形态的管理转变为资产价值形态的管理，国有资产的价值总量并未减少和流失；而后勤实体通过建立资本金制度和资产经营责任制，按照市场规律支配、使用、处置和运作资产，可以实现自我约束和自我发展。在改革实践中，我们对高校后勤资产剥离的处理，大致有三种方法：①对后勤资产实行租赁、学校收取租金、承租方为学校提供服务，但这一做法问题较多，校办后勤的格局无法打破，后勤资产的有形损失和无形损失在所难免；②将后勤部分资产（特别是食堂和宿舍）直接划拨给后勤实体，但是这一做法在现实中存在很大的困难，因为学校在习惯性的操作和传统性的思维定式下，是很难完全办到的；③成立股份制后勤服务公司，以资本为纽带，学校将有形资产（实物、资金）、无形资产（市场、品牌）和人员三要素综合分析入股，将学校和后勤实体由原来的行政隶属关系转化为产权关系。实践证明，第三种做法是应当提倡的，也是当前容易被有关各方接受的方式。在条件成熟时，将后勤实体在工商行政管理部门登记，使其成为具有独立法人地位的企业，按照现代企业制度和法人治理结构的要求，企业应组建成有限责任公司，并健全股东大会、董事会、监事会等组织机构。后勤实体的法人地位确立后，学校和后勤之间的关系才能真正发生质的变化，由原来的上级与下级、管理与被管理、领导与被领导的行政隶属关系变成出资关系、契约关系，同时也是服务与被服务的供需关系。学校作为出资者，享有财产所有权，而后勤企业作为独立的经营主体，享有法人财产权。出资者所有权，只表现为其拥有股份，即以股东之一的身份，依法享有资产受益、选择管理者、决定公司章程等权利，并按出资比例对经营风险承担有限责任；法人财产权，则表现为企业依法享有法人财产的占有、使用、收益和处分权。只有这样，才能彻底割断校企不分的脐带，使学校退居股东的地位，不再扮演经营者的角色。实践证明，企业只有自主经营，才能自负盈亏；只有自负盈亏，才能自我约束；

只有自我约束，才能自我发展。而企业要自主经营，前提必须是产权明晰和企业独立法人地位的确立。

三是依据资本运营规律，积极引进社会资金，构建投资主体多元化格局。高校后勤投资主体多元化，有两个层面的含义：第一个层面，是指积极引进社会资金，加强学生公寓、学生食堂等后勤硬件服务设施建设。学生公寓、学生食堂等后勤硬件设施，是发展高等教育规模效益的基础条件，但是，建设不应该也不可能完全依靠国家或学校单方面投资来完成，而应该采取有效措施多渠道吸引社会力量投资。实践使我们看到，吸收社会投资，开发社会化后勤资源，应该注意三个问题：第一，政策要优惠。只有政策到位，社会投资才会有积极性。在新建高校后勤设施产权问题上，要进一步解放思想，承认产权性质，坚持互惠互利。社会投资高校后勤设施建设，要按照"谁投资、谁所有、谁受益"的原则，明确产权归属。凡是社会投资新建的高校后勤设施，原则上产权归投资人。其中，学校以土地等各种形式的投入，经过合理评估按比例享有股权，以防止国有资产的流失。第二，范围要广泛。在吸引社会投资上，高校要把眼光放远一点、放宽一点，不要只局限在省内，要采取有效措施，积极吸引省外、国外资金。在严格资质认证的前提下，多种所有制资金都可以引进。可以采取招标的办法，择优吸引资质实力强的企业投资高校后勤建设。第三，约定要明确。引资建设合同要明确限定由社会投资建设的高校后勤服务设施的用途，未经学校同意不能随意改变其使用方向，同时要为其经营管理提供方便，对其合法权益应予保障。第二个层面，是指在组建后勤企业（集团、公司）时，必须严格按照《公司法》规范运作。第一，要建立多元化投资体制。高校后勤集团不论是股份有限公司形式还是有限责任公司形式，都必须鼓励多元化投资主体，高校主要以规范剥离出来的后勤资产以及政府、学校的最新投入作为基础，其他社会团体、单位和个人除以其投资建成的高校后勤服务设施作为资产投入以外，更希望以资金投入为主。第二，要建立规范的法人治理结构。高校后勤服务集团是按照《公司法》组建设立的，是在工商登记注册的企业法人，必须依照《公司法》建立规范的法人治理结构。要明确股东大会、董事会、监事会和经理层的权利和责任，形成分工协作、协调运转、有效制衡的机制。第三，要建立所有权和经营权分离的管理体制。学校和其他出资人具有以各种形式对后勤投资和投资形成的物产所有权，后勤集团对国家、学校、社会等出资形成的法人财产依法享有占有和使用的法人财产权和经营自主权；学校和其他出资人对其注入的资金只按比例承担有限责任,而后勤集团以其全部法人财产,依法经营,照章纳税,对学校和其他出资人承担资本的保值和增值责任,独立享有民事权利,承担民事责任。在组建集团过程中,要认真研究并处理好集团与学校的关系,集团与社会投资方的关系;在资本运营过程中,依法保护各投资方的合法权益。

四是变无偿服务为有偿服务,变拨款制为收费制,实现校内后勤服务商品化。后勤服务无偿提供,后勤经费由学校统一划拨,单纯福利型服务,非价值的核算方式,使经费不足的后勤服务路子越走越窄,越来越不适应高校发展要求。要改革这种状况,必须实现后勤服务质的转变。第一,要树立服务是商品的意识。马克思在《剩余价值学说史》中明确指出,"服务就是商品""服务有一定的使用价值和一定的交换价值"。既然服务是商品,有一定的使用价值和交换价值,就具有商品属性,而商品经济的原则是运用价值规律,实行等价交换。因此,实行有偿服务,是高校后勤社会化改革的必然选择。第二,要制定完善的服务质量标准和合理的服务收费价格体系。明确服务质量标准,既可保证后勤服务实体提供的服务立于高水平、高质量的基点上,又能有利于服务对象的评价与监督。确立校内服务价格体系,既要按照市场调节的原则,优质优价,又要充分考虑学校为后勤实体提供后勤市场资源、师生员工消费能力等因素,合理确定收费价格,加强成本核算。成本核算是制定后勤服务项目收费标准的基本依据,要体现国家优惠政策,高校后勤服务集团对内经营服务,可以减免有关税收,制定后勤服务项目收费标准的时候要考虑这个因素;要允许后勤服务集团有一定的盈利,作为法人实体的后勤集团(包括模拟法人实体的单位),毕竟是独立核算、自负盈亏的经济实体,要有积累和防范风险的能力;与学校经济状况相适应,特别是要注意后勤职工的工资收入与学校职工工资收入的总体水平的适当平衡;在服务双方或任何一方的经济承受能力无法承担时,政府、学校应采取有条件的价格补贴措施。第三,要尽可能直接面对具体服务对象。坚持谁消费、谁买单的原则,以形成学校各系统合理负担,师生员工消费资金合理负担的机制,坚持面对面服务,面对面收费,面对面监督,以提高服务质量和效率;使服务与被服务形成对立统一的利益整体,以增强各自的责任意识和责任力度,防止权力异化和服务腐败。第四,要立足校内市场,珍惜校内市场,发展校内市场。后勤服务实体要以优质高效的服务牢固地占领校内后勤服务市场,校内市场决定高校后勤的生死存亡,也体现高校后勤的服务宗旨;要尊重校内服务对象,师生员工是后勤企业的衣食父母,依托校内市场增强造血功能,是高校后勤发展的根本途径;同时要更新观念,树立平等竞争的意识,即便是原属校内的后勤企业,对校内市场也并非是垄断经营,应与以高校后勤社会化准入进到校内市场的社会投资方平等竞争;在发展校内市场,满足校内服务需求的基础上,开拓校外市场,扩大市场覆盖面。

(四)高校后勤社会化改革实现方式的发展趋势

研究高校后勤社会化的改革模式,不但要研究高校后勤社会化改革的多样化实现方式、实质性主要特征,而且要研究改革实现方式的发展趋势,使我们在对策思考中,在改革实现方式上有个比较完整的认识,促进高校后勤社会化改革实现方式的创新、发展和成熟。

一是行政隶属关系淡化的趋势。高校后勤服务系统与高校行政管理系统规范剥离之后,把高校与后勤的领导与被领导关系变成了提供服务与接受服务的关系,变成了契约管理中的供求关系。因此,领导与被领导关系、上下级行政隶属关系必然越来越淡化,提供服务与接受服务的供求关系、契约管理中的甲乙双方关系必然越来越强化,直至完全取代上下级行政隶属关系,这是必然的发展趋势。当前,解决体制性障碍的实质性问题就是不该强化的领导权力存在自发扩大的倾向,不该束缚改革的上下级关系仍然在发挥作用。在这方面,我们应该保持清醒头脑,自觉解决好这个问题。

二是法律规范效力强化的趋势。高校后勤社会化改革的实现方式,尽管多种多样,但其本质是社会主义市场经济法则在高校后勤服务中的体现,需要的是高校后勤社会化的管理体制改革和运行机制转变,需要的是建立、发展和完善具有中国特色的新型高校后勤保障体系,需要的是引进现代企业制度。所有这些,一丝一毫也离不开法律的规范、政策的支撑、制度的建设、契约的确立。因此,法律规范效力、政策约束效力、制度作用效力、依法约定效力,只能越来越强,不能越来越弱。社会化呼唤法制化,对任何社会化事业都是这样,对高校后勤社会化改革,同样也是这样。当前存在的问题正是法律规范还没有完全到位、契约管理还有比较薄弱的环节、高校后勤市场平台还没有建立起来、许多事情还处于无序状态。我们应该深刻认识这个问题,积极解决这个问题。否则已经取得的改革成果很难巩固,更不好扩大和提高。

三是后勤资源配置优化的趋势。过去,我们在后勤资源的开发上很不得力,在后勤资源的利用上也存在不少问题。一方面,高校后勤资源开发利用得不好,造成高校发展中的"瓶颈"制约；另一方面，高校后勤资源配置不合理，封闭式，小而全，又造成很大浪费。现在，把高校原有的后勤资源成建制剥离出去，把社会潜在的后勤资源开发出来。内外交融，把高校后勤资源重新组合，优化组合，对发挥高校后勤资源的优势，满足高校扩大招生的需要和后勤保障的需要，发挥了很好的作用，探索了一条有效的途径。这是取得突破性进展、阶段性成果的成功经验。所谓高校后勤资源，包括原有的和潜在的高校后勤的人力资源、财力资源、物力资源，也包括高校后勤市场的环境资源、条件资源、消费资源。所谓高校后勤资源的优化配置，是在调整后勤资源结构中、在建设后勤市场平台中，在开发各种经济成分的后勤资源中，把后勤资源充分利用起来，降低服务成本，减少损失浪费，扬长避短，优势互补。显然，这项工作在改革中占有重要位置，应该在这方面下功夫。路子有了，目标是能够达到的。

四是经济成分多元化趋势。投资主体的多元化势必造成经济成分的多元化。当前，高校后勤的经济成分，自然是全民所有制为主，这是在新中国成立以来的几十年间形成的，而在高校后勤社会化改革中，政府、学校仍然在继续投入。在高校后勤社会化投资体制改革中，由于大量吸收社会力量投资，在高校后勤经济成分中，企业组织、社会团体、个人投资所形成的后勤资产呈发展壮大的趋势。目前，高校后勤产业的经济成分，有全民所有制、国家所有制成分，正在继续稳定增长；有集体所有制、股份所有制成分，也有非公有制成分，正在急剧上升。在高校后勤社会化改革发展中，各种经济成分并存是不可避免的，各种经济成分都将得到发展也是可以肯定的，国有资本不能失去主导地位。但其实现方式将发生深刻变化，混合所有制经济、股份制经济将得到很大发展。面对这种发展趋势，我们只能鼓励和支持，只要认真履行为高校服务的宗旨，只要能够为高校提供优质高效的后勤服务，对任何经济成分的参与和发展，只能一视同仁，不能歧视任何一方，需要制定和完善发展多种经济成分的政策、制度、办法，促进高校后勤资源的开发和利用。不拘泥于所有制形式，但求所需所用。

五是经营管理集约化趋势。经过十几年的改革实践，特别是在高校后勤社会化改革全面推进的三年中，高校后勤产业迈出了很大的步子，高校后勤的管理规模扩大了，经营水平提高了，现代化条件装备加强了，人员素质在改革中也发生了极大的变化，高校后勤的发展活力、动力和实力大大增强。所有这些，都促使高校后勤服务实体由粗放式经营管理进入了集约化经营管理的新阶段，过去那种小打小闹、粗粗拉拉、没有章法、没有效率的状态很少看见了。现在高校后勤产业的管理者，不但研究现代企业制度，而且研究现代经营管理，特别是某些规模比较大的后勤服务集团，在集约化经营管理的道路上已经走在了前面，而其他中小型后勤集团、后勤企业也都在努力奋斗，向管理要效益、要效率，力图把事业做强做大，这是不可阻挡的趋势。优胜劣汰的形势以及借着改革所焕发出来的活力和动力，逼着所有的高校后勤实体在提高经营管理水平，实现服务功能的优质高效。这是生存的需要，也是发展的需要。

二、高校后勤社会化改革的市场建设

高校后勤市场与一般意义上的商品市场比较，有共同性也有特殊性。市场是联结供求关系、实现商品交换的地方，需求和供应，通过价值法则在这里得到平衡。高校后勤市场过去就有，只是在计划经济条件下的高校后勤市场与社会化改革中形成的高校后勤市场比较，有本质的区别。在高校后勤社会化改革中出现的高校后勤市场，不但体现后勤社会化改革的目的，而且体现高校后勤社会化改革的本质和方向。因此，高校后勤社会化改革中的高校后勤市场建设，离不开多元化投资主体的产权关系、鼓励积极竞争的市场平台以及高校后勤的保障体系。在高校后勤市场建设中，政府主导的作用和责任、教育行政部门组织实施的作用和责任、高校主体的作用和责任、社会参与的作用和责任、市场引导的作用和责任，都是不可缺少的。高校作为高校后勤社会化改革的主体，包括高校本身及其为高校服务的高校后勤，在高校后勤市场建设中，更是重任在肩，责无旁贷。

（一）依法理顺高校后勤产权关系

所谓产权关系，是指在资产所有权、占用权、收益权、处分权基础上形成的经济关系，包括各投资主体之间的关系、构成产权各要素之间的关系、资产权益认定和保护之间的关系等。在高校后勤社会化改革中，由于管理体制的改革和运行机制的转变、原有后勤资产的规范剥离和新增后勤资产的大量引进、开发后勤资源和解决高校扩招的需要以及市场经济法则的作用和影响，高校后勤的投资主体及其产权关系呈现多元化发展的复杂状况。对高校后勤社会化改革中的产权形态如何认识、产权关系如何处理、产权利益如何保护，就成了高校后勤市场建设中十分重要而又不可回避的问题。

1. 目前全省高校后勤产权的主要形态

（1）国有资产占有权转移形态。这种产权形态的主要特征是：资产国有性质不变，只是把原来由事业法人即学校方占有的国有资产转移给正在剥离出去的校内后勤实体方占有。这里有两种情况：一种情况是以校内合同方式转移，如长春理工大学、吉林大学、北华大学、长春大学、吉林农大等院校在后勤资源规范剥离后均采取了类似的做法，以合同约定的方式明确国有后勤资产的所有权和占有权及其实现方式，促进后勤实体独立运营；一种情况是以依法划拨方式转移，如东北师大的学术活动中心、长春理工大学招待所、吉林大学北苑宾馆等，一次性划拨给后勤集团，并在工商部门注册登记，领取营业执照。两种情况比较，前者是实际意义上的转移，后者是法律意义上的转移，两者都未改变所有制性质，但改变了后勤资产的占有关系。

（2）授权托管和租赁经营形态。这种形态不但不涉及产权所有制性质，而且也没有改变产权占有关系，只是对现有高校后勤资产由国有资产占有方授权校内后勤实体或社会经营单位使用、经营。有的是依法授权，有的是契约关系，有的是"君子"协定。这种形态在后勤资源开始剥离的情况下，普遍存在和大量存在。省内许多院校在后勤管理体制改革的同时，就比较普遍地采取授权托管的方式或租赁经营的方式，把后勤资产分离出去，让后勤实体经营，同样发挥了很好的作用。授权托管和租赁经营，作为产权形态，是占有权和使用权的分离；作为经营方式，是资产占有方在资产使用中实行的目标责任制或经济承包制。

（3）独立投资方产权形态。这种产权形态的主要特征是投资方的资产所有权连同它的占有权、使用权、收益权、处分权一并归属投资方，主要体现在单一投资主体新增后勤资产部分。例如吉林师范大学万达公寓，学校承认投资方全部资产权益，承诺经营回报期满后实行合同约定的产权分割；再如粮食高专由社会投资建设的多功能楼，承认投资方永久经营，虽然形式上不承认其永久性产权，但是实质上也属于这种类型。

（4）合资投入式产权形态。这种产权形态的特征是由多元化投资主体联合投入，按各自投资份额分割产权，分享利益，分担风险。实际上是把产权变成了股权，投资者变成了股东。这里，有国有股，也有集体股、个人股；有有形资产，也有无形资产。其回报方式是经营利润分成。东北师大后勤职工、吉林师大校内职工投资建设的学生公寓，实行资本运营、自负盈亏的方式，就是这种类型。虽然目前其运作程序还不够规范、不甚完善，但是已经具有股份制经济的某些基本特征。

（5）抵押借贷式产权形态。这种产权形态的特征是借贷双方按合同约定，以经营权作为抵押，以经营期的经营收益偿还贷款，投资方在偿还贷款本息之前实际上没有资产所有权，只有利用期内资产收益权偿还贷款的义务，经营期满或贷款还清即视为借贷投资回报终结，资产余值无偿交给借资方。目前，这种产权形态在全省高校吸纳社会投资发展后勤产业中比较普遍，长春大学、长春师院、建工学院、化工学院等许多院校都有这种情况。但是，由于投资数额较大，周期较长，抵押标的和还款方式比较特殊，其借贷性质常常被隐藏起来了。

综上所述，在高校后勤社会化改革中，高校后勤产权形态虽然多种多样，但是都从不同方面反映了混合所有制经济在高校后勤产业里的发展，都反映了以国有资本为主导的国有资本、集体资本和非公有资本的不同实现形式。我们认为，国有资产占有权转移形态，应该成为原有后勤资产企业化的重要形式；合资投入式产权形态，在高校后勤社会化发展中潜力很大；独立投资方的产权形态，在后勤社会化投资中应该发挥更大的作用；以经营权抵押的借贷形态，在一定条件下还会得到发展；而授权托管和租赁经营形态，则是两权分离的有效方式。理顺高校后勤产权关系，发展混合所有制经济，并保持国有资本的主导地位，应该成为加强高校后勤市场建设的重要任务。

2. 在高校后勤产权制度改革中提出的主要问题

高校后勤社会化改革进入关键时期，必然会遇到产权问题，包括产权性质的界定和转移、产权数额的评估和分割、资产权益的认可和保护。产权问题的提出，是改革深入的标志，也是高校后勤保障体系形成和发展的要求。

存量国有后勤资产占有权不转移，法人治理结构很难完善，后勤实体企业化运行步履维艰。目前全省高校后勤资源规范剥离已经有所突破，但是还没有全部到位。其主要原因是作为国家所有的后勤资产占有权还没有大面积地依法转移给高校后勤实体。学校作为事业法人，没有经济职能，无法对后勤资产的国有性质负责，而后勤实体作为经营法人，离开对国有资产法定意义上的占有，无法确立其法人治理资格。在这种情况下，高校后勤资产的安全表面上看得到保障，实际上无法避免地造成浪费和流失。因为高校后勤资产只有由经营主体占有，才能进入企业化经营，才能在经营效益中提取折旧，实现积累，得到补充。而占有权的转移并不复杂，由学校方占有和由实体方占有，从本质上分析是一样的。不同的是，由学校方占有转移给实体方占有，就为完善高校后勤产业法人治理结构提供了必要的条件。存量国有后勤资产占有权的转移，必须履行法定程序。其法定程序包括：第一是依法完成资产评估；第二是依法履行转移手续；第三是向工商部门申请注册登记并领取营业执照，独立承担民事责任；第四是与有关部门衔接，包括税收、计量、物价、国土、质检、环保、卫生防疫、房产管理部门和金融机构等；第五是与事业法人即学校方签订有偿提供后勤服务的合同，双方都要接受宏观调控和法律监督。只有这样，高校后勤产业才能由所谓的"模拟企业化""准企业化"运行进入企业化运行。

增量高校后勤资产的社会投入问题不解决，高校后勤社会化发展步伐必将受到严重障碍。在高校后勤社会化改革中，吸纳社会投资同实现规范剥离具有同等重要的意义。现在的问题是社会投资形势不够稳定。其原因：第一是投资方的合法权益不明确，强调双重制约，弹性很大，心里没有把握；第二是剥离出去的高校后勤实体或明或暗地受到许多保护，在各投资方中缺少一个大致相同的市场平台；第三是社会投资主体的情况复杂，有些投资方实力不足，素质不高，只顾眼前利益，缺少长远打算。对此，我们必须明确以下意见：其一，坚持"谁投资、谁所有、谁受益"的原则，包括有形资产投入和无形资产投入、价值投入和实物投入、独资投入和股份投入，都要依法认定，承认其最终产权，即使一时经营有损，也有最后保底的希望；其二，采取多种多样的资产权益的实现形式，花钱买服务，怎样花钱，要从实际出发，可以采取资本运行、股份经营的办法，可以采取两权分离、投资保护的办法，也可以采取以丰补欠、综合平衡的办法；其三，要积极构建高校后勤市场平台，对社会投资的投资方和高校后勤的实体方，一视同仁，不论亲疏，在高校后勤市场的建设、发展和完善中，创造平等竞争的市场条件，既坚持服务宗旨又引进市场机制，不能恩赐某一方，也不能排斥某一方；其四，应该着手研究、制定并实施《高校后勤市场投资管理办法》，使投资者既受到鼓励又接受约束，创造相对稳定有序的环境。可以预计，社会投资不稳定的形势是可以扭转的，社会投资的潜力是能够发挥出来的。

在投资主体多元化、产权形态多样化中，发挥高校在后勤改革中的主体作用是重大难题。高校后勤社会化改革已经进入关键时期，既要看到我们已经取得的辉煌成就，有效地满足了我省高校当前发展的需要，也要看到在深化高校后勤社会化改革过程中必然提出和必须解决的问题，自觉趋近改革的最终目标。

在服务宗旨与市场机制之间，在最终目标和当前步骤之间，在高校市场与社会市场之间，在保持稳定与加快发展之间，既有同一性，又使我们面临两难选择。高校作为高校后勤社会化改革的主体应该怎么办？在投资主体多元化、产权形态多样化中，如何发挥"高校主体"的作用？在调查中，从后勤实体方代表、社会投资方代表到各高校领导同志，对发挥高校在改革中的主体作用，加强高校后勤市场管理没有疑义。但是，作为改革主体的高校管什么、怎样管，能不能管得了、管得好，大家的意见却很强烈，有些意见也很不一致。有人只看到投资方追求利润的一面，就强调高校是社会公益事业，高校后勤不能以盈利为目的，必要的投资回报也被排斥了；有人只看到在改革深化中还存在许多矛盾和困难，也暴露出来许多深层次问题，就主张高校既然是改革的主体，既然出了问题就还要高校负责，就要全管起来、全抓在手里，像过去那样；有人只看到谁投资都是依赖银行贷款，就认定社会投资方贷款不如后勤实体方贷款，后勤实体方贷款不如高校主体方贷款，还是统包统揽下来更好；有人则有急躁情绪，逐步到位不如一步到位，多种模式不如一刀切齐，把后勤包袱推给社会就万事大吉了，等等。从中，我们不难看出，退回去的倾向是有的，简单化的倾向也是有的，深化一步很难。在高校后勤社会化改革中，承认高校主体地位，发挥高校主体作用，一方面要自觉地抵制倒退倾向，一方面要负责地解决当前难题。在座谈中，大家的意见比较集中的是：第一，要管，不是过去的管法。更多的不是用行政手段去管，不是用过去的老办法去管，而是用法律手段、经济手段去管。第二，要管合同，提供服务和接受服务以合同为准。这就要求合同的合法性、严密性、完备性，要求合同对甲乙双方都有约束和保护、鼓励和处罚的作用。第三，要管高校后勤市场，对高校后勤市场的规划和建设，竞争的平台和环境，在高校后勤社会改革过程中始终要管。高校握有那么多的后勤资产和市场优势、市场条件，发挥主体作用，管好这个市场是完全有可能的。

3. 推进全省高校后勤产权制度改革的基本原则

从目前现状的分析到必然提出和必须解决的问题，都不可能囊括高校后勤产权制度改革的全部内容，即使当前提出的问题解决了，也还会有新的问题提出来。因此，在调查研究中，我们理出若干基本原则，作为研究新情况、解决新问题的指导思想是必要的。

基本原则之一：坚持发展是硬道理，在产权制度改革中实现高校及高校后勤的可持续发展。推进产权制度改革和引进市场运行机制是当前高校后勤社会化改革的两大中心任务。否则后勤服务产业化、后勤实体企业化就没有着落。推进产权制度改革,要抓紧又不能脱离实际,要抓紧又不能简单划一,要抓紧更不能大起大落,既要保护投资者的积极性又要保证主体方的目的性。这里边的问题,不仅仅在于投资主体、产权结构的多元化,更在于产权实现方式的多样化,只有把多元化产权关系和多样化实现方式结合起来,才能为高校后勤市场建设奠定坚实基础,才能实现高校及高校后勤的可持续发展。而产权问题处理不好,不但影响改革、影响发展,而且影响稳定。

基本原则之二:依法保护资产权益,把资产权属的界定、分割同资产权益的认可、保护联系起来。资产权属的界定和分割,资产权益的认可和保护,不仅包括存量资产也包括增量资产,不仅包括有形资产也包括无形资产,不仅包括校内实体方也包括社会投资方。其运行法则应该是公平、公正、公开,应该是依法行事,尽量做到有根有据。一时没有法律、政策依据,则应更多些研究工作,综合、比较、论证、探索、创新、规范,争取在后勤产权改革上少反复或不反复。在这里要强调,要把依法确认的资产权属同合法要求的资产权益联系起来,否则,国有资产流失的问题,吸纳社会投资的问题,就很难解决。

基本原则之三:双向驱进务求双赢,把后勤资源的规范剥离和后勤资产的社会投入结合起来。在高校后勤社会化改革全面推进的三年里,省委、省政府明确提出原有后勤资源的规范剥离和新增后勤资产的社会投入两大任务。在这次调研中我们看到,这两项任务完成得很好,迈出了具有本质意义的坚实步伐。同时,我们也看到,这两项工作只完成了阶段性任务,标示了新的起点,还没有到达目标的终点。大家说,一手抓规范剥离,引进市场机制;一手抓社会投资,服务高校市场,这是一个问题的两个方面。实行双向驱进,获得双赢发展,不仅是高校后勤产权制度改革的重要内容,也是高校后勤市场建设的重大举措。

(二)积极构建高校后勤市场平台

所谓市场平台,就是为市场主体提供大致平等的进入市场的机会和占领市场的条件。在这里,不但包括依法明晰产权关系、依法保护资产权益,而且包括保证积极竞争、平等竞争的市场环境、市场秩序。高校后勤市场,一方面要接受市场经济法则的引导,一方面又要接受教育发展规律的约束,这就是在高校后勤市场建设中面临的特殊情况。只有在市场经济法则和教育发展规律之间寻求结合点,在市场经济法则和教育发展规律的结合中构建高校后勤市场平台,才是上策。

1. 构建高校后勤市场平台的重要意义

　　提供高校后勤市场平台在高校后勤市场建设中具有重要地位，没有市场平台就没有统一、有序的市场运营和市场竞争。构建高校后勤市场平台是高校后勤社会化改革的必然要求。高校后勤社会化改革的本质是社会主义市场经济在高校后勤领域里的体现。因此，实施高校后勤社会化改革，必须按照社会主义市场经济的运行法则办事，鼓励和支持高校后勤企业实现自主经营、自负盈亏、自我约束、自求发展；在高校后勤市场建设中，必须为高校后勤企业提供生存和发展的市场空间，提供积极竞争、有序竞争、平等竞争的市场平台。构建高校后勤市场平台是高校后勤企业参与市场竞争的必要条件，是建设高校后勤市场的基础性工作。

　　构建高校后勤市场平台是高校后勤企业展开平等竞争的需要。在高校后勤社会化改革中，计划经济条件下形成"统、管、包"体制让位于市场经济条件下的新型管理体制和运行机制；单一的、靠国家财政支撑的投资体制让位于多元化投资主体共同运作的投资体制；高校后勤与高校之间的行政隶属关系让位于提供服务与接受服务的供求关系。这就提出了如何保证平等竞争、如何保护多元化投资主体的合法权益、如何实现供求关系的市场平衡问题。解决这样的问题没有一个市场平台是做不到的。竞争关系、产权关系、供求关系，只有在市场平台上才能得到调节、平衡和健康发展。在这个市场平台上，才能有效发挥高校后勤社会化改革的政府主导作用、教育行政部门的组织实施作用和高校主体、社会参与、市场引导作用。

　　构建高校后勤市场平台是形成和发展新型高校后勤保障体系的需要。高校后勤社会化改革的目的不是高校不要后勤、不办后勤，而是通过社会化改革把高校后勤办得更好，逐步形成和发展有中国特色的新型高校后勤保障体系。新型高校后勤保障体系，要保证服务领域不断扩大，高校有呼，后勤有应，由为广大师生提供生活服务到为高校提供教学、科研的后勤服务；要保证服务水平不断提高，由条件装备、基础设施到服务质量、服务效率，由传统式、作坊式服务到标准化、网络化服务；更要服务保障的不断强化，由服务实施到服务监督，由单一的保障系统到多元化、多样化的保障系统，由制度约束到法律规范。服务领域的扩大、服务水平的提高、服务保障的强化，其动力和活力、实力和潜力来自市场竞争机制下的市场平台。在这个市场平台上，才能建立起新型高校后勤保障体系。

构建高校后勤市场平台是发挥高校后勤市场优势、开发高校后勤资源的需要。高校后勤市场具有比较稳定的消费人群和消费项目，具有市场集中、消费集中的特点，具有消费需求旺盛的优势，当然也存在对服务成本比较敏感、对经营谋利有很大制约、对服务态度要求很高等不安定因素。而这些因素如果解决得好，也是提高服务水平、发挥保障作用的促进力量。发挥高校后勤市场优势和开发高校后勤市场资源是连在一起的。只有在高校后勤市场平台上，才能鼓励高校后勤资源的优化配置，才能激励高校后勤市场资源的有效开发。事实证明，高校后勤资源的开发和利用越来越需要高校后勤市场平台的保护。

2. 构建高校后勤市场平台当前必须解决好的几个实际问题

构建高校后勤市场平台，是高校后勤社会化改革的内在要求，也是改革中出现的新生事物，既有发展趋势不可阻挡的一面，也有诸多矛盾和困难需要解决的一面。

在处理教育属性和产业属性、社会效益和经济效益、服务主体和服务对象的关系中，有许多敏感问题需要注意。诸如：严格控制服务成本，要运用市场经济法则，又要避免追求企业利润最大化；投资方的资产权益要受到保护，当社会效益与企业效益之间的矛盾难以协调时又需要以国家投入、学校投入予以弥补，加以平衡；在社会化改革过程中，面对热点、难点问题，有时需要采取某些权宜之计以保证安定，但又不能把权宜之计变成长远大计；在原有后勤资源规范剥离之后，对重大的历史欠账、重大基础设施投入、重大服务项目开发，不能全部推给后勤实体，国家、学校要给予必要的财力支持，等等。多元化投资结构、利益关系，多样化实现方式、服务方式，多层次资本运营、市场运作，纵向的衔接、横向的配合，有许多实际问题需要解决。否则，高校后勤市场平台很难建立起来，也很难得到发展。

在引进现代企业制度构建高校后勤市场平台中，既要抓紧后勤企业管理体制的改革，更要抓紧后勤企业运行机制的转变，在"内化"与"外化"的互相渗透中把事业做大、做强。在高校后勤市场建设中，必须十分注意树立市场主体形象，包括资质水平，也包括运营效率。高校后勤企业化管理体制是高校后勤企业进入后勤市场的组织保障，而高校后勤企业运行机制则是高校后勤企业占领市场的动力之源。离开管理体制改革的"内化运行机制转变之外化"，高校后勤市场平台就失却了合格的市场主体。在"内化"与"外化"问题上，我们已经有了重大突破，已经为市场主体进入市场打下很好的基础，但是还不够，不但需要稳定巩固，而且亟待深化提高，在多样化的实现方式里，尽量体现高校后勤社会化改革的科学内涵，力避徒有形式的问题发生或蔓延。稳定巩固不容易，深化提高更困难，不能浅尝辄止，停留在目前水平上。

在适应高校后勤保障体系的需要，变福利型、行政型服务为有偿性、经营性服务中，要注意建立和发展后勤服务价格体系。高校后勤市场的服务种类很多，服务项目很多，有服务型、经营服务型，也有经营型；有生活服务类、基础设施类，也有基建维修类；有社区、校区管理类，也有教学保障类、科研保障类；有标准定额类，也有非标价格类，等等。在构建高校后勤市场平台的时候，无论面对怎样复杂繁多的情况，都必须测算出比较合理的服务收费价格和建立起比较完备的价格体系，都必须确立起服务质量标准和服务质量监督体系，都必须有严格的经济核算程序和结算体系，都必须有比较稳定的价格政策和必要的调控机制，充分发挥价格的杠杆作用。否则，即使有了高校后勤市场平台，也必将流于形式，唱不出市场大戏。

市场制度、市场环境、市场条件的形成和发展是高校后勤市场平台中的重要构成部分。市场制度，包括市场准入制度、市场管理制度、市场经营制度，也包括市场行为规范、后勤服务规范、职业道德规范；市场环境，包括平等竞争环境、开发建设环境、法律政策环境，也包括市场卫生环境、人文环境、投资环境、金融环境、信用环境；市场条件，包括接受服务条件、市场需求条件、资金周转条件、基础设施条件、信息流通条件、职工素质条件、运输条件、房舍条件、结算条件等等。市场制度、市场环境、市场条件的形成和发展，是高校后勤市场平台形成的重要标志，各级政府要管，教育行政部门要管，高校要管，高校后勤要管，要分层次地、有职能分工地管起来。在市场制度、市场环境、市场条件建设中，要坚持统筹有序原则、稳步推进原则、先易后难原则，在政府主管部门的参与、指导和帮助下，与高校后勤社会化改革主体、高校后勤市场主体联手共建，齐抓共管，政府有关职能部门则应当挑头组织实施，负责筹划和协调。

3. 构建高校后勤市场平台应该有效实施宏观调控

构建高校后勤市场平台，目的是促进高校后勤市场发展，保证高校后勤市场的服务宗旨和运营效率。在高校后勤社会化改革中，在高校后勤市场平台上，实施宏观调控是必要的，也是可能的。

宏观调控的手段不能使用传统办法，在有条件运用行政管理手段的同时，更要重视市场经济的运行法则，更要重视经济手段和法律手段。政府、高校在高校后勤社会化改革中，如何才能发挥有效的促进改革、保护改革的调控作用？一靠必要的资产投入，不能撒手不管，不能一推了之，不能只图甩包袱，只要有投入，只要保持国有资本的主导地位，就有调控的可能了；二靠适时出台必要的法规和政策以及政策性措施，既有保护改革的措施，又有实施监督的措施，只要保证决策的及时、可行，就有调控的效力；三靠提供市场条件、市场需求，只要利用和发挥高校后勤市场的优势，就有调控的主动权。

宏观调控的原则要有战略观念、全局观念和重点观念，要把宏观调控和微观搞活结合起来，不能一放就乱、一管就死。在高校后勤市场平台构建中强调宏观调控，同时也要强调微观搞活，要强调有理、有力、有节、有层次、有重点地运用宏观调控的职能和权威，保证高校后勤社会化改革的正确方向，保证高校后勤市场的服务宗旨。在实施宏观调控中，一要有理，有战略眼光、全局胸怀，也要有法律、政策观念，不能有随意性；二要有力，只要有理有据，就有力度，不能因为宏观就泛泛从事；三要有节，不能事无巨细，也不能滥用权力，把不该管的事情管死；四要有层次，宏观调控是有层次分工、职能分工的，不能空位也不能越位；五要有重点，当前宏观调控的重点是解决高校扩招的急需，保证政府和高校对后勤的投入，化解矛盾和困难，加大后勤资源开发的力度。

宏观调控的评价要看在市场平台构建中能不能保证高校后勤产业的可持续发展和促进高校后勤服务的实际作用、实际效果。实践是检验真理的标准，在实践中要注意研究问题，注意调控行为，注意总结经验，注意分析发展趋势，注意把握重点，注意长期性、艰巨性，取审慎态度，保证可持续发展；也注意现实性、紧迫性，坚持与时俱进，开拓前进，促进改革的深化。

（三）同步发展高校后勤保障体系

所谓保障体系，就是保证实现某一重大目标的各种要素、条件、力量的有机组合。重大目标不同，其保障体系的架构和特点也有所不同。高校后勤保障体系应以优质高效地为高校的生存和发展提供后勤服务为目标，把高校后勤服务的各种要素、条件、力量有机组合起来。有中国特色的、适应我国高校发展的新型高校后勤保障体系，是在我国高校后勤社会化改革过程中形成和发展起来的，与我国高教事业发展相适应，与高校后勤市场建设同步发展的保证供应、满足需求的后勤保障体系。

高校后勤是我国高等教育在计划经济条件下形成的,是我国高等教育发展中的产物,把后勤与高校联结在一起,实行统筹、统管、统包的体制,已经走过几十年历程。在计划经济体制下形成的高校后勤,在社会主义市场经济条件下,面临着严峻的挑战,已经处于僵化、半僵化状态,已经成为制约我国高等教育发展的瓶颈,不改革不但堵死了高校后勤的发展之路,而且也严重影响我国高等教育办学体制的改革和我国高等教育事业的发展。高校后勤社会化改革就是面对中国国情提出并实施的我国高等教育发展史上的重大创举。考察改革中的我国高校后勤保障体系的构成,包括以下诸多要素和分支系统:

1. 条件装备系统

这是高校后勤服务的物质基础,是包括房产、地产、设备、设施、工具在内的为高校后勤所用的固定资产。长期以来,靠国家财力支撑的高校后勤固定资产到目前为止仍然占绝对大的比重,这就是我们在改革中所说的原有固定资产;高校后勤社会化改革以来,有国家投入、学校投入,也有社会投入、职工投入,后勤投入所形成的高校后勤固定资产正在迅速增长,所占比例越来越大,这就是我们在改革中所说的新增固定资产。改革前后比较,在条件装备系统,其经济成分有很大变化,其技术含量有很大提高,其生均占有量也有很大增长。

2. 服务实施系统

这是高校后勤服务的行为过程,包括住宿、餐饮、供水、供电、供热、基本建设、维修养护、环境管理、卫生医疗、物资供应、通信网络以及为教学、科研工作服务的各项后勤工作,凡是学校及其广大师生所求,在后勤服务方面必有所应,其服务领域之广、服务项目之多,与社会无异。从大的方面分析,服务实施系统有生活服务、教学服务、科研服务等多项内容,有基本建设、环境工程、基础设施和物资供应、服务供应等多种服务方式。改革前,统统在学校管理系统内,由后勤管理处直接管理。当前,各高等院校为提供后勤服务所组建的集团、公司、中心以及各种各样的企业、实体,都在服务实施系统之内,相对独立地承担各项服务工作。改革前几乎是无偿提供,不计成本,不讲效益,改革后逐渐实施收费服务、有偿服务。

3. 组织保证系统

这是由条件装备、完成服务工作的服务机构、服务职能、服务责任构成的管理体制。改革前,由学校统筹、统管、统包,花钱靠财政拨款,工作靠行政指挥，机构设置、人员编制、岗位职能全在学校的行政管理系统之内；改革中，实施事企分开、两权分离，行政管理职能留给学校，后勤服务职能分给后勤，行政机构变小了，服务实体增多了。代表学校执行行政管理职能的后勤管理处或后勤办公室和相对独立行使后勤服务职能的后勤服务集团、总公司以及各服务中心、分公司同时执行各自不同的职能，成了甲乙双方的契约关系，逐步形成了与高校后勤社会化改革相适应的管理体制。

4. 运行机制系统

与计划经济相适应的管理体制和与市场经济相适应的管理体制，实行着截然不同的运行机制。前者由上到下，按照领导与被领导的隶属关系落实责任，指挥行动，吃的是大锅饭，坐的是铁交椅，搞的终身制，没有利益关系，也没有风险责任；后者则与后勤服务的社会效益、经济效益挂钩，原则上实行自主经营、自负盈亏、自我约束、自求发展，在劳动用工制度、人事管理制度、工资分配制度、奖优罚劣制度、岗位聘用制度、契约合同制度、保险保障制度等方面，都有新鲜的内容，鼓励平等竞争，鼓励责任意识，鼓励优质高效，鼓励团队精神。同时，接受法律监督、甲方监督、服务对象监督，独立承担责任和风险。由行政化管理到企业化经营，这就是高校后勤实体运行机制上的本质变化。

5. 监督控制系统

高校后勤服务，由行政化管理转变为企业化管理，监督的机构、手段、方式都在变化。过去是上级监督下级、自己监督自己，监督很难到位。现在是法律监督、契约监督、制度监督，同时接受市场选择、市场评价，在竞争中优胜劣汰。监督的执行是由契约的对方或社会的第三方完成，解决了过去那种监督无力的状况。监督控制系统不但依法确立监督控制权力的发生、监督控制机构的职能、监督控制手段的程序、监督控制作用的效力，而且依法分担在监督控制中提出的问题所造成的责任。

6. 制度规范系统

就是法规、政策、制度、办法等等的配套实施。发展新型高校后勤保障体系，建设高校后勤市场平台，没有制度建设、制度规范不行，由共识到共作，没有制度就没有约束，没有完整的制度规范系统就一定会造成混乱，就没有保障可言。制度规范系统包括经营管理制度、劳动用工制度、干部聘任制度、社会保障制度、行为规范制度、奖励处罚制度、市场准入制度、资源开发制度、资产管理制度以及工商登记办法、税费征缴办法、卫生防疫办法、服务收费办法、财务结算办法、工资兑现办法、标准化实施办法等等，有国家、上级出台的各种规制，也有本级制定的各项章程和办法。

7. 队伍建设系统

在形成和发展新型高校后勤保障体系、改进和加强高校后勤市场过程中，坚持以人为本是一项重大原则。职工队伍建设系统，包括录用、考核、选拔和淘汰，包括学习、培训、教育和提高，也包括职工队伍整体素质和整体结构的优化，以及职工队伍的思想建设、作风建设、道德建设。长期以来，职工队伍建设一直得到各有关方面重视，但是，由于缺乏应有的活力和动力、应有的主动性和自觉性、应有的制度和责任，这个问题一直没有解决好。与新型高校后勤保障体系的要求相比，与建设高校后勤市场的要求相比，与高校后勤社会化改革的要求相比，无论从后勤职工的素质上还是从职工队伍的结构上看，差距都是很大的。没有职工队伍建设系统的保证，高校后勤社会化改革、高校后勤市场建设、高校后勤保障体系，都将落空，心有余而力不足。

新型高校后勤保障体系到底新在哪里？我们认为，新型高校后勤保障体系新在：①充分体现高校后勤社会化改革的本质，按照市场经济的运行机制建立起来的高校后勤保障体系使高校后勤产业充满发展的活力和动力，因而必将日益增强发展的实力和潜力；②坚持高校后勤社会化改革的方向，落实高校后勤社会化改革的目标，按照我国高等教育事业的发展规律，坚持高校后勤必须为高校服务的宗旨，开创了我国高校后勤保障的新格局、新水平；③鼓励多元化投资主体，探索多样化实现方式，为新型高校后勤保障体系奠定了坚实的基础，保证了我国高校及高校后勤的可持续发展，能够彻底打破我国高校发展的"瓶颈"制约；④保障体系的重点保障任务也是高校后勤保障体系的现实标准之一，就是加快学生公寓建设，发展学生餐饮服务，改造后勤基础设施，满足职工就业要求。

第三章 高校后勤管理信息化建设实践

第一节 高校后勤管理信息化的内涵

一、高校后勤管理信息化的定义与模式

（一）高校后勤管理信息化的定义

在国内外文献中，对高校后勤管理信息化的描述尚未形成一个完整的说法。本书在分析、比较众多的文献之后，结合国内一些企业和部分高校实施信息化建设的过程，将后勤管理信息化定义为：在后勤保障过程中，后勤管理部门在管理、经营与服务等各个领域、各个环节广泛应用和深度开发信息技术、信息资源与信息系统，以此不断提高管理、服务、决策的效率和水平，逐步实现后勤系统运行的全面自动化，进而全面提高后勤保障的服务与管理水平的一个全方位变革和发展的活动。

从以上定义不难看出，高校后勤管理信息化具有以下几个方面的含义：

（1）从技术手段看，后勤管理信息化就是将现代信息技术，包括微电子技术、计算机技术和网络通信技术等应用到后勤的日常管理与服务之中，利用信息技术来改造和提升自己的管理水平和服务质量的全过程。

（2）从作用对象看，与传统的信息资源开发和利用方式不同，后勤管理信息化是后勤管理部门以现代信息技术为手段和工具对信息资源的组织、开发和利用。信息与资本、劳动和土地一样，是经济活动中一项重要的战略资源，有效开发、利用信息资源已经成为后勤管理信息化的中心内容。

（3）从驱动机制看，后勤管理信息化是由上至下，由管理者发起，以提高后勤管理部门的服务、管理和决策的效率和水平为目的的。它是一个动态的

发展过程，其动因是管理者发现服务过程中存在需要信息化技术解决的问题，其驱动力是后勤经营实体的服务质量及经济考核指标。

（4）从演化过程看，后勤管理信息化是一个不断适应广大服务对象需求，不断紧跟信息化技术的发展，不断提高服务管理水平、效率和效益的动态发展过程。后勤管理信息化不是一朝一夕所能完成的，而是随着技术的发展、后勤管理部门认知的成长及后勤管理服务要求的不断变化，逐渐演化和深化的，没有最好，只有更好。

（5）从系统角度看，后勤管理信息化是一项复杂的系统工程。它既涉及各种信息化技术在后勤管理服务中的应用，也受制于高校后勤管理的人力、物力和财力。更重要的是，后勤管理信息化需要对高校后勤组织机构及现有业务流程进行再造，打破现有平衡，适应信息化的需求。可见，高水平后勤管理信息化建设困难重重。

（二）高校后勤管理信息化的模式

1. 高校后勤信息化组织的基本模式

信息化自身就是一个宽泛的概念，在不同的领域有着不一样的意义。如果在企业当中，即为企业的信息化；在政府当中，而为电子政务；放在高校后勤中，即为后勤信息化。可以看出，它有个性的地方，同时也有共性的地方。主要表现为：①信息化的主体不论是政府、企业还是高校，都是某类型的组织要借助信息技术的手段，以提高其核心能力。②信息系统的应用都要有一定的基础设施作为支撑。在信息化的过程中，基础设施建设是必需的过程。

2. 高校后勤信息化基本模式的特性

高校后勤信息化除提供生活服务上的功能外，还承担了一定的教育方面的功能。其信息化主要体现在三个方面：①后勤管理决策的智能化、网络化。②实体社区的自我管理和虚拟社区的组织管理。③商务活动的电子化。高校后勤信息化的建设过程，既要考虑到信息化建设的共同点，又要围绕后勤特有的管理、社区建设和商务活动三个方面展开。

二、高校后勤管理信息化的发展历程

由于人力和财力的制约，高校后勤管理信息化建设在启动初期进展缓慢，只是完成了观念的转变和数据的积累，其真正的发展是在最近几年，具体发展历程如下。

（一）纸记笔录的原始后勤

20世纪90年代中期以前，即使处在科技研究前沿的高校，计算机也不多见，信息化技术在管理中的应用几乎为零，管理服务部门仅靠一支笔、一张纸记录管理服务中的内容与数据，这个阶段可称后勤管理信息化建设的原始阶段。

（二）电子表格初具后勤管理信息化原型

20世纪90年代末期，随着信息技术的蓬勃发展和在经济社会发展中的应用，微型计算机进入高校管理工作中，而且普及速度极快，短短几年内即实现全覆盖，高校管理服务领域中必要的岗位都使用了计算机。而这个时期，除了微软自带的基本服务和部分财务软件，管理服务工作中的应用系统极少，计算机主要用于制作电子文档和电子表格，实现管理服务数据的电子化，以方便数据的统计与分析。

（三）功能完善的数字后勤

随着高校后勤的不断发展，其经济实力和自我发展能力逐步提升，为提升管理效益，后勤实体在信息化方面的探索力度逐步加大，各经济实体和后勤管理部门均建立了相应的业务系统，如人力资源管理、财务管理、餐饮配送管理、客房管理等应用系统，大部分高校实现了后勤的数字化，建立了比较完善、功能及内部数据都相对独立的后勤保障服务办公系统。

（四）立足服务的智慧后勤

在快速发展的后勤管理信息化建设工作中，虽然大部分高校均建立起了自己的信息化管理系统，但缺乏统一规划，数据不能共享，系统不能互访。近年来，一种立足提升用户体验、倡导一站式解决问题、提高各后勤应用系统间的契合度、在整合现有应用和数据的基础上建设后勤管理服务大厅的方案广受欢迎，高校后勤管理信息化，已逐渐过渡到大数据、大服务、大平台、移动服务的智慧后勤时代。基于微信的"微后勤"、基于智能手机的"移动后勤"各展风采。

三、高校后勤管理信息化的发展阶段

高校后勤管理信息化的发展，先是通过建设应用系统解决管理工作中的困难，然后逐步在行业内部和服务对象中逐渐推广，提高认同度，最后通过应用系统提升管理和服务质量。概括起来，高校后勤管理信息化经历了基础建设、应用推广和服务提升三个阶段。

（一）基础建设阶段

这个阶段的后勤管理信息化还是一张白纸，但后勤实体的经济实力有了很大提升，其有足够的资源来组织后勤管理信息化建设。于是基于解决现实工作困境的各种信息系统开始建设，但是由于缺乏信息化建设的系统知识，没有形成整个后勤管理信息化的规划和设计。这个时期的后勤管理信息化建设基本上是一个点，但在一定程度上能方便管理，提高效率。这个时期的后勤管理信息化建设也是一个面，由很多个后勤管理服务信息化的点组成。这个阶段为后勤管理信息化的提升和发展打下了良好的基础。

（二）应用推广阶段

这个阶段有很多的阵痛，一方面，信息化建设的成果初具，应用系统已然成型；但另一方面，传统的员工和工作服务方式却深入人心，全面推广信息化服务方式，必然需要员工们改变工作方式，适应信息化需求，在某种程度上，可能还会增加员工劳动量。这个阶段，最重要的便是通过试点应用，展示管理信息化的优势，潜移默化地让职工逐步从内心认同后勤管理信息化，并主动在工作中运用信息化的手段。改变一个若干年来形成的传统需要漫长的时间，让一个新鲜事物和新的工作方式深入人心需要的时间也是漫长的。所以，这个阶段在高校后勤管理信息化发展过程中看似平淡，实际是传统与现代的全面碰撞。

（三）服务提升阶段

由于移动支付、网上商城等应用的快速发展，信息化以难以预料的速度，改变着人类的工作和生活，同样也刺激着高校后勤管理服务信息化不停地转变。高校后勤管理服务在适应信息化后并没有时间喘息，又开始了信息化服务提升的探索。虽然目标是提升用户体验，但大家都在摸着石头过河。这个阶段，活跃的思路和创造力尤其重要，师生员工需要什么样的服务和体验，以什么样的方式和流程提供服务，是两个根本问题。在这个阶段，信息化建设的宗旨是提升服务，是为了提升用户的体验。在这个基础上，再来考虑管理的便捷。

四、高校后勤管理信息化的发展趋势

纵观高校后勤管理信息化发展的全过程，服务对象需求这一因素影响后勤管理信息化发展的内容和走向，服务对象需要什么，是后勤管理信息化建设的出发点和落脚点。高校后勤管理信息化发展趋势如下：

（一）一门式服务向一站式服务转变

目前，部分后勤管理信息化建设水平较高的高校已经实现了一门式服务，即在实体上已建成服务大厅，将各服务部门组织在一起集中办公，受理相关服务诉求；在网络上也建成了服务大厅，各业务部门均可在线受理业务。但是在这种模式下，部门之间的业务相对独立，不能协同办理，不能传递任务。而一站式服务，则通过前台统一受理，后台分类处置，让一个业务通过网络按流程、规范在不同管理服务部门间传递，实现管理服务的高效协同。

（二）碎片化应用向大服务、大数据转变

当前高校后勤管理信息化建设主要是开发独立的业务单元，运行和维护成本高，且服务效率低。从管理者的角度看，未来的后勤管理信息化需要强大的数据分析和监控功能，要用数据作为后勤经营决策的依据，为师生员工提供精细化服务，要解决线上业务碎片化的问题，整合系统和业务，建设后勤管理服务数据中心和服务平台，提供大服务，节约管理和运行成本。对于师生员工来讲，迫切需要一个能一站式解决自己的后勤保障需求的窗口。从管理者和用户的需求来看，高校后勤管理信息化必然向应用整合、服务导向发展。

（三）数据服务向可视化服务转变

当前的后勤管理信息化服务立足于向管理者和服务对象提供真实、准确的数据，用户虽然能掌握相关信息，但不直观、不具体。随着VR技术和视频、语音技术的发展，未来的后勤管理信息化服务应该是能通过数据服务触发视频、语音服务，在向用户展示后勤数据的同时，提供语音与视频支撑，让工作人员与服务对象能实时交流，服务对象能实时掌握服务状态。例如，在线购物时货物的状态及储备、预定家政服务时服务人员的工作状态、拟享受服务的当前客流情况等。

（四）基于校园地图的后勤管理信息化建设

当前高校后勤管理信息化重点在业务数据的处理和分析。随着学校信息化建设的整体进步，校园地图建设逐步完善，基于校园地图的导航服务、基于校园地图的后勤保障设施管理系统、基于地图的管线管理系统、基于地图的后勤管理服务大厅将成为发展的方向之一，给管理者提供真实场景，便于决策，给用户提供地图服务，提升服务体验。

第二节 高校后勤信息化建设的重要意义

高校后勤信息化是指在高校后勤管理、后勤服务的各个层次和各个方面，采用先进的计算机、通信、互联网等信息化技术和产品，充分整合和广泛利用学校内外的信息资源，提高管理和服务水平的过程，是高校管理现代化的手段之一，有着重要的现实意义。

一、能实现后勤管理的全面创新

传统后勤管理采用纸质的管理模式，但实际管理过程中信息容量过大，档案信息过于庞杂，可能会导致部分数据失真与传递不及时的情况，不利于数据体系的搭建与管理实时决策。信息化管理技术可为工作人员提供规范化的管理目标，统计、整理现有的管理技术及管理要求，并在数据库空间中对现有的数据进行存储，提升管理工作的规范性。同时，信息化技术落实中，教师也应在实际管理中融入创新发展意识，采用更新的 IPv6 及 5G 网络技术进行数据诊断工作，进而创造后勤管理的管理价值。

二、可提高后勤管理的工作效率与质量

（一）办公效率大大提高

分散在不同校区的各个部门上报和待审批文件均可以在自己的计算机上完成，做到了审批流程网络化。以往各个部门需要审批的文件都要约见自己的主管领导，如果不是一个领导审批就要约见多位领导，领导不在就要等，既耽误

时间又耽误工作。在实现信息化管理的学校中，逐级等待审批的问题已经得到彻底解决。将需要审批的文件逐级或同时转给多级或多个部门审阅，大大提高了效率，并可以做到适时提醒。领导无论是在外地开会还是在家中都可以随时审阅。而且任何一台计算机或笔记本电脑都可以用于办公，不论是谁的机器，只要有Windows操作系统就可以使用，处理急事、要事、突发事件就更为方便。领导对工作检查和分派将不用事必躬亲，而是在自己的电脑上就可以看到下属的工作完成情况，并可以给予指导。

（二）后勤管理工作质量得到提高

信息化管理可远程对现有的后台数据及档案信息进行调研及整理，通过合理的管理方法设立现代化的服务平台。这一平台可在完善远程规划，统筹高校的财务报表，了解人力资源管理动态、暖通工程情况、学生住宿情况、校园安全及绿化管理的过程中可以发现当前后勤管理方面的问题，也能促使高校后勤管理工作者积极与其他高校进行信息交换，确立更合适的管理方法及管理内容。后勤管理部门需确定满意度较高的服务模式，在后勤管理过程中确立高质量的管理形式，有利于创造和谐的高校氛围。从宏观的角度来讲，信息化管理可以辅助工作人员进行社会决策工作，可不断发掘出现有的操作问题，同时要求工作人员开展审批工作，以便更快速地解决传统后勤管理方面存在的问题。同时，网络也提升了信息的传递及传播效率，可减少传统操作过程中的人工失误。工作人员也可利用移动平台查询管理进程，进而消除空间因素对后勤管理的限制。

三、有利于凸显社会化的管理成果

社会化管理过程中，高校后勤管理人员需利用科学的思想观，将社会化思想融入实际后勤管理中，特别是需要强调社会化与后勤管理之间的关系，重视利益、规划、质量方面的协调发展，提升整体后勤管理的质量。另外，管理人员还可对根据大数据所呈现的信息进行改进。在推动管理的持续发展过程中，也能提升后勤管理的应变速度，进而巩固现有管理内容的核心质量，体现现代管理的本质。

四、有利于完善高校后勤部门的绩效考核工作

管理部门需要在绩效管理工作的过程中利用较为全面的数据信息进行考核，以便为高校提供优质的后勤服务模式。在实际管理过程中，管理人员要根据现有的平台数据进行统计与分析，制定短期、中期、长期的考核目标，循序渐进，逐步达到总体战略目标。同时，要重视对各部门职责的落实，明确后勤部门的考核要求及考核内容，有利于提升整体考核的质量。另外，信息化管理也能避免传统管理过程中工作人员感情用事、经验判断、数据遗漏及录入错误等情况，尤其是可利用完整的量化指标对后勤部门工作人员的工作能力进行考核，以便提高整体考核项目及内容的科学性，消除管理职责不合理、落实困难等问题。

五、有利于提升管理数据的精准度

信息化管理所涉及的项目及内容均以数字、逻辑性较强的文字展现，尤其是工作人员可根据不同深度的文字内容及信息内容进行整合，以便更为科学、有效地绘制数据报表内容。例如在分析学生寝室情况的过程中，工作人员可在远程终端分析各寝室的学生成员分配情况、用水用电情况、空调设备使用情况等方面内容，以便更快速地发现学生寝室的管理问题。

六、数据统计的周期大大缩短

以前，各部门上报数据统计的时间较长，有时不够准确、不够标准，手工统计的差错率和效率较低等问题非常明显，有些是由当事人缺岗而造成的延误问题。这就会导致整体工作效率降低，决策时对问题的判断反应就会"迟钝"。现在，通过各点信息采集，系统可以自动完成统计工作，对不同数据的分析处理自动生成相关报表，且标准、规范、统一。

第三节　信息化背景下高校后勤管理路径

现代高校的后勤管理，是整个高校建设过程中非常重要的环节。近年来高校后勤管理的信息化建设正在不断地发展，为了满足现代社会的发展要求，提升高校发展实力，需高校融合信息化技术，不断对后勤管理机制进行完善，在促进信息技术与后勤管理有效融合的基础上，提高高校的竞争实力，促进高校的未来发展。

一、运用现代管理理念推进高校后勤信息化建设

树立科学的信息化理念是实现高校后勤管理信息化建设的首要任务。正确树立高校后勤信息化观念至关重要，任何机制创新、模式创新，都取决于观念、理念的更新。

（一）树立以服务为本的理念

1. 重视信息化建设中员工的信息素养能力

随着高校后勤信息化管理平台等的完善，信息化建设要更加重视员工的信息素养、技术水平，以便后勤员工能更好地开展服务工作。在信息社会，每个人最起码要具有六种信息素养能力：获取信息能力、处理信息能力、存储信息能力、传输信息能力、应用信息能力和创新信息能力。同时，信息素养作为一种高级的认知技能，同批判性思维、解决问题的能力相结合，构成了信息时代的社会成员进行知识创新和学会如何学习的必备基础。正因为它是信息社会中每个人赖以生存、生活、学习的基本素养，所以被喻为"进入信息社会的通行证"。

依照高校数字化校园环境下一个完整的信息行为或工作任务的解决过程，在信息传播的各个环节对行政人员的意识、知识和技能等方面提出要求，就构成了高校后勤行政人员信息素养的完整内涵。从整体上来说，现在高校后勤信息技术培训毫无疑问地成为高校后勤信息化建设和应用的重要内容之一。

一是应建立和完善职工专业技能培训制度。积极为信息化管理人员提供培训机会，创造"充电"条件，促进管理人员自我优化知识结构，不断提高管理人员的基本素质和技术水平，使管理人员具备网络设计、管理和维护的能力；

具有对网络交换机、路由器、防火墙、Web 服务器、DNS 服务器、E-mail 服务器、代理服务器等设备的配置和维护能力；具有网站设计的能力。高校后勤可以充分发挥高校的优势，可以聘请一些计算机方面的教师对员工进行基本技能的培训和指导，首先要熟练地掌握办公软件的应用，如 Word、Excel 等；在此基础上学习管理软件的使用和操作，如绿化管理系统、水电收费管理系统。同时，可以定期组织员工去校外参加专业的管理软件的培训学习，可以根据不同岗位的需要、员工的能力进行不同类型和不同级别的信息技术培训。加强相近地区高校后勤部门之间的合作交流，提高员工的专业技术水平。

二是建立各种形式的学习制度。努力提高信息化管理人员的管理技能和协调能力。可以采取专题研讨、经验交流、参观学习等形式使管理人员尽快掌握先进的管理技术和管理方法，可以制定相关的管理奖惩制度，激励员工平时主动学习，满足岗位的需要。例如，广州某高校后勤评聘专业技术职务的必要条件之一就有信息化技术使用经验。

2. 转变被动的服务模式，始终树立"以师生为中心"的服务意识

高校后勤信息化归根结底是为师生提供更好的服务的一种工具，是为提高服务质量、管理效率的一种手段。高校的后勤管理服务工作，是围绕教学、科研、师生展开工作的，服务质量的好坏、满意度的高低都将对师生的情绪形成一定的影响。作为后勤管理服务人员，必须牢固树立"服务至上"的理念，始终树立"以师生为中心"的服务意识，将教育与引导员工确立"主动为师生服务，提升信息化管理水平"作为基点，主动提供更加便利快捷的服务，积极转变服务意识。从高校后勤管理层开始，将信息化管理理念传达给每一位员工，让其积极转变理念，确立认真做事的理念，大力支持信息化管理，形成主动参与到信息化管理中的氛围，这样才会使高校后勤信息化建设更有价值。例如开设短信平台，将会议通知、预警通知、政策宣传、安全提示、人员调度、节日祝福等管理信息指令通过平台以短信为媒介传达到指定群体，起到通知、备忘作用，随时展现后勤集团最新动态。

例如，中山大学在信息化服务方面做得极其细致，整理了《数字化校园信息与服务分类汇总表》，将服务对象分为面向教工、面向学生、面向校友、面向社会四大类。同时，用户可根据自己的身份和需求查找适用的系统平台与服务，按照服务提供方式分为软件系统提供的服务、平台提供的服务和基础设施提供的服务，每一类的各种功能系统平台分列其下，并附有相关的功能描述，用户可方便地了解到系统类别及其服务范围。

（二）树立精细化管理的理念

德鲁克说过："管理好的企业，总是单调无味，没有任何激动人心的事件，那是因为凡是可能发生的危机早已被预见，并已将它们转化为例行作业了。"对高校后勤来说，没有激动人心的事发生，说明管理处于正常控制之中，而这只有通过每天、每个瞬间严格地对细节加以控制才有可能实现，管理从粗放走向精细非常重要。

精细化管理这个新兴的管理理念，得到了广大管理工作者的广泛运用。精细化管理就是要做到"五精四细"，"五精"即精华、精髓、精品、精通、精密；"四细"即细分市场和客户、细分组织的职能和岗位、细分每一个战略决策目标、细化组织的各项制度。高校后勤推行精细化管理，是以规章制度为依据，在分析各项工作特点的基础上，根据各自实际情况，以提高管理效益为目的，选择工作流程中的关键点进行控制，运用现代管理模式和高新技术成果对整个管理流程加以细化与优化，以便于对管理对象实施精准细致的管理。高校后勤精确管理的思路如下。

1. 在日常工作中，自上至下将精细化的理念目标、方法贯彻到每一位员工身上，让每一名员工都参与到实施信息化管理活动中，对每一个员工的岗位工作流程确定一个合适标准，在工作效果上达到最优化。

2. 在工作中落实责任制。为了克服高校后勤职能结构中岗位定位不清，部门间工作出现重复、推脱现象，应将具体岗位职能结构进行责任化设置，力争将职责界定明晰、彻底，将精细化组织结构管理落到实处，将组织结构具体到人、设置到位。

3. 信息化管理手段的优势。为更好地提高管理效率和管理规范化，将信息技术引入后勤管理系统，对后勤管理对象进行定量分析和量化管理，推动后勤管理的发展。针对后勤工作过程中存在的随意性这个突出问题，可以使用信息技术来改善。首先建立后勤各个下属部门的沟通渠道，在此基础上完善精细化管理的组织结构，形成分级监管、网络监控的有效模式，达到高效、节约和规范的管理目标，为后勤管理决策科学化提供了强有力的技术支撑。如建立办公室管理信息系统，有关部门可以第一时间上传、汇报日常办公文件及相关信息，而上级部门亦可以及时审批、总结相关工作，提高整体管理效率。

4.信息化管理便于高校后勤管理正规化。后勤规范性是指后勤各项工作都要达到一个标准化程度,具体来说,就是指导后勤组织成员行为的方针政策、规章制度、工作程序等的标准化程度。高校后勤管理正规化表现为用规章制度规范后勤服务的行为,将责任予以明确、具体化,充分落实责任。在注重标准、规范的基础上,管理方式制度化、工作方式标准化,保持良好的工作秩序,实现全过程的精细化管理。

(三)建立知识型后勤,实现管理的持续改进和提升

伴随着信息化和知识经济的兴起,知识逐渐成为企业发展的重要资源,如何更加有效地创造和利用知识,成为信息时代高校后勤必须思考的问题。知识管理理念正是在这一大背景下逐渐形成的,知识的积累、共享、利用、创新所秉持的管理理念就是知识管理理念。高校后勤的知识管理,就是以后勤具体工作知识为基础,进行核心管理,是对后勤管理和服务所需要使用到的知识及其识别、获取、整理、创新、开发等一系列过程的管理,来实现显性知识和隐性知识的流动共享。同时,也是为了满足后勤部门现有和未来的需要,使之能够有效地提升自身的应变能力与创新能力,对后勤管理涉及的各种知识有效地进行管理。

1.知识型后勤的概念

知识型后勤是以后勤信息系统为基础,以知识资源为媒介,为员工的学习创造良好的环境,为员工创新和积累知识开辟有效的途径,为后勤系统的知识应用提供有力的手段。高校后勤信息化平台使得知识的传输和共享更为简单,为后勤构建核心知识系统平台提供技术支持。有了这一传输平台,整个工作流程成果都可以很快地进行汇总、整合,后勤部门就可以利用这些资源,从而产生新的知识以促进发展。这一切都为知识管理理念的实施创造了极为便利的条件。

国内有学者将知识管理表述为以下方程式:

$$KM=(P+K)\times(S+I)$$

其中,KM 表示知识管理的成效;P 表示"人及其心智",也就是参与知识管理的所有人;K 表示知识;+ 代表信息技术的应用;S 表示知识的分享与传播;I 表示知识的整合。

由此可见，人、技术、制度这三大要素的支持下，能实现高校后勤知识管理的适用性。在这三大要素里，人是知识管理的核心，技术是知识管理的基础，制度是知识管理的支撑，缺一不可。

2. 实现高校后勤中知识管理的途径

（1）要让管理层明白：知识创新是知识管理的关键

创新精神的文化内涵在后勤实体中主要体现为不断学习、追求卓越和权变。知识管理是一种由全员共同实施的管理模式，要将后勤实体打造成学习型组织，将其作为一种理念让每个员工接受。需要与人本管理理念结合起来，创造一种鼓励学习、鼓励知识的交流与共享、崇尚创新的文化氛围。只有后勤的全体员工自觉接受这一理念，才能自觉自愿地去领会、把握和利用它，只有这样，知识管理才能真正成为后勤部门的工作利器。在以知识员工为本的基础上，充分利用信息技术，实现知识的积累、共享、利用、创新以及扩散，通过提高集体的创新能力，来巩固和加强后勤部门的发展。

（2）建立高校后勤知识库平台

后勤管理者必须要营造一种环境氛围，让员工能够积极地开发与利用后勤的知识资源去进行创新，后勤部门信息化建设可以为知识共享提供网络平台支持，后勤部门可以在网上平台建立自己的知识库，把这些知识系统的、分门别类地进行整理，用来实现部门内部的交流和共享。员工可以从中获得所需要的信息和知识，也可以将新知识放在平台上与其他员工共享。

知识库是企业知识管理系统的基础组成部分，根据达文波特的观点，组织的知识管理系统由四个部分组成，分别是知识库、知识通道、知识环境和知识资产。

知识库用来将与组织平常运作相关的各类信息进行结构化处理，转变为知识，然后保存起来，使得这些知识可以成为共享资源。数据库技术为建立知识库提供了基本的技术支持，它用于整理、储存、检索、归类组织中的各种文件资料，并按照一定的规则进行排列，以便于其他系统使用。

目前，高校后勤集团的服务内容主要涵盖物业、公寓、水电、环卫、绿化、餐饮、医疗和交通等多个行业，涉及管理学、运筹学、公共关系学等管理知识，以及园林规划、电气、水暖等技术知识。知识的共享对于知识管理是相当重要的，后勤部门要让知识在部门中流动起来，实现共享，只有把个人或小团体的知识转变为总的知识，才有可能创造出新的知识。

建立高校后勤知识库的途径有：第一，规范各种资料。将各种合同文本、技术规范、活动策划书、部门总结、报告等内部资料的电子版材料留存备用。第二，编制各种规范性的文件。例如《岗位说明书》《规章制度汇编》《员工手册》。要确保后勤内部的隐性知识向显性知识转化，从而改善知识利用的方式。第三，开展座谈会等形式，把问题公开讨论，并整理成电子文稿，成为员工内部的系统知识文件。

（3）加强师生知识管理

高校后勤对师生的关注多集中在需求、满意度等方面，却往往忽视师生资源中最重要的一个方面：师生拥有的知识。例如，广东金融学院后勤管理层定期与有丰富管理经验和知识的老师交流经验，充分听取专业的意见，利用他们的知识指导后勤工作。在后勤网站上搭建有效的互动平台，扩大与师生的互动交流范围，并同相关部门一起举办"公寓文化节""食堂优质服务月"等特色活动，主动让师生走进后勤，参与后勤服务质量的监督，取得了很好的效果。

（4）加大资金投入

知识管理是一种长效的管理，它的成功实施前提是要求资金的投入。一方面是通过收集、组合、整理信息和知识建立知识网络平台，创造新的知识，对员工进行教育培训等这些活动都需要投入大量的资金；另一方面把无序的隐性知识转化为有序的显性知识，使信息转为知识，必须结合技术人才等多方面的因素才能发挥作用，这就要以大量资金投入为前提。

二、利用信息化技术，提升后勤管理的效能

（一）改善后勤的组织结构

1. 改善后勤组织结构的必要性

随着信息技术的发展，高校后勤的内外部环境发生了很大的变化，并对后勤部门的持续发展提出了更高的要求，这些都使等级制组织赖以生存的环境发生了根本的变化：师生的需求呈现多样化，处在一个快速、多变且不可预测的环境中等。在这种情况下，等级制的组织结构便暴露出了许多问题：管理成本巨大，管理效率低下；信息在内部传递缺乏效率；无法对复杂多变的外部环境做出迅捷的反应；束缚人的创造性；组织结构柔性不够，缺乏活力。仅仅将信息技术应用于传统的后勤部门组织结构中显然是不可能达到预期目的的，必须

同时对传统的组织结构进行变革，以实现信息管理系统与组织结构的良性互动。这是因为，信息技术的应用使后勤部门的诸多方面发生了变化，从而要求后勤部门改变传统组织结构以适应这种变化。

吉尔布雷斯曾精辟地指出，组织形式变化的目的是降低信息处理难度和增加信息处理能力，信息技术是网络式组织结构的最大诱因。在传统组织形式下，信息从金字塔顶端顺次流向底部，等级分明，管理层次多，造成信息沟通时间长，信息传递失真，后勤传统组织形式很难适应信息化的需求。

在现代信息技术的推动下，信息可以在不同层次上传递和共享，这样以往中层的职能就可以由信息技术来实现，从而减少层次以及上层和基层之间沟通的节点。网络信息技术的广泛应用，支持了对传统金字塔型科层组织结构进行的改革。高校后勤网络组织结构，是对现有的金字塔型科层组织结构进行优化而创新的新型网络组织，从总体上来讲，这是一种信息化的有机式组织管理系统，在这种结构中，是以信息共享、重视横向联系与协调、权力分散、自我约束和民主参与为基本特征，通过人本管理形成共同的价值观，构成有机网络结构，满足后勤提高竞争力、实现信息化的需求。

网络结构组织创建与运行的基本前提是网络信息技术的应用。人们在网络信息技术的基础上，将重新界定分工原理和跨度理论，形成以任务为分工、以流程为导向的一种新型的集成化、信息化组织。

2. 网络结构组织的基本特征

（1）信息结构向网络化、交互化方向发展

在网络化组织结构下，信息点之间的联系有三种，一种是上下级的纵向联系，另一种是同级之间的横向联系，还有一种是不同等级层次的斜向联系。这三种联系构成了交互式的信息化方向。这种交互式的信息结构，可以使得信息在跨层级、专业之间流动，克服了传统金字塔的组织结构之下信息在单一纵向结构中闭塞、传递迟缓等缺点，使得信息的完整性和及时性得到很大的提高。

（2）组织动力结构向参与型转变

传统的组织动力结构侧重控制性，强调对组织成员的行为进行监控。而网络型组织的动力结构为参与型和自主型，让下层的组织成员尽可能地参与管理与决策，否定上级主观要求下级怎样做的做法，对组织成员的行为有目的地进行引导和支持，对行为后果进行评价，让下层组织成员能够建立责任感和使命感，激发他们的工作积极性。

（3）权力结构趋向更多的分权

在金字塔组织结构下，信息由下向上纵向传递，组织最顶层掌握信息最多、最全面，因此决策往往集中在上层。而在网络化组织下，信息结构呈现交互式，各个层面都可以共享所有相关信息，不存在过去的信息上下不对称的问题。由于下层管理者与普通师生接触的机会更多，相对拥有更多的需求信息。因此，在网络组织结构下，下层管理者拥有更大的管理自主权，对于提高组织的效率和决策科学性具有重要意义，分权成为网络化组织的重要特征。

高校后勤需通过以信息作为主轴和中心结构，来加宽中间管理幅度，扩展职能，压缩或减少原来管理层次，允许内部组合多样化，以期充分调动各级管理人员和员工的主动性和创造性，提高对后勤实体环境的反应敏捷性。通过运用计算机网络（内部网、外部网和互联网），后勤部门可以实现跨校区、跨部门的同步信息交换，在获取、传递和使用信息资源方面，变得更加敏捷、开放和准确，大大提高了信息处理的准确性和有效性，最大限度地减少了随意性、主观性和不确定性，从而显著改善了决策质量。显然传统等级制结构的存在与计算机网络的使用是矛盾和冲突的。所以必须打破等级制组织结构，建立这种柔性、简洁、灵活、决策迅速的网络结构组织，这是对传统组织结构的变革和创新，也是后勤实体实施信息化管理的有效保证。

（二）优化信息化的工作流程

高校后勤部门的工作，大多是交叉或者平行的，需要部门间以及上下级之间的沟通与交流，但实际上，如果不使用后勤管理信息系统，是没有办法保证所有的工作流程并行的。"并行"流程是通过计算机网络的应用，通过信息处理，把工作流程和信息技术相融合，最大限度地实现信息实时共享基础上的集成管理。同时，把各个环节各职能部门共同整合到网络上，围绕共同的任务同时协调运作。"并行"流程可使各部门共同解决、协调作业流程出现的各种问题，因此组织必须与"并行"流程相适应。

1. 以学生、教师为中心。以师生为中心，从管理转向服务进行流程再造，这一根本性的转变是业务流程优化的本质所在。要做到这一点，管理流程中应首先考虑到教师和学生，尊重教师和学生的个体，更多地考虑人性关怀，实行人本管理。比如学生非常希望借助手机实现对各种服务方式的了解和业务的办理，业务流程上就一定要优化设计。

2. 流程优化必须以满足需求为目标。人员的组织和管理对任何后勤组织都是关键因素。改造后的新型组织基本构成是流程团队，这些专业人才除了具备现代知识，必须专注于教师、学生的利益，为部门带来所期望的效率。

3. 规范办事程序。要规范办事程序，制定一个明确有秩序的办事程序，不能因人而异，要保证没有人能随意地修改办事程序；要规定管理权限，对所有操作人员的岗位职责和业务管理范围、操作权限都要有严格的规定，谁能做什么、不能做什么，都要有明确权限，避免越权和相互扯皮的现象。比如，广东金融学院后勤部门通过制定和完善部门内部各岗位的规章制度，例如《岗位说明书》《作业指导书》《员工手册》等具有统一标准的文件，对每个岗位的工作流程、条件等加以规定，使工作标准化。

三、建立健全高校后勤信息化管理制度

（一）制定信息化的管理制度

高校后勤信息化管理中的每一项具体工作，都需要通过规章制度来约束。信息管理制度是保障信息系统正常运行的规章制度。它通过规章化和内部法律化形式，来建立信息系统稳定、有效运行的运行机制。这些制度要以工作标准和工作流程为依据，要用科学规范将工作进行细分，制度要根据高校后勤信息化的不断发展进行修订和更新。在日常工作中，要做到定人、定岗、定责，无论是信息技术的应用、信息系统的开发，还是信息资源的共享，都需要制定切实可行的规章制度。

高校后勤在优化规章制度时应当注意以下几个问题。

1. 将信息化的理念和现有的规章制度糅合起来，优化制度要从后勤信息化建设中的实际需要出发，以后勤的实际状况为基础，使各项制度在本质上与信息化理念保持一致。

2. 现有的制度要根据信息化的理念进行适当的改变，要组织员工对现行的制度进行讨论，并且听取他们的反馈意见。优化制度要以加强科学管理，尊重人为中心，要有一定的宽松度，充分反映人性的特点。

3. 通过高校后勤的信息化规划，随时获取信息化发展的动态走向，制度也要加以调整，去适应信息化的发展走向，如果等外界环境条件发生了重大的变化才考虑进行制度调整，势必会十分地被动。

4.在优化制度时要注意制度的系统配套性,各种规程、办法、条例等都要构成内容上的一致性,要构成相互配套的制度体系。

5.为了便于全体员工遵守和参照执行,每一项制度应该力求详细具体,做到定人定岗,每一项工作都有章可循。要强化制度的执行监督和管理,避免制度成为原则性的口号,成为一纸空文。

（二）制定信息化建设的规范标准和总体规划

1.制定信息化建设的规范标准

高校后勤信息化标准的体系结构包括信息基础设施的建设、信息技术应用、用户规范和信息应用等内容。

（1）技术类规范

主要是保障信息系统正常运行的规范,一种是对于人员与岗位职责的规定,如"系统管理员职责""资源库管理员职责"等；另一种是关于运行维护技术的相关管理规定,如服务器管理的相关规范、安全检测规范、紧急事件响应规范、日志管理规范和补丁安装规范等内容。

（2）基础设施规范

基础设施包括计算机硬件系统（如服务器、客户端机器、电源等设备）、软件系统（如操作系统软件、数据库软件以及相关应用软件等）和网络基础设施等。在进行基础设施的建设时,以下几个问题需要加以考虑：①可靠性、安全性和稳定性等指标能否满足信息化整体建设的需要；②效率、速度和容量等性能是否适合长远发展的需求。

（3）应用软件系统的规范

应用软件系统的规范包括：①系统应与科学的管理体制相适应,并具有先进性；②系统在数据设计时需要按照信息标准及应用规范进行；③应用系统能够满足用户的需要,且功能要齐全；④系统能够提供应用访问接口,实现其他应用系统集成,系统符合应用管理规范；⑤系统具有通用性、扩展性、易操作性等；⑥系统建设的源程序和技术文件等资料应该齐全并规范。

（4）用户规范

除系统建设方面的规范外,系统用户素质是影响应用水平和效益的关键因素,因此,用户素质的提高是信息化建设的重要环节。

用户规范包括如下内容：①加强对职工定期考核，不断提高信息技术水平；②为了使用户熟练掌握新系统的功能操作，要求用户积极参加新系统的培训学习；③为了确保信息资源共享，需及时维护数据的准确性和数据交换的可靠性；④加强规章制度教育与学习，提高用户的系统安全、信息保密意识。

高校后勤信息建设的标准化要求是十分重要的，信息在采集、处理过程中由于存在信息量大、涉及面广及传递过程不规范等问题，容易出现信息的失真，需要一个标准化的平台去进行约束整合。在这个平台上，遵从统一的技术标准和规范，是实现信息资源共享和信息系统得到协同发展的基础。高校后勤在其信息化建设中，要根据部门的现状，切实不断落实各种信息化标准和规范，这样才能使信息资源得到合理流动和充分共享。

高校后勤制定标准应遵循的原则是：①要从宏观角度、全局利益出发；②使用要求必须得到充分满足；③能够促进科学技术向前发展。

高校后勤信息标准在遵循以上总体原则的同时，还要考虑以下一些原则：①标准化。高校后勤信息标准尽量采用国家标准进行制定；②实用性。标准要能够符合高校数字后勤建设的需要；③开放性。标准要满足技术不断向前的发展；④分步实施。标准应该边制定边实施，在实施过程中不断完善。

2. 明确总体规划，分步实施信息化建设

根据后勤部门的实际情况，结合行业信息化方面的实践以及对IT发展趋势的掌握，提出信息化愿景、目标和行动方案，全面系统地指导信息化进程。每年要根据后勤环境、发展和技术发展趋势等因素，对其进行调整和完善。制定信息化规划需要解决两个比较关键的问题：一是到底需要哪些信息化；二是各个信息系统如何互联互通，形成一个有机整体。组织中各个层次的管理者要想实施有效管理，必须做好规划工作，任何组织的管理活动都是从规划开始的，规划是其他管理活动的有效工具。美国信息系统阶段发展理论创始人诺兰曾对美国企业信息系统发展规律总结出"诺兰阶段模型"。企业信息系统是不能跨越式发展的，任何企业在发展信息化过程中，都必须遵循一定的顺序，即首先必须是单元业务信息化，然后是业务流程信息化，在此基础上开发管理信息系统形成管理信息化，最后是形成一个Intranet与Extranet相结合的网络，使企业内部和企业之间可以通过网络进行信息沟通和业务合作。

后勤的信息化建设，也需要经过总体规划，明确后勤信息化建设的总体目标，以便广大干部职工对信息化建设工作有一个明确清晰的认识，通过分步实施计划，明确各个阶段应该做些什么，在各个阶段都要制订设备购置计划、人才引进计划，职工培训计划等。部门信息化规划制订者必须对部门信息化进行一次全面诊断，了解管理现状、整体人力资源素质、业务流程等。通过管理诊断找到管理中存在的问题及其原因，估计出信息化过程中可能遇到的阻力，以便提出切实可行的解决措施，建立合理的信息化管理组织。根据目前高校后勤发展的现状，我们给出一种"总体规划、立足标准、局部构建、全局整合"的后勤信息化建设策略。根据以上策略，高校后勤信息化工作需要分以下三个阶段进行。

（1）建立后勤门户网站。这一阶段信息技术在高校后勤里逐步开始应用，后勤门户网站开始建立，员工开始对计算机进行简单的操作，例如 Word、Excel 的操作。这一时期高校后勤部门已经逐步体会到信息技术的重要性，切实感受到信息技术对于管理带来的最大帮助。

（2）建设后勤各部门业务系统。后勤信息化建设涉及多个方面，后勤信息化建设前期面临的困难比较多，除有后勤人员的素质和技术等因素外，还有一点极其重要，就是如何处理已有的业务系统。由于后勤的业务比较多并且比较繁杂，在信息化建设中，如果处理不当，不仅会造成资源浪费，建设成本增加，而且容易引起管理上的混乱。后勤信息化建设要合理安排，采用先易后难的建设方式。根据总体规划，对已经存在的业务系统进行详细调查，深入分析研究，然后进行充分的功能评估和可维护性评估，评估指标应包括软件技术路线、功能完善程度、公司支持能力、接口支持能力、文档完善程度和结构清晰度等，最后再确定对存在的业务系统是继续采用、补充完善，还是推翻重做。

（3）全局业务系统整合。高校后勤普遍存在多个系统（如学生公寓管理系统、环境卫生评估系统、餐饮服务系统等），在一般情况下，各个系统独立运行，每个系统都有自己的用户认证模块，它们的业务和数据是相互独立的。建立高校数字后勤的公共基础平台，包含统一的数据中心、统一的数据交换中心、统一的身份认证中心和统一的信息门户身份认证中心，实现用户身份的统一认证以及后勤的多个系统的单点登录，信息门户网站将后勤各部门、各个系统业务数据信息进行集中展现，数据交换中心将各个部门、各个系统中的业务数据转换成符合标准的数据并将它们保存到统一数据中心，通过对数据中心的数据进行数据挖掘和智能分析，可以为后勤领导提供决策依据。部分高校信息化工作起步晚，也可以采用"招标规划方案—整合中标规划方案—招标建设方案"的模式，有利于整合资源，形成更加优化的规划和方案。例如，河源职业技术学院就是采用这种模式完成了规划和方案的研究制定工作。

（三）建立高校后勤管理信息化评价指标

为了正确和客观地评价高校后勤信息化水平，有效地指导后勤信息化建设发展，必须建立一套科学、系统和实用的高校后勤信息化评价指标体系，对高校后勤信息化实施科学评价，指导高校后勤信息化朝正确道路发展。

立足于高校后勤信息化发展的现状，以高校后勤信息化的指标体系为指导，考虑到高校后勤信息化的发展趋势，要遵循科学性、系统性、适用性、可操作性、拓展性的基本原则，构建高校后勤信息化评价的指标体系。

1. 建立评估指标体系应遵循的原则

（1）科学性原则。高校后勤管理信息化建设的指标体系构建应该遵循科学的理论体系，参考最新的理论研究成果，准确、客观地反映高校后勤信息化工作的实际情况。指标体系既要全面、系统，又要避免重复。

（2）系统性原则。首先要考虑信息化评价指标平面上和立体空间上的交叉联系，确保系统的完整性；其次要在综合信息网络、信息技术应用、信息人才等因素的基础上，考虑到信息化系统的层次性。

（3）适用性原则。高校后勤信息化指标体系要根据高校自身的特色和实际情况，挑选有代表性、能反映出的指标，以高校信息化指标为依托来构建。

（4）可操作性原则。指标含义清楚。对于每一个具体指标要简便实用、便于收集和运用计算机进行汇总和整理。一方面，全面完成评估任务要尽可能用少量指标，方便数据的收集和处理；另一方面是具体指标必要性的确定，还要考虑这一指标的数据可能性，以配合现行的统计数据，充分利用政府的统计数据，准确、及时地收集信息数据。

（5）拓展性原则。高校后勤信息化评价指标体系的建立要具有扩展性，在时间、内容上都可以进一步扩大，以适应高校不断变化的需求。

四、建立完善的高校后勤管理信息系统

（一）高校建立后勤信息化管理系统的重要意义

1. 可以提高后勤管理的效率，降低各类风险

传统的后勤管理工作较为繁杂和耗时，原因是不同学院、不同部门、不同校区的后勤管理人员在进行业务办理时通常需要面对面进行工作对接，这一工

作模式不仅效率低下,而且在涉及采购等业务的对接时不同部门还有可能产生经济纠纷。但是引入后勤信息化管理系统后,工作对接可以通过网络在线进行,这极大地减少了业务办理的时间。而且由于信息化下的后勤管理均有记录可查,所以该系统也极大地降低了工作对接中的各类风险。

2. 可以节约成本,减少高校负担

传统的后勤管理工作因为效率低下,所以需要大量的工作人员,但是在引入后勤信息化管理系统后,各类后勤管理工作被极大地简化,所以高校可以对后勤人员进行大幅度地精简,这在一定程度上降低了后勤管理的人力资源成本。此外,在传统的后勤管理中,不同工作人员在进行工作对接时需要打印、复印各种资料,不仅增加工作流程而且浪费了大量的纸张资源。在引入后勤信息化管理系统之后,各类纸张等其他隐性资源的使用会大大降低,这在一定程度上缓解了高校预算的压力。

3. 可以完善对后勤工作人员的监督考核制度

在传统的后勤工作中,存在工作人员因特定业务工作周期太长而影响业绩考核的情况,比如工作人员将文件送至主管领导进行审批,但是可能会存在因为主管领导工作繁忙而大大延长文件审批的时间,这一可能出现的情况会对该员工的业绩造成一定影响。但是在引入后勤信息化管理系统之后,对员工和部门的考核监督由原来比较模糊的标准变为数字化考核,即一切工作进度都有数字化的记录,这样的监督考核制度更加科学,也更加人性化。

(二)后勤信息化管理系统设计与开发的原则

高校后勤管理工作主要有两个方面,一是给在校学生提供基本的生活和学习保障;二是给教职工提供基本的教学和科研保障。学校相关部门应当在立足基本原则的基础上开发后勤信息化管理系统,力求使高校的后勤管理更加规范化、数字化、人性化。以下具体讨论系统开发应当遵循的基本原则。

1. 服务性原则

高校后勤信息化管理系统开发的出发点和落脚点都应当是为了便利广大师生的学习、工作和生活,所以该系统开发过程中最应当遵守的原则就是服务性原则。在服务性原则中,后勤管理系统首先应当处理好学生与教职工的关系,在同等条件下教职工服务优先级应当较高。后勤管理系统还应当处理好经济效益与服务效益之间的关系,既不能一味地追求服务效益而忽略了经济效益,也不能一味地追求经济效益而弱化应有的服务质量。总之，在服务性原则中，系统开发人员应当做到各种关系的平衡，力求系统能够最大限度地提高服务质量。

2. 安全可靠性原则

后勤信息化管理系统的开发过程中应当通过多种措施保障其安全可靠，因为该系统中存储了学校所有学生以及教职工的基本资料以及各类隐秘信息，该类信息如果落入不法分子手中可能会对在校师生造成一定的威胁。所以在系统开发中，开发人员应当选择级别较高的安全防御系统，在保障系统平稳运行的基础上尽可能地提高系统安全可靠性。

3. 可扩展性原则

后勤管理系统的开发人员虽然在开发之初会对系统需求进行非常详尽的分析，但是随着时间的推移，广大师生对后勤工作会不断地提出新的要求，所以后勤管理系统需要在一定的时间周期内进行更新，其中可能包括增加新的功能、改变原有界面等。所以，为了保障系统的可扩展性和实用性，开发人员应当采用模块化设计，以便后续的系统更新能够简便快捷地进行。同时，系统开发中应当留有各类接口，以供后续的信息共享使用。

（三）高校后勤管理信息系统的建设

高校的后勤管理要负责全校师生员工的吃、住、行、水、电等诸多方面，主要涉及十多项内容，工作量非常大，而且十分繁琐。随着我国高校后勤信息管理方式的变革，信息系统管理的实施已发展成为高等院校后勤经营管理发展的必经之路。

1. 后勤管理信息系统建设的途径与方法

后勤管理信息系统的建设是一项规模大、较复杂的系统工程，必须根据组织的实际情况采用行之有效的方法。

对于不同高校的后勤部门来说，后勤社会化程度、管理基础、资金情况等因素各有不同，建设后勤管理信息系统所采用的方式和方法也不相同。有效的系统规划，是任何高校后勤实施信息化都应遵循的原则，也是获得信息化建设成功的必要条件。

（1）后勤信息化系统建设的实施原则

①经济原则。指因实施信息化建设所发生的成本，不应超过因缺少信息化而丧失的收益。

②全员参加原则。指任何信息化运作都是建立在使用者的基础上的,只能由使用者或者有权决定这些活动的人来提出信息化建设的意见和建议,不能仅仅依靠外部开发商或者咨询机构来制定实施方案。信息化建设是全体职工的共同任务,只有通过全体职工协调一致的努力才能完成。

③循序渐进原则。指一方面要着眼于后勤的发展总目标与后勤信息化建设的总体目标,另一方面又要受后勤自身内外部环境、意识、人才等因素的制约。所以,后勤信息化建设首先必须要进行长远的整体规划,同时应该结合高校后勤的实际情况进行准确定位,并分阶段地逐步推进。

(2)后勤信息化系统建设的实施策略

高校后勤管理信息化建设的推进是一项耗资巨大、涉及的管理范围广、复杂的系统工程。

①统一进行规划。高校后勤信息系统规划必须自上而下,从高层着手,统一领导,统一规划,系统地进行。首先从部门的高层管理着手,考虑组织的目标、对象和策略,确定管理信息系统模型。然后,确定需要哪些功能保证目标的完成,从而划分相应的业务子系统,并进行具体分析设计。这样可以使系统开发人员和管理人员遵守相同的准则,避免因规划不统一、数据不一致,给后续开发工作带来困难和损失。

②选择合适的设备。根据系统分析的结果,选择系统所需设备。设备适合、实用即可,不必考虑太长远,更不能指望"一步到位"。

③考虑系统分析和开发的相关费用。系统分析和相关开发费用应占较大的比重。在后勤管理信息系统实施过程中,详细调查、系统分析、业务流程重组、系统开发等内容的资金投入一般应占到总投入的一半以上。要避免将大部分资金都投入软、硬件和网络设备的采购上的情况出现。如果系统开发中由于资金不足导致没有充分进行需求分析,不能合理进行流程重组,系统开发和运行维护费用得不到保障,就会导致信息化实施失败。

④借助服务不断深化、促进后勤信息化建设。为高校师生提供便利快捷周到的服务是后勤信息化建设的主要目的。随着高校师生对高校后勤服务要求的不断深化,后勤信息管理系统中的各个模块在设计与开发时必须考虑与高校其他职能部门的连接,为高校师生提供实用、高效、便利的服务。

（3）后勤信息化系统建设的主要开发方式

高校规模不同，办学性质不同，其后勤管理的体制与模式也就不同，信息化建设的模式也就不同。在后勤发展的不同阶段，信息化建设的模式也有可能不同。从目前高校后勤的发展来看，后勤开展信息化一般有以下几种模式。

①自行开发方式。这种方式是由后勤管理部门依靠自身力量承担信息化建设的开发任务，后勤部门自己组建信息化队伍，购买硬件基础设施，自主地进行软件开发。这种开发方式的优点是针对性强，信息化队伍充分了解后勤部门的各项业务活动，开发出来的系统能够真实地反映后勤管理部门实际的业务要求，系统实施相对比较容易，且风险较小。缺点是大多数后勤管理部门缺乏高水平的专业开发人员，开发水平较低，导致开发周期长、生命周期短，系统整体得不到很好的优化，不能很好地解决管理中原有的落后、僵化、低效等管理问题。

②外包开发式。也称为委托开发方式，即后勤管理部门委托具有丰富开发经验和雄厚技术实力的软件开发公司、机构或者专业开发人员等进行后勤信息化建设。由受托方按照后勤部门的需求承担开发任务，提供系统的解决方案、所需设备及相关技术服务。这种开发方式的优点是能够保证系统采用比较高的技术水平进行开发，省时、省事。缺点是系统开发的费用比较高，而且由于受托方不熟悉后勤业务流程，会导致系统不能很好地满足后勤的需要。另外，由于后勤人员没有参与系统开发，系统维护和扩展必须由受托方完成，不利于后勤人员的培养。

③合作开发式。又称为联合开发方式。这种方式是后勤管理部门与具有丰富开发经验和雄厚技术实力的软件开发公司、机构或者专业开发人员进行合作，联合进行后勤信息化建设。后勤部门具有一定系统分析、系统设计和软件开发能力的人员与软件开发公司的技术人员组成联合开发队伍，共同合作完成后勤信息化建设。这种方式由软件公司人员提供技术，解决了后勤人员开发经验少、技术低下的问题，还可以通过合作开发，提高后勤部门的技术力量，有助于后勤人员维护系统的日常运转。同时，软件公司通过与后勤开发人员的交流，有助于他们对后勤业务流程的了解认识，保证开发出来的系统更适合后勤的需要。

④整体引进式。目前，有一些专业软件公司已经开发出一批使用方便、功能强大的通用管理信息系统软件。后勤部门可以选择一家这样的软件提供商提供相应的软件，同时选择一支具有丰富行业经验的项目实施队伍负责后勤信息

化实施。由于商品软件经受了实际应用的考验,系统比较成熟,有较高的可靠性。一般来说,商品软件中蕴含了许多先进的管理思想和高效的业务流程,能帮助后勤部门优化和重组部门流程,提升后勤的管理水平。但是商品软件过于追求通用性,无法体现不同高校后勤部门的特殊性,导致系统适应性比较差,系统实施风险比较大,容易失败。

当然,后勤管理部门采用什么样的方式进行后勤信息化建设,要根据自己的实际情况,不可盲目跟风。在信息化建设的初级阶段,可以采用整体引进的方式,但当信息化建设发展到高级阶段,则最好采用合作或者外包的方式,更符合高校后勤实际,更有实效。

2. 高校后勤管理信息系统建设的主要内容

高校后勤管理信息系统建设的基本步骤包括基础网络建设、信息采集和数据库建设、应用软件开发。

(1) 基础设施和网络建设

近年来,由于教育资源的整合以及高校扩大招生,大多数高校都经过了整合和扩充,有不少高校拥有多个校区。即使在一个校区内,由于规模的问题,后勤服务机构也可能分布在不同地方,如何实现统一管理是后勤管理中必须面对的问题。要解决这个问题,首要是解决信息传输和共享的问题。采用校园网作为信息传输和共享的基础平台是最佳的选择,但采用此平台还需要有诸多的考虑,主要包括:①系统安全,即抵御黑客攻击和病毒侵害的功能;②数据安全,既确保数据的完整性、可靠性、可用性和机密性;③性能考虑,即在大规模校园网上如何保证系统的性能;④集成考虑,管理信息系统需要与一卡通系统、校园办公系统以及平安校园等系统进行集成。

(2) 信息采集和数据库建设

高校后勤运行中大量采用新的技术设备和自动化及半自动化的操作系统,更多地表现出自动采集的特点。如供电系统的系统电压、电流和用电量,用户用电的预付费数据,供水系统的管道水压和用水量,学生食堂的计算机售饭数据,等等。这些运行信息基本上都是自动采集,在学校后勤管理信息系统中实现信息资源共享。

后勤管理信息系统的核心是对后勤运行信息的处理,因此后勤信息的规范化和数据化,是后勤管理从定性到定量的根本转折,只有把过去定性的描述、不确定的和模糊的信息变为计算机可直接处理的数字信息，才能进一步建设后勤管理数据库，然后才可谈及后勤管理信息系统。

（四）高校后勤信息资源库的建设

信息资源规划是信息化建设的基础。"信息资源"一词最早由罗尔科提出，"信息是一种资源"是信息系统的一个重要特征。关于信息资源的定义有两种，广义地说，信息资源包含信息技术、设备、从事信息工作的人力以及信息本身，所谓"信息需求管理"是指如何管理和优化配置这些资源；另一种信息资源的定义是狭义的，通常就指信息本身，能够满足一定需求、可以产生某种效益的信息都可称为信息资源。清华大学是这样描述大学资源计划的：它利用接口规范建立统一的平台，将大学的各种信息资源与应用系统集成起来，有利于实现信息的共享和交换，为用户提供统一的访问界面，并为后续的信息系统设计和实施提供一个统一、规范化的要求。

高校可以以后勤部门为中心，将所属各单位的人员、物资、财务和信息等资源整合在一起，建立具有高校后勤特色的管理信息系统。在保障高校后勤服务管理特色的同时，参照高校的 URP 系统建设的理念，设计出 ULRP 系统（University Logistic Resource Planning，高校后勤资源计划）。通过 ULRP 系统实现对高校后勤整个服务中的人、物、财的信息化管理，达到数据信息共享、实现数字化的管理控制，最终将后勤部门的信息流、工作流、资金流等统一在一起。

高校后勤信息资源是指高校后勤部门获取的各种具有利用价值的信息总和。高校后勤信息资源建设是依托于计算机网络，满足管理工作的实际需要，对信息资源进行合理规划，有效管理和充分开发利用。后勤资源计划主要是将信息和数据上传到建立的总服务数据库中，使得高校后勤的各种公共资源可以通过统一的信息化平台获取，比如人员情况、设备使用情况、各种资料文档等这些资源都可以统一调用。

加强高校后勤信息资源建设的基本方法有以下两种。

一是加强高校后勤信息资源建设规划。高校后勤要对师生、对资源的需求进行分析，要了解目前的信息资源情况，比较现有资源情况和师生需求资源情况，确定整体的目标，提出统一的信息资源建设标准。

二是实现对信息化文档的控制和管理。将工作报表、合同、部门财政预算等文档用统一的标准文档上传,并着重于操作权限的设置、机密文件的保密工作,保证后勤信息化文档体系的正常运行。

五、高校要成立专门的信息化组织机构

高校要设立专门的信息化管理机构,负责信息化建设的日常事务。可以根据高校条件,成立由主管校长担任组长,相关部门的领导以及计算机、数学等方面的专家为成员的学校信息化工作领导小组,负责信息化管理工作的计划、组织和检查,研究信息化管理面临的态势及其趋向,向分管领导提出建设性意见。要将后勤信息化建设纳入全校信息化建设规划中,统筹规划,分步实施。避免数据库的重复建设,实现各部门之间及后勤内部信息共享,将基础数据维护归属到相关部门进行统一维护,并重点建立健全后勤信息化目标考核管理机制。由于后勤工作事务繁杂,信息系统较多,容易造成信息孤岛,无法实现数据共享,在一定程度上阻碍管理效率的提升,信息化系统建设尤其更需要统筹规划,例如,将公寓管理系统纳入学校信息化规划中,可有效地实现教务部门、财务部门和公寓管理部门的合作,共享学生学籍信息、财务信息和住宿信息。以浙江树人大学学生公寓管理信息化建设的做法为例,公寓管理系统的功能包括住宿费缴纳管理、宿舍分配管理、宿舍门禁管理等,学生公寓信息化实现了与学校多个系统的对接。通过与学籍系统对接,管理人员可通过计算机查询到本公寓所有学生学籍、照片等基本信息;通过与学校的财务系统对接,可以查询学生住宿费缴纳情况。

可以成立后勤管理网络信息中心,负责校园网络的管理、升级、改造和再建设,校园网络核心基础服务系统的维护和管理,学校网站及相应校级网络应用系统的建设、网络培训、协助二级单位进行网站及信息化建设,并协助学校信息化工作领导小组进行正确决策等工作。基层信息部门应负责本单位网络的日常性维护、本单位信息的征集和整理,以及本单位的信息化建设等工作。

高校后勤要积极配合高校信息化领导小组的工作,在管理上要做到以下两点:

第一,高校后勤部门可以设置专职或兼职的信息化管理员,其主要职责是:如实反映本部门信息化建设管理的情况和问题,及时反馈有关的动态信息,根据高校信息化建设的部署协助本部门领导者进行信息化管理。

第二，高层管理者要适当地将权力下放。由于处于网络化的组织下，信息化结构呈现交互式，下层管理者与普通师生接触的机会更多，相对拥有更多的基层信息。如果下层管理者可以拥有更大的管理自主权，对于提高组织的效率和决策的科学性具有重要意义。

第四章　高校后勤管理技巧

管理的目的是优质高效地实现系统运行的目标，并在此过程中锻炼和发展队伍，这种目的是否能实现、实现的程度如何，除了应当具备的各种条件之外，在很大程度上取决于管理者对计划、决策、组织、协调和控制的方法与技术的掌握水平，以及理论联系实际的综合运用能力。高校后勤管理的方法与技术是后勤管理取得成功的工具和桥梁。

第一节　后勤管理计划技巧

凡事预则立。计划是后勤管理中的首要职能，办任何一件事，都必须考虑要达到什么目标，从何入手，经过哪些步骤，如何合理安排人力、资金、设备，何时完成等等，对这些环节和过程的设计、修整及最终的验证就是后勤管理的计划。

一、后勤管理计划的作用

（一）指导作用

后勤管理计划，包含了中央和地方教育行政部门下达的诸如财政计划、基建计划、物资设备计划等各项内容，同时反映了学校制定的发展规划和工作目标。它规定了后勤工作者必须按照预定的目标完成工作任务，同时也指导后勤工作者在计划允许的范围内，充分发挥自己的积极性和创造性。

（二）统筹作用

后勤管理计划是学校整体计划的有机组成部分，后勤管理部门在制定计划时，要充分考虑到学校以及同一层次有关部门的计划对后勤工作的要求和影响，同时，后勤管理计划也为学校制定整体计划提供客观依据，以保证学校的发展目标建立在后勤条件能够承受的基础之上。

在自身的管理范围内应统筹考虑，避免盲目性和片面性，力求达到各组成部分相互密切配合和协调平衡发展，对人、财、物进行合理支配，投入有限的资源，获取最大的经济效益。

（三）检查作用

后勤管理计划是对后勤工作进行检查的依据，而检查则是对计划执行过程的监督反馈。依据计划中的指标体系，及时对计划执行情况进行检查，既可以随时发现问题，及时予以解决，避免后勤工作和整体计划受到损失，又可以发现先进典型人物和先进事迹，总结经验，保证后勤工作的顺利开展。

二、后勤计划管理的方法

后勤管理计划按内容分类主要有财务计划、基建计划、总务行政计划、设备物资计划和队伍建设计划等。按时间分类有专项任务计划，每月、学期、学年和若干年的发展计划等。无论采取哪种类型的管理计划，其意义都在于促进目标的实现。要按照预定目标把人力、物力、财力有机地组织起来，在规定的时间、地点和范围等各种条件下进行协调、控制，以取得最佳效益。计划管理贯穿于管理过程的始终，后勤计划管理的完善程度决定着后勤工作管理水平的高低和管理成效的大小。

（一）制定计划的方法

1. 进行现状调查。进行现状调查要求提出周密细致的调查纲目，内容可包括后勤管理目前的内部结构和管理现状；有利条件和不利因素；外部的形势和环境；服务对象的主要要求；后勤部门现有的人、财、物资源的数量、质量情况等，调查所得的情况必须真实、具体、系统和全面。

2. 注重历史比较。历史比较的作用是总结经验教训，掌握客观规律，用以指导现在和未来。在制定计划时，必须了解过去我们已经做了哪些工作，取得了哪些成绩，存在什么问题，要把同类问题在不同时期的不同结果进行对比，不但要比得失，还要找出得失的原因。必须注意防止只顾一点不及其余，只作机械类比不顾情况变化，只为主观设想寻找个别根据等错误倾向。

3. 预测未来趋势。按照后勤管理的客观规律，预测其发展趋势和可能出现的情况，是制定计划的一个重要依据。预测的方法，可以搜集各方面预测意见来归纳结果，也可以根据公认的原理、历史的经验和现实的情况进行假设、推论或模拟。但预测毕竟是基本的趋势和大致的轮廓，对预测结果的使用要留有充分余地。

4. 设计明确目标。在对现状、历史、未来进行了调查、比较的预测之后，就应该设计出后勤管理活动的目标，这是计划工作和一切管理活动的核心。必须强调，无论是长期或短期目标、整体或局部目标，都应该是明确无误可操作的，没有明确目标，管理就是杂乱的，考核就是随意的。

5. 制定实施计划。围绕既定的目标制定实施计划，要科学地确定怎样去做和由谁去做，完成目标的起迄时间，如何合理分配人力、财力、物力等，以求最经济、最有效地实现目标。

6. 优选最佳方案。计划的确定先要有几个不同的草案，然后从中进行优选，作出最后的抉择。这个过程有三个基本步骤：第一，列举可行计划；第二，论证、评价可行计划；第三，选择确定计划。必须克服只提一个计划，只由个别领导者"拍板定案"的错误做法。

（二）落实计划的方法

1. 分解计划目标。为了落实后勤管理计划，应当把计划中确定的管理目标，分解为本管理系统的每一部门和每一个成员的分目标和子目标。分解的关键是周密细致，平衡协调，务必使分解出来的分目标和子目标群是总目标的同质、同量的有机代换体系，使每个部门和个人都有明确的责任和任务。

2. 明确岗位职责。分解后的后勤管理计划中的各项目标，必须以岗位职责的方式落实到具体的人，这是事关计划目标最后能否顺利实现的重要措施。必须使每个成员明确岗位目标在总体目标中的地位、与有关岗位的关系以及本岗位应承担的任务、职责和相应的权力，保证各方面人员能够按照自己的职责有效协调地完成共同的目标，杜绝无人负责、职责不清、扯皮推诿等现象，做到事事有人管、人人有专责、办事有标准、检查有依据。

3. 验收实施进度。这主要是后勤管理组织对实施计划的部门和个人的执行结果，分阶段进行及时、严格的验收。管理者可以规定下级部门定期汇报计划执行的进度、成效和问题，也可以深入第一线进行核实、验收，对计划执行情况，应该通过不同形式予以公布，以起到推动、促进计划完成的作用。

4.接受群众评议。在计划落实过程中,应接受群众不同方式的评议和监督。后勤管理者可以从两条渠道主动听取群众评议。一是广开言路,鼓励后勤服务对象毫无顾虑地随时反映情况,提出批评和建议;二是形成制度,后勤部门定期召开"报告会""恳谈会",向群众报告计划执行的情况、问题和要求,回答群众的质询,听取群众意见,采取相应措施,积极解决问题。

5.评估工作实效。当计划目标实施活动已按预定要求结束时,就必须按照部门和个人的职责,对其工作实效进行评估,并使这种评估与奖惩挂钩;同时,还要把评估结果及时反馈给执行者,让其主动地总结经验教训。评估可采取自评、互评、上级评、群众评等多种形式,力求通过评估,真正使计划目标得到落实,并为制订下一周期的计划提供依据。

第二节　后勤管理决策技巧

决策是后勤管理中的一项重要职能,它是后勤管理者运用科学的理论和方法,根据主、客观条件,提出各种可行方案,并从中选择出最佳方案的管理活动。决策贯穿于整个后勤管理工作的始终,决策技术和方法是后勤管理者的基本功。

一、后勤管理决策的要求

(一)后勤管理决策要有正确而明确的决策目标

正确目标的确定,是科学决策的前提。目标定错了,决策就会失去意义。同时,目标还必须明确,没有明确的目标,决策就是盲目的,也会影响决策的针对性。

(二)后勤管理决策必须有多种可供选择的方案

所谓选择,就是对两个以上的方案进行优化比较,对各种因素进行综合分析评价,最后作出决断。如果只有一个方案,就没有选择的余地,就不能达到科学决策。

（三）后勤管理决策要以掌握信息为基础

决策方案选优，且是切实可行的，如果不了解、不掌握信息，不进行定性、定量、定时的分析，就不可能选取最优方案，达到最佳决策。

（四）后勤管理决策必须经过科学论证

确定目标，拟订方案，选定优化方案，都不能没有论证和评价，尤其对复杂的重大问题，在选择方案以后，要进行小规模的试验，从理论和实践两个方面取得可行性论证后，再作正式决策和普遍实施。

（五）后勤管理决策在实施过程中应有追踪决策

后勤管理活动日益复杂，发展变化迅速，影响面也越来越大，这就要求在实施决策过程中应不断地追踪，并进行必要的追踪决策。那种认为决策一定就一成不变的思想方法是不科学的。

二、后勤管理决策的基本原则

后勤管理决策原则是指那些反映决策过程的客观规律和要求，在后勤决策工作中必须遵守的基本准则。

（一）量力原则

这是在确定决策目标时需要运用的原则。要求这个决策目标不但是迫切需要解决的问题，而且是后勤现有条件力所能及的，客观条件和主观条件都允许，有解决的现实可能性。

（二）差异原则

这是在准备备选方案时需要运用的原则。要求所提出的几个备选方案，所采取的途径和措施必须是各有特点的，而不能是雷同的或大同小异的。基本雷同或大同小异，形式上是几个方案，实际上等于一个方案，这就失去了备选的意义。

（三）"两最"原则

这是在优选决策时需要运用的原则。"两最"是指最大和最小，即最后决定的方案应该是得利最大、损失最小或可靠性最大、风险性最小的最优化方案。当然，这里所说的最优，应作相对的理解，所谓最优化也只是相互比较中的最优，现有条件下的最优。

（四）应变原则

这是在优选决策时需要运用的原则。要求选定的方案应该是有应变性预防措施的，其中包括对可能出现的失误的预测和对策，以使后勤决策更符合实际，取得实效。

（五）经济原则

这是在决策的全过程中都必须运用的原则。要求在决策的每一个环节都要力求节约财力、物力、人力和时间，对于目前各方面条件都比较困难的后勤管理来说，更应该强调经济原则。

三、后勤管理决策的程序

决策是一个过程，有它的内在规律性，按照客观过程的规律性划分为几个既相对独立，又前后联系的阶段来进行决策，这就是决策程序。

后勤管理决策的程序，可分为八个阶段。

（一）提出问题。运用调查研究、科学预测和信息反馈等方法，及时发现问题、提出问题，并进行深刻分析，抓住问题的本质。

（二）设立目标。在明确要解决的问题之后，进一步明确把问题解决到什么程度，达到什么目标。

（三）分析信息。获取信息的目的，在于进行正确的决策。因此，依据过去和现在的各种信息，分析、判断未来的变化状况和发展趋势，作出科学的结论。

（四）确定价值。后勤管理决策方案的价值，包括其意义、作用、效果、效益等多方面。决策的目的是实现一定的决策目标，越接近目标要求的方案，其价值就越高。在确定价值时，要兼顾决策方案的社会性、政策性、系统性、先进性、效益性和现实性。

（五）拟订方案。后勤管理的决策者在经过上述阶段后，便可拟定达到目标的多种方案。决策者必须充分发挥运用自己的经验和知识，发挥创新精神，同时也要注意调动专家和群众的积极性，力求拟定的备选方案是科学的、系统的。

（六）选择方案。这一阶段是决策的关键，关系重大。决策者必须组织专家或熟悉这方面工作的职工对各种备选方案进行反复多次的可行性论证，运用专门的科学决策技术,对方案进行全面评价,权衡利弊,最后根据决策的原则,确定最佳方案。

(七)模拟试验。对优选的方案必须经过模拟试验,这是因为无论论证多么充分,也是人们凭以前的经验得出的,虽然可以避免大的错误,但并不能保证完全符合不断变化的实际,因此经过试验,修正补充后再作决定是有好处的。

(八)决策调整。应该看到,方案的确定和实施,并不意味着决策者便无事可做了。实施过程不但是对决策的真正考验,同时随着主客观条件的变化,决策也必须有所调整,并进行相应的追踪决策。

第三节 后勤管理组织技巧

一、后勤管理组织方法与技术的含义

在管理科学中,组织这个概念一般包含两个紧密关联的含义,一是作为管理实体的组织;二是管理过程的组织实施。下面主要讨论后勤管理过程中组织实施的方法和技术。

作为动态的组织实施活动,大致上包括这样几个步骤:确定管理目标;拟定实现目标的计划;对实现目标的各岗位确定责任;根据实际的人、财、物条件选择优化的组织形式;授予各岗位负责人所必要的职权;通过职权关系和信息系统把各岗位联成一体。

显然,上述步骤是适用于任何管理工作的。在后勤管理过程中,任何一项决策、计划,只有组织实施得力,才可能收到预期效果,即使计划理想、决策优化,但组织得软弱、松散甚至混乱,则目标和计划也不能实现。因此,如何体现组织职能,保证各项计划的有效执行,确保决策目标的实现,既是一个重要的理论课题,也是一个突出的实践难题。

二、后勤管理的基本组织方法

（一）行政管理的组织方法

行政管理的组织方法就是依靠行政组织的权威，运用命令、规定、指示、制度、条例等行政手段，根据行政系统的职权划分和归属关系，以鲜明的权威和服从为前提，直接指挥下属工作，因此，带有强制性。

我国高校后勤管理，在较长一段时间里，主要实行行政性的组织方法。这种方法在解放初期开始实行时，发挥过积极的作用。党的十一届三中全会以后，由于拨乱反正的需要，后勤管理也一度强化过行政性组织方法。主要有两种做法：一是强化后勤管理行政首长负责制；二是制定各级管理机构和人员的岗位责任制。但是，随着社会经济的发展，各尽所能、按劳分配的原则进一步落实，以及人们的价值观念的变化，单纯行政管理的组织方法所产生的弊端也就日趋暴露。服务工作忽视价值规律和经济杠杆的作用，忽视经济效益和个人的实际利益；服务成果缺乏商品性，无偿提供给服务对象；服务员既不承担经济责任，又不实行经济核算。这种组织方法，逐步形成了后勤部门吃学校"大锅饭"的局面，缺少积极主动的竞争机制。实践使我国高校后勤管理者们意识到，在后勤管理的组织方法中，既不能没有行政方法，也不能任意扩大行政方法的作用，更不能单纯依靠甚至滥用行政方法进行管理。

因此，组织方法的改革势在必行。

（二）经济管理的组织方法

经济管理的组织方法，主要是指运用经济手段、按照经济规律、讲究经济效益的方法。具体地说，通过运用诸如工资、福利、奖金、罚款以及经济责任制、经济合同等经济手段组织、调节和影响管理对象的活动，以提高工作效率和经济效益。

随着社会政治体制和经济体制改革的不断深化，高校后勤管理的改革十分活跃，出现了多种形式的经济管理组织方法。在起初阶段，主要是在确立后勤部门和人员的岗位责任制的同时，明确他们的经济责任，并且把这些部门和个人的工作实绩与奖惩相挂钩，扭转了"干多干少一个样，干与不干一个样"的局面；随后，出现了一些半企业化管理的经济承包形式，在一定程度上实行了独立核算、自负盈亏，提高办学的经济效益；近年来，经济承包责任制不断发展，一些高校还采取了后勤部门向学校实行经费全面大承包的经营服务型管理方法，把一部分行政事业部门转换成了经营服务的经济实体。

经济管理的组织方法，在调动后勤部门的干部和职工积极性方面发挥了作用，但也显露了一定的局限性，如有的不能正确处理国家、集体和个人利益的关系，处处以个人或小集体利益为重；有的部门之间、个人之间的积极性不是互相促进而是互相抵消；有的甚至偏离后勤服务宗旨，片面追求经济效益。

（三）综合管理的组织方法

单纯的行政方法和单纯的经济方法，都不同程度地存在着弊端，后勤管理者在实践中探索，并逐步取得共识，在后勤管理中，行政的和经济的组织方法不仅应该结合，而且也是完全可以结合的。综合管理方法的主要特点是：

1.综合管理的组织方法是把思想工作、行政手段、经济杠杆、民主参与有机结合的组织方法。

2.综合管理不能单纯地讲经济，也不能单纯地讲责任，而应把责任和权利有机结合。

3.综合管理的责任不是针对一方的，至少是双方的，有时还可以是多方的，后勤管理者的责任也应该是服务、管理、育人的有机结合。

4.综合管理的责任承担应与合同、考核、奖惩等有关的经济立法有机结合。

综合管理的组织方法是在高校后勤管理改革中产生的，除了有许多理论问题还需要进一步探索之外，它的具体方法也有一个演变过程，一般认为比较完善的承包责任制，应成为现阶段后勤综合管理的一种好方法。

三、承包责任制是现阶段后勤综合管理的主要方法

后勤承包责任制是指在社会主义初级阶段，根据"按劳分配"的基本原则与我国高校后勤工作的性质和特点，后勤部门或个人承包学校一定的任务及相应的经费，并使责、权、利紧密结合，使后勤内部形成充满活力的运行机制，从而更好地为教学科研及师生的生活服务，并产生一定的自我完善和发展能力的一种组织管理制度。

（一）承包责任制的基本原则

1. 坚持为教学科研和师生生活服务

后勤改革的根本目的是充分调动后勤干部职工的工作积极性，发挥现有人、财、物的综合效益，更好地为教学，科研和师生生活服务。设计承包改革的具体形式，必须以有利于教学科研的顺利发展和提高师生生活服务水平为标准。只有坚持优质服务这一原则，改革才不会偏离方向，才能使师生们切实感到改革给他们带来的方便和实惠，从而支持管理改革深化，尊重后勤职工的劳动。

2. 坚持服从学校统一领导

实行承包责任制的改革，主要是为了更好地落实后勤管理的计划、目标和决策。后勤管理的工作目标与学校工作的总目标应是一致的，而且应服从并服务于学校工作的总目标。因此，必须坚持服从学校的统一领导，不能有了自主权，就出现随心所欲的失控现象，更不允许出现利用学校人、财、物为个人谋取私利的不良倾向。

3. 保证国有资产的保值和增值

高校后勤管理的土地、房产、设备绝大部分是国家投资形成的校产。在实行承包责任制的改革时，应认真评估承包单位或个人利用的校产，保证这些校产经过承包单位或个人的科学管理、利用，得到保值或增值。要在制订承包合同时，留足设备、房屋等校产的维修、折旧或更新费用，并严格明确这些维修、更新费的使用范围、年限，要制订措施防止校产的流失或损坏后不能保证得到维修、更新。

4. 注重经济效益

实行承包责任制的改革，要注意后勤服务的经济效益。因此，在组织实施过程中，一方面要严格进行经济核算，努力在压缩开支的情况下搞好服务工作；另一方面要利用后勤现有条件，积极创收，特别要注意增加那些方便师生员工生活的创收项目。同时，积极组织对社会服务，以积累资金。一方面上缴学校，改善办学条件；另一方面进一步改善后勤设施，增强后勤自身的活力，更好地为教学科研和师生生活服务。

5. 引进竞争机制

在落实承包责任制的过程中，是否设计并在实践中建立能够持久激励人的竞争机制，是检验承包责任制成功与否的重要标准。实行承包责任制的改革，不应该是"大锅饭现象"的按比例缩小,而是要设计好单位与单位、单位内个人与个人的竞争目标,使人人处在竞争的工作状态和组织氛围之中,改变那种效率低、浪费大、服务态度差、责任心不强的落后状况。

6. 工作实绩与职工利益直接挂钩

实行改革之所以能鼓舞和吸引群众踊跃投入,是因为理顺了组织实施过程中的职权关系,使工作实绩与职工利益紧密结合。因此,必须精心测算奖酬的比例,年终结算、奖惩都要依合同兑现,以激励职工发挥持久旺盛的工作积极性,并体现承包责任制的严肃性。

7. 加强科学的监督反馈

承包责任制在组织实施过程中,要建立一套数量和质量的指标,对这套指标的监督反馈关系到承包责任制的成效。一些学校在后勤管理改革的过程中,工作效果并无多大变化,关键问题是考核不严,缺乏有效的科学监督。

(二)承包责任制的主要形式

1. 部门承包责任制

(1)科(室)承包形式,是高校后勤承包责任制的初级形式,尽管有很多不够完善的地方,但它冲破了传统的、单一的行政管理模式,实行了经济管理和行政管理相结合,初步克服了分配上的平均主义,提高了工作效率和效益。

(2)总务处全面承包形式,是指总务处在学校统一领导下,所属科(室)以处为单位对学校的各项工作全部实行承包,这种形式扩大了承包范围,丰富和发展了承包的内涵和外延,比科(室)承包形式具有更大的活力。同时,由于设立了两级财务管理,加强了总务处当家理财的责任感和压力感,也可以解决部分科(室)承包时,分配不合理、不平衡问题。

(3)后勤系统总承包形式,是高校后勤系统管理高层次的经济承包形式,是指学校生活、技术后勤各处全部实行承包。这种承包目前主要有两类:一类是在主管校长或总务长领导下,建立后勤服务公司或后勤服务中心,在财务管理上,实行总体承包、分体核算的方法;另一类是将学校基建处、物资处、总务处内的经营服务部门与管理部门分开,成立综合性的服务公司,按企业化经营方式,经济上完全实行独立核算、自负盈亏。

2. 经费承包责任制

学校行政经费承包主要有差额经费承包和全额经费承包两种形式。

（1）差额经费承包形式是高校后勤内部行政经费承包的一种简单形式，即承包部门承包工作范围内一部分经费和相应任务。其特点是：第一，承包方案可根据承包部门的内部环境和外部条件的实际情况确定；第二，承包方法比较简单，适合承包者的心理承受能力；第三，从原来不承包到实行差额经费承包，能在一定范围内调动职工的积极性，改进服务态度，提高服务质量。

（2）全额经费承包形式是差额经费承包形式的发展和深化。承包部门在取得一定的承包经验的基础上，承包本部门工作范围内的全部任务和经费。其特点是：第一，承包任务比较全面，便于统一集中领导；第二，经费开支相对稳定，使学校加强了经济上的宏观控制；第三，有利于克服承包部门的短期行为；第四，全额经费承包有较大的责、权、利，能充分调动职工改进服务态度，扩大经营服务范围的积极性和创造性。

3. 经营性承包责任制

经营性承包责任制是后勤改革深化的产物，按其经营方式划分，有经营服务承包、租赁承包、资产经营服务承包、股份合作承包等形式。

（1）经营服务承包形式是指承包部门开展的后勤服务工作，采用企业经营管理方法，实行独立核算、自负盈亏，或独立核算、基本自负盈亏，学校补贴少量的行政经费。经营方式采取有偿服务或部分有偿服务，承包部门的人员工资、奖金以及其他经费开支均由经营服务的利润来解决。

（2）租赁承包形式是指由学校把某一服务部门的财产租赁给某个部门或个人，确定其租赁经营任务，上缴税利和租金，租赁单位或租赁者必须用自己的资金或财产进行风险抵押。完成经营服务任务，按租赁合同规定给予奖励，完不成经营服务任务，则按规定扣罚抵押的资金或财产。

（3）资产经营服务承包形式是指对后勤某部门的全部资产和预期服务效益进行估价，然后实行招标，择优选用部门承包负责人，承包者必须提出明确的工作目标和实施方案，并用个人的工资、奖金或家庭财产进行抵押，根据完成预期任务和效益的情况，对承包者实施奖惩。

（4）股份合作承包形式是指单独核算的后勤经营服务部门在一定范围内以股份形式集资创办的服务经济实体。并由股东选出董事会，全权负责股份合作企业经营服务的管理，所获利润除留作发展资金外，按股份分配红利或红股。

(三)承包责任制组织实施的基本方法

1. 争取校领导的理解和支持

后勤改革涉及服务对象和后勤职工的切身利益,会影响学校的安定团结,应该争取校领导的理解和支持。

(1)主动汇报后勤工作情况和介绍先进学校的改革经验。

(2)适时向领导提出承包改革方案。

(3)提供给领导的改革方案必须经过精心设计。

(4)认真组织各种承包责任制的试验。

2. 谋求财务部门的协调和配合

实行经济承包责任制也是一种经济体制的改革,在组织实施过程中,存在大量的经济活动,如账户的确立、定额的计算;资产的核准、经费的拨发、效益的分析、账目的监督等都离不开财务部门。因此,要力求做到:

(1)在财务部门的指导下,进行认真的测算,使社会效益和经济效益共同提高。

(2)实行承包后,承包单位要配备得力的财会人员,保证依法办事。

(3)同财务部门坦诚相见,相互协商,主动配合检查和监督。

3. 发挥共产党员的先锋模范作用

经济承包责任制是后勤管理的重大改革,必然会出现个人与集体、集体与国家利益之间的矛盾。作为一种综合性的组织管理方法,还必须发挥党员和干部的先锋模范作用。

(1)做个人利益服从集体、国家利益的榜样。

(2)在承包管理中更多地承担一些义务和责任,发扬吃苦在前,享受在后的优良传统。

(3)积极宣传党的路线、方针、政策,使后勤改革更多地赢得理解和支持。

4. 科学测算承包基数

确定承包基数,关系到保证国有资产的保值和增值,是实施经济承包责任制在技术上的关键所在。承包基数决定经济责任和分配利益,因此是承包甲、乙双方讨论的焦点和难点。要科学测定承包基数,应掌握四个环节:

（1）合理确定承包双方都能接受的公正立场，聘请有威信的人员参加承包基数的测算，以提高基数的可信度。

（2）正确选择测算基数的方法，应该兼顾历史和现实、纵向和横向等事实，以提高基数的科学性和可行性。

（3）准确测算本部门人、财、物和效益的基础定额。

（4）承包基数一经确定，不得随意变更，以保证承包基数的严肃性和权威性。

5. 明确承包双方的责任和风险

承包合同是代表学校的甲方和承包当事人乙方共同签订的契约，双方都应在条文中反映出自己应该达到的工作标准和应尽的责任，公平合理地规定各自的权益和风险。

6. 防止承包行为的短期化和片面化

行为短期化是指承包者只顾短期利益，不顾学校长期利益的行为；片面化是指承包者利用承包合同的不完善之处，只考虑自己的利益而不顾学校根本利益的片面行为。防止的措施有：

（1）适当放长承包年限。

（2）合理确定提成上缴、留存发展、集体福利与奖酬基金的比例。

（3）严格核算，保证留存的发展基金真正用于扩大再生产。

（4）杜绝变相涨价和擅自乱收费用的现象。

（5）制定在社会物价调整后，对承包额和价格做调整的条款。

7. 逐步实行全员劳动合同制

实行承包责任制，必须做好定编定员定岗工作，力争达到岗无虚设、人无闲置的理想状况。因此，要坚定地打破"铁饭碗"的用工制度，逐步实行全员劳动合同制，干部和工人一律实行逐级聘任，富余人员进入后勤或学校的人才市场。如不实行全员劳动合同制，将会严重影响承包责任制的效益。

8. 建立稳定的监督反馈网络系统

承包责任制用合同的形式要求承包的双方完成各项任务，并规定了承包方在完成任务后所能获得的利益。因此，这些任务完成的质量、数量、时限、经费需要严格的检查。如果缺少必要的严格监督检查，就可能出现包利益不包责任、包盈不包亏等现象。因此，建立稳定的监督反馈网络系统是保证承包责任制成功率的重要管理环节。

9. 开展有效的民主管理

实行民主管理是保障师生员工民主权利、提高管理效能的要求。实行承包责任制丝毫不能削弱或降低民主管理的作用，相反，作为一种综合管理方法，更需要加强内部和外部的民主参与。要建立和完善如膳食管理委员会、学生宿舍管理委员会、教职工房屋分配委员会、服务质量考核组等民主管理组织。通过各种渠道，真心实意地听取广大师生和后勤职工对承包责任制的要求、意见、建议和批评，集中他们的智慧，接受他们的监督，充分调动他们的积极性、创造性和主动性，使师生、员工既成为后勤改革的受益者，又成为后勤改革的参与者，形成齐心协力搞好后勤的生动局面。

第四节　后勤管理协调技巧

一、后勤管理协调的含义和目的

（一）协调的含义

后勤管理协调的含义是指高校后勤管理组织在为教学科研和师生员工服务的过程中，根据预定计划的整体目标要求，通过双向的信息交流和沟通，形成一个校内外各类组织和人员互相协作、互相支持的工作环境以及和谐融洽的人际关系，以保证优质服务目标的实现。

后勤管理需要协调的关系错综复杂，有社会的，有经济的，有技术的，也有伦理的。因此，后勤管理的协调方法，除了运用行政手段或经济手段之外，还要开展及时灵活的公关工作。

（二）协调的目的

1. 建立信誉

后勤部门和管理人员必须注意在协调工作中逐步建立起可靠的信誉。对外联系要注意调查研究，熟悉情况，做到有的放矢，言而有信；对内要坚持热忱服务的精神，设身处地为对方着想，努力使师生员工从实际生活中体验到后勤部门的确是竭尽全力办实事的。

2. 增进了解

后勤管理事多且杂，尤其是师生员工生活上的需求和后勤所能提供的条件，往往存在一定的差距，需要后勤管理部门在逐步改善条件的同时，进行艰苦细致的工作。因此，要通过各种协调形式，提供及时、切实的信息，在内部增进全校师生员工对后勤的了解和合作，在外部争取社会各部门的配合和支持。

3. 谋求支持

谋求支持是后勤协调工作的主要目的之一。后勤部门要与各方组织和个人互利互惠，互相协作，对给予后勤支持和帮助的组织和个人，要及时宣传或向上反映，激发这些组织和个人持续支持的热情。此外，还可以依靠高校一些著名专家学者在社会上的影响，把后勤工作的情况和困难，向有关部门反映和呼吁。

4. 缓和矛盾

后勤服务过程中，需求与可能之间的矛盾比较突出，在现有条件下，要缓和这一矛盾必须争取需求方面的谅解，做好协调工作。首先，要注意服务态度，提高自身素质，以主观努力弥补客观条件的不足；其次，实事求是地反映后勤工作困难；其三，对工作中的失误应主动诚恳地表示歉意，并及时采取补救措施；其四，广交朋友，建立友谊网络。

5. 提高效益

后勤协调工作的根本目的是提高后勤管理的社会效益和经济效益。在后勤服务实行承包管理以后，协调工作尤其显得重要，在重视经济效益的同时，更要注意在与各方面的协调中，努力提高社会效益，力求社会效益和经济效益的统一。

二、创建互相协作和互相支持的后勤工作环境

后勤工作环境主要是指后勤部门之间和后勤部门与各级各类组织的基本关系，只有协调好这些内部与外部的基本关系，后勤工作才能处在一个良好的环境之中。

（一）正确协调后勤内部组织的基本关系

1. 后勤内部各职能部门之间关系的协调

后勤内部各职能部门之间统一协调，形成合力，就能够有效地防止工作中出现的推诿、摩擦、内耗等现象。协调的方法有：

（1）后勤领导形成一定的权威，可以减少和避免不必要的争执。

（2）定期召开各职能部门协调会议，交流信息，减少隔阂和内耗。

（3）提倡发扬优良风格，抢挑重担的精神，尽量为共同完成后勤服务任务创造良好条件。

（4）相互尊重、相互谅解，共同体验团结协作的诚意。

2. 承包部门与非承包部门之间关系的协调

在部分后勤工作实行承包责任制以后，一些非承包部门与承包部门之间会因为工作职责、经济利益、个人收入等问题产生矛盾，以致影响工作积极性，需要协调。协调的方法有：

（1）明确责、权、利，杜绝化国家、集体利益为个人或小团体利益的现象。

（2）宣传承包的积极意义和经济效益，防止非承包部门无原则的相互攀比。

（3）制定合理的分配比例，使承包部门和非承包部门均按实际工作效益进行分配，避免分配不公的矛盾。

（4）加强工作检查，及时处理心理上和实际上已经出现的工作、分配等矛盾，避免矛盾的扩大和激化。

3. 承包部门之间关系的协调

在承包部门之间，也会因为承包的经济责任、利益分配的不合理、不平衡而发生矛盾，以致削弱甚至抵消实行承包责任制提高后勤服务质量的作用，需要协调。协调的方法有：

（1）正确确定承包原则，处理好社会效益与经济效益之间的关系。

（2）准确测算承包基数，使承包部门之间消除不平衡心理。

（3）提高分配透明度，真正把承包部门人员的工作实绩与待遇紧密结合在一起。

（4）采取有效的政策和思想政治工作等方法，鼓励承包部门多创收，为改善后勤服务条件发挥积极作用。

4.承包部门与监督部门之间关系的协调

承包部门与监督部门之间常因对经济分配、制度执行等问题的理解不同而产生分歧,需要协调。协调的方法有:

(1)宣传后勤承包改革的积极意义,鼓励承包者的创造精神,力求取得各方面的共识。

(2)学校领导应高度重视监督部门的意见,认真听取承包部门的申述,客观分析分歧产生的原因,自觉维护规章制度的严肃性、权威性。

(3)正确维护承包者的合法权益,坚决克服承包中的不正之风。

(4)发挥师生员工民主管理、民主监督的作用。

(二)正确协调后勤与学校内部组织的关系

1.后勤与学校领导之间关系的协调

后勤部门与学校领导是下级和上级的关系,应当坚决贯彻执行校领导的总体意图和各项决定,但在贯彻和执行过程中也难免由于各种具体原因产生不同的看法,需要协调。协调的方法有:

(1)接受领导交办的任务,认真完成本职工作,赢得校领导的信任和帮助。

(2)切实为师生生活排忧解难,为教学科研创造条件,以解除领导后顾之忧。

(3)及时汇报后勤工作,提出合理建议,反映学校实情,以利于领导作出正确决策。

2.后勤部门与其他行政部门之间关系的协调

后勤部门与其他行政部门属同一层次,有互相协作的关系,也有后勤为其服务的关系,协调好与其他行政部门的关系,有利于后勤部门在这个有机协作的管理运行系统中更好地发挥作用。为此,后勤部门应注意做到:

(1)主动向有关处室提供后勤管理信息,便于各部门安排工作。

(2)和其他行政部门平等相待,互相支持。

(3)在与其他行政部门共同协作的工作中,要珍惜机会,主动承担任务。

(4)各处室对后勤部门提出的要求,只要条件许可,后勤部门应全力相助。

3. 后勤部门与学校教研部门之间关系的协调

各院、系、所等教研部门是培养人才的第一线，是后勤服务的重点对象，处理后勤部门同各教研部门的关系，一般应注意以下三点：

（1）交流信息，彼此增进了解，及时听取院、系、所领导的意见，有针对性地搞好服务。

（2）尽力创造条件，保证教学科研的顺利开展。

（3）如遇到难以办到的事，就诚恳地把实际情况向这些部门解释，以求对方的理解和体谅。

4. 后勤部门与各类学生组织之间关系的协调

在与各类学生组织的工作关系中，有些后勤部门往往会有所偏疏。或居高临下，对学生的意见、要求置之不理；或一味迁就，对学生的意见、要求百依百顺。正确协调与学生组织的关系应掌握以下四点：

（1）真心实意地发挥学生组织自我管理、自我教育、自我服务的作用。

（2）及时、真实地将有关学生的生活情况向学生组织进行通报。

（3）指导学生树立正确的观念，妥善安排好他们的生活。

（4）在学生中广交朋友，加深友谊。

（三）正确协调后勤与社会组织的关系

1. 后勤部门与政府部门之间关系的协调

高校后勤部门与当地政府部门有着各种联系，争取政府部门的支持，是后勤部门协调工作的重要内容。后勤部门的职工不仅应自觉学习相关政策和法规，接受当地政府对后勤工作的指导，而且应主动及时地向当地政府反映情况，使政府部门了解学校后勤工作的状况和困难。另外，还应与政府部门的有关工作人员建立和发展长期稳定的友谊关系。

2. 后勤部门与主管部门之间关系的协调

与后勤工作相关的主管部门，除了教育行政部门以外，还有财政、审计、银行、城建等部门，涉及面既广泛又具体。在协调与这些部门的关系时，主要是在培养社会主义人才和维护社会安定团结的局面等原则问题上，与这些部门取得共识；应尊重主管部门的领导，树立全局观念；保持相互间的密切联系；及时汇报学校的建设情况和发展需求，求得主管部门的具体帮助；在发展个人友谊时，要注意防止不正之风的滋长。

3. 后勤部门与社会公共事业部门之间关系的协调

社会公共事业部门直接或间接地承担高校的水电供应、副食品供应、物资分配、交通保障等等。与这些部门应保持稳定的、经常的联系，对主要物资的供应情况要有预测，在有条件的地方，可以请社会公共事业部门到高校开展服务，或联合承办一些服务项目。要把协调与社会公共事业部门的关系作为后勤重要的公关协调工作。

三、创造和谐融洽的人际关系

在后勤管理工作中，还存在着人与人之间的矛盾和冲突。这些矛盾和冲突不仅直接影响工作，而且往往间接地渗透到组织和组织之间的关系中。因此，正确地解决这些问题，对于实现有效的管理，创造良好的环境和氛围，心情舒畅、团结一致地完成管理目标有着重要意义。

（一）认知性冲突及其解决方法

认知性冲突主要是由信息因素、知识因素和价值观因素引起的。信息因素是指人们的信息来源渠道和掌握程度不同，彼此之间又不通气而造成的冲突因素。这种情况大多发生在后勤部门的人员与教师和大学生之间。知识因素是指由于人们知识水平，生活经历各不相同，因而对同一事物有不同的认识，各自又根据这种认识处理问题而造成的冲突因素。价值观因素是由于人们对生活的态度和行为准则各异而引起冲突的一种因素。根据这些冲突的特点，应当从消除产生冲突的潜在因素入手。

1. 创造沟通机会，增加信息交流。后勤部门与服务对象之间，可以建立起比较稳定的交流、协商制度，及时沟通，逐步消除信息差异，统一思想认识。后勤部门应主动吸收教师、大学生的代表参与管理，提高管理工作的透明度。

2. 提供学习机会，提高认识水平。在冲突双方有一方经验不足、知识水平过低或观念较为落后的情况下，提供适当的学习机会，缩小双方差距，尽可能地达成共识，是消除潜在冲突的一种必要措施。后勤职工对师生有提高认识的问题，全校师生对后勤改革同样有统一认识、更新观念的问题。

3. 改善群体结构，进行组织调整。当后勤管理中出现人员之间的认识水准、价值观念过于悬殊的情况时，可以进行必要的组织调整，优化群体结构。

（二）情感性冲突及其解决方法

情感性冲突是一种人与人之间由于某种认知性因素和冲突没有得到解决，而逐渐演化成的非理性冲突。这种冲突可以长时期地使人与人之间的关系发生对立，也可能突然爆发为恶性事件，对管理工作破坏较大，需要慎重处理与对待。

一般情况下，解决这一冲突可有以下两种方法：

1. 后果提示法。就是通过事实，充分地揭示非理性冲突对管理工作的危害和双方可能造成的损失，使冲突双方恢复理性思维，克服个人意气。

2. 降低强度法。就是争取冲突的一方首先降低冲突的强度，从而形成解决冲突的良好开端。争取一方首先降低冲突强度，往往需要进行大量的晓之以理、动之以情的说服工作。当然，当情感性冲突已造成较大后果时，则应当采取批评教育与行政措施，直至绳之以法。

（三）利益性冲突及其解决方法

利益性冲突是一种由各自从本单位或个人的利益出发引起的目标冲突。在后勤管理的内部与外部，无论个体或群体，在处理问题时，由于各自的任务不同，地位和职责不同，所关心的利益不同，各自从自己的或本单位的利益出发，就有可能引起利益上的冲突。

解决这一冲突的总体原则是"统筹兼顾"。具体可分为三个方面：

1. 集体与个人兼顾。总的原则应是个人利益服从集体、国家的利益，有些情况下，当个人利益得到满足时，将调动起高涨的工作积极性，以创造更多更好的集体、国家利益。因此，后勤管理者应该在掌握原则的情况下，对职工的个人利益予以足够的重视。

2. 长期与短期兼顾。在高校后勤管理系统中，层次越高，考虑长期利益越多；反之，则往往产生短期行为，由此，会出现不少冲突。针对这种冲突，既要反对急功近利的短期行为，又要避免"空头支票"的长期目标，要使长期的利益目标尽可能具体化，使之成为看得见、摸得着的利益，力求做到长期与短期、理想与现实的统一。

3. 绝对与相对兼顾。在后勤管理中，常常遇到一些师生员工把个人利益绝对化，从而引起一些不必要的冲突，后勤管理者要善于掌握师生员工的心理，积极地追求双方相对平衡的利益，使双方从物质利益和心理感觉上得到相对满足，这样对缓和双方冲突，使管理工作顺利进行，无疑是有利的。

(四)角色性冲突及其解决方法

角色性冲突是一种产生于后勤管理者自身而影响他人的冲突。角色是一个在特定的社会和团体中占有的适当地位和身份及其相应的行为模式。当后勤管理者的角色行为与人们的期待(即符合其身份的希望)不一致时,便会产生冲突,这是原因之一;原因之二是当后勤管理人员改变了角色时,新旧角色之间(即接任人员与原任人员之间)也会发生矛盾冲突;原因之三是角色规定的言论、行为与其实际表现出来的言论、行为之间存在距离而引起的矛盾冲突。

解决角色性冲突主要是立足于后勤管理者自身,从两个方面加以解决:

1. 强化角色意识。因为角色是一个人具体的社会地位和身份,体现了一定的社会价值。因此,必须让自己的个性、行为、言论等服从并符合自身的角色,做到干一行爱一行,干一行像一行,以缩小人们对具体的管理者与角色之间的期待差距。

2. 树立角色新形象。后勤管理者不仅应该具有后勤工作的职业道德、事业心和责任感,任劳任怨地工作,刻苦勤奋地学习,而且应该根据时代的要求,更新观念,提高思想道德和业务技术水平,优化服务质量,不断地塑造后勤服务角色的崭新形象。

第五节 后勤管理控制技巧

后勤管理控制是以后勤工作计划和管理目标为准绳,衡量计划的完成情况和纠正计划执行中的偏差,以确保预期计划和目标实现的系统调节行为。

后勤工作的各项计划一旦付诸实施,控制工作对于衡量计划执行的进度、揭示计划执行中的偏差以及指明纠正的措施等,都是非常必要的。在我国高校中,较多的后勤管理者对自己工作中的计划制定较为重视,而对整个计划的实施过程进行科学控制,运用控制方法与技术去实现管理,则易忽视。

一、后勤管理控制的主要类型

（一）行为控制

行为控制是后勤管理控制中最为复杂、难度最大的一个课题。因为对人的行为很难作出精确的预测，并保证其沿着目标方向行动，而人的行为得不到有效控制，计划目标也就难以实现。

1. 行为环境控制

有研究认为，环境是决定人的行为的基本因素之一。通过对环境条件的控制可以实现对人的行为的控制，从而促使人的行为向预期方向发展。

作为环境控制有创造良好环境和排除环境障碍两个方面。前者如制定明确而现实的目标、制定周密而激励的计划、选择适合其个性的工作角色、搭配友好协作的伙伴等方法，后者则是排除对这些方面不利的因素。

2. 行为过程控制

在行为发生的过程中，后勤管理者需要注意三个问题：一是把注意力集中在正在酝酿形成的行为上，以便及时地因势利导，防患于未然；二是把注意力集中在对管理目标影响最大的重要行为上，而不是一般行为上；三是把注意力集中在正确的行为上，多做正面引导工作。

3. 行为结果控制

行为结果控制就是利用以前的行为后果去控制以后的行为。在这一技术中应掌握四个环节：第一，对行为结果的评价必须是客观的，绝不能凭主观印象或经验来决定；第二，这种评价应是有数量依据的；第三，对行为结果应及时实施奖惩；第四，行为结果的分析应作为完善管理的借鉴。

（二）计划控制

计划是控制的标准和依据，控制是计划实施过程中的保证，这里提出的计划控制是进一步强调控制与计划的关系，并指明后勤管理者做好控制工作的前提。

1. 任务控制

计划中的任务控制就是任务和目标的具体分解。很显然，如果后勤管理者事先不知道进行管理的任务是什么，要达到什么目标，就无法进行有效的控制。对目标的错误理解，甚至会导致错误的控制。

2. 组织控制

计划的控制活动是按照一定的组织系统进行的。后勤管理的各级各类控制工作，如果没有一定的组织系统承担责任，必将会造成管理工作的混乱，任何局部不按计划的运转，都将影响全局。

3. 绩效控制

对计划落实的结果，必须有明确而客观的评价，并相应地兑现奖惩，这就是绩效控制。在后勤管理中，控制工作的重要功能是纠正偏差，修正错误。与此同时，管理者不能忽视对个人和组织的成绩予以及时的总结、表彰、推广，通过正面宣传，发挥榜样作用，是重要的控制手段。

（三）财务控制

财务控制是学校借助对货币资金的筹集、分配和使用采取的一整套管理和监督方法，使有限的教育资源发挥最大效益的过程。

1. 预算控制

预算是后勤管理控制中运用最广泛的一种方法，预算工作编制未来某一个时期的计划，并把这些计划分解成多个部分，使之与职能部门的有关计划相一致，这样既授予了职权，也不会失去控制。在实施预算控制时应注意：（1）必须赋予预算工作一定的权威性；（2）预算只是管理手段，不能用来代替管理工作；（3）预算目标不能取代工作目标，以免统计得过于死板，缺乏必要的应变能力；（4）预算工作不仅是预算人员的工作，也是所有管理人员的管理工具。

2. 会计核算

会计核算是以货币为主要计量单位，对学校的经济活动和预算执行过程及其结果进行反映、监督和管理的一项组织严密、要求严格的经济管理活动。会计工作除了要对资金活动的过程进行事后的反映、分析和检查外，还必须加强事前的分析和预测，从而发挥计划过去、控制现在、规划将来的作用。完整的会计工作包括会计核算、会计分析和会计检查三个部分。

3. 审计检查

审计即审查会计，它是由担任会计以外的第三者通过会计账目的检查，对有关单位的财务收支活动情况进行监督的一种专门的经济控制活动。审计应对其对象作出四个方面的判断，即合理性、合法性、有效性、真实性。

二、考核评估是后勤管理实施控制的主要方法

考核评估是后勤管理中根据不同的管理目标、要求和管理对象的具体特点，选择或综合运用上述各种控制类型，对管理对象及其工作状况和结果实施控制的方法，也是后勤管理部门最有效、最常用的控制方法。

（一）考核评估的基础工作

1. 明确合理的工作目标

目标是考核评估的主要依据，实施考核评估，首先对组织或个人要有明确合理的工作目标，这样执行者可依据目标去努力工作，管理者以此制定考评的标准去检查、测量目标实施的程序。

2. 切实可行的工作规范

工作规范是根据组织或个人工作的性质、特点和内容，对其行为所作的规定。工作规范主要体现于岗位责任制。

制定工作规范，除了要考虑促进组织或个人努力争取达到工作目标外，还应将它同以后的考核评估联系起来，使工作规范成为执行者的行为准则，成为管理者进行考评的标准之一。

3. 完整可靠的原始资料

考核评估应以事实为依据，掌握考评对象的完整可靠的原始资料和凭证。这包括：工作规范考核的原始记录；完整的财务原始凭证；业务技术培养和考核的原始资料；服务对象反馈的信息材料。

4. 先进科学的管理定额

后勤工作定额是指后勤各部门在服务和生产的过程中，对人力、物力、财力的利用和消耗应当遵循和达到的标准。后勤管理定额一般可分为人员、工作量、物资消耗、经费使用四大类。

5. 稳定落实的组织形式

必须根据考评的目的、对象等实际情况，围绕后勤工作的总目标或一定阶段中心工作的阶段目标，建立稳定而落实的组织形式。后勤管理考核评估的组织形式有：（1）领导对下属的经常性考评；（2）常设组织的常规考评；（3）群众性的民主考评；（4）专家、同行的专业考评；（5）自我鉴定与评估。

（二）制定考核评估指标的基本原则

1. 导向性原则。考评体系要有利于为教学、科研及师生生活服务；提高管理育人、服务育人的水平。

2. 系统性原则。后勤管理是学校大系统中的子系统，同时又是一个内容繁杂、部门众多的完整系统。在制定考评体系时，必须充分考虑与大系统目标的一致性和本系统目标的完整性，并尽可能包括被评对象的各类指标，以比较真实地体现被评对象的本质属性和特点。

3. 可测性原则。作为考核评估目标的具体标准，必须可以通过实际观察或用其他测量方法获得明确结论，难以做到直接可测的，需将指标转化为可测指标，以便于考核。

4. 独立性原则。在整个指标体系中，各类指标紧密联系但又必须互相独立，各类指标内容之间不能存在等同和包含关系。因为，两项或多项指标反映同一事物，必然会造成重复测评，实际上加大了考评的工作量，而降低了考评的可行性。同时，在指标体系中，如果某一指标不独立，其相同部分被重复计算，就加大了这一指标的权重，则会影响考评结果的准确性。

5. 承受性原则。在制定后勤管理考评指标时，要从三方面注意考评对象对指标的实际承受能力：一是指标要从考评对象的工作岗位和工作状况的实际出发；二是指标应为多数考评对象经过努力能够达到的；三是指标要促使考评对象自我完善，激励其工作上进心。

（三）考核评估的主要方法

准确地掌握和使用各类考评方法，是提高考核评估的有效途径。后勤管理考评的方法，可以针对组织和个人分为两大类：

1. 对后勤组织实施考评的方法

（1）综合评分法。即将一个有机整体分解为各个组成部分，对各组成部分进行考核，然后用数字的形式加以描述，将结果进行综合处理，得出总的评价。

（2）模糊综合定量评价法。即将考评对象看成一个模糊集合，找出这个模糊集合的特征量，进行综合评价。

（3）组织管理合格验收法。是指对后勤部门一个单位，从领导班子、思想政治工作、制度建设等基础工作，到经济效益和完成任务状况等实施全面管理工作的考核评估，根据一定的合格标准进行验收，并对存在的问题和薄弱环节提出限期改进的措施。

（4）管理问题诊断法。即针对后勤管理工作中的老、大、难问题进行诊断性的考核评估，为解决这些问题提供切实可行的科学方法。这是评估工作的一种深化。

2. 对个人实施考核评估的方法

（1）传统的定性考评法。是对个人行为作出的一种定性描述，一般根据群众评议和管理人员的鉴定，最后领导归纳写成评语。

（2）计分评等考评法。即根据个人工作目标制定出考核的具体指标，并对每一指标赋予分值，经过检查测量后统计总分，然后转换成明确的等级。这是目前后勤管理中对个人考核常用的方法之一。

（3）关键特征考评法。这种考评法是选择个人工作岗位上最关键的行为表现特征进行比较，据此评定考评对象的工作态度和效率等。

（4）个人能绩考评法。是指运用科学的测量手段对个人德、才、智、能、绩等作全面考评的方法。这一方法除了用于日常的考核评估外，还用于选拔干部或管理人员。

（四）考核结果的分析和评估

有目的、有计划的考核为大家提供了考评对象的各种信息，是分析、评估工作的基础材料。科学地处理这些材料，得出客观而富有积极意义的评估意见，及时地将评估意见反馈给考评对象，恰如其分地实施奖惩是一系列技术性、政策性和艺术性很强的工作。

1. 信息处理

考核结果通常表现为数据材料和文字材料两大类。

对于数据材料可以运用统计方法进行图表整理、特征描述，并根据考评的目的、要求进行统计分析；对于文字材料可以聘请富有经验的后勤工作专家进行定性分析，并将分析结果分等划级，有条件的项目分析结果，应尽可能转化到等距量表上去，以利于量化比较。

信息处理的基本目的是使这些信息简约化、特征化、明朗化，为后勤评估工作提供有效、可靠、直接、便利的依据。应当注意的是在选择具体的统计方法时要牢牢把握客观、公正的统计原则，防止主观因素的影响；既要克服经验主义、简单处理的倾向，又要防止扭曲事物本来面目，片面追求数量化的倾向。

2. 全面评估

一般地说，后勤管理的评估可以分为相对评估和绝对评估两大类。所谓相对评估指的是以被评对象群体水平为参照系的评估，需要建立反映群体水平的指标值——常模，并根据"个体"对常模的距离，提出评估结论。所谓绝对评估指的是以相对固定的并被有关主管部门或团体公认的具有一定权威性的指标值为参照系，并根据"个体"对这个参照系的距离，得出评估结论。

做评估结论时应当注意：（1）全面反映对象，反对简单潦草；（2）顾及背景条件，考虑发展过程；（3）充分肯定成绩，发掘积极因素；（4）明确指出不足，提出改进意见；（5）发扬民主作风，倾听各方意见；（6）讲究结论方式，提高评估艺术。

3. 及时反馈

将评估结论反馈给有关对象是实现评估功能的重要环节，这些对象主要是：（1）评估委托单位；（2）被评组织或个人；（3）被评组织或个人的上级领导；（4）评估标准的制定者。

反馈的形式可以分为口头汇报和书面报告两大类。当然，由于评估目的的不同，有些评估结论还可以用通报的方式向被评对象的有关组织、团体报告，直至公布于众。不论反馈的对象是谁、反馈的形式如何，都必须掌握时间效应，以发挥评估结论的最佳效果。

4. 实施奖惩

在进行科学的考核评估并获得考评结果后，要按照国家的有关政策和学校的规定，实施合理的奖惩。奖惩包括精神和物质两个方面。在社会主义精神文明的建设中，要大力表彰热爱后勤服务工作，具有改革意识、创新精神，全心全意为教学、科研和师生生活服务的职工；对职业道德和服务态度差的个别人员，要敢于批评或处分。在劳动报酬上要真正贯彻按劳分配、多劳多得的原则，扶正祛邪，奖勤罚懒，以激发后勤职工的工作热情。

第六节　后勤精细化管理技巧

通过近些年的实践,我们充分认识到高校后勤工作首先必须考虑谋求发展。高校后勤社会化改革的实质是在高校后勤系统引入市场化的竞争机制和企业化的运行机制,使高校后勤实现从事业向企业、从计划经济体制向市场经济体制的根本转变。而在市场经济下,服务也是一种无形的商品。要提高高校后勤参与市场的竞争能力,就必须引进现代化的服务方式,切实提升后勤的现代化服务水平,提高服务质量,使学校后勤服务成为师生心目中优质的品牌。

要提供现代化的服务,则必须建立起一套规范科学的管理体系,使后勤管理和服务标准化、规范化、制度化。为此,我们于2005年起开始引进了ISO9001:2000质量管理体系。这是一个以顾客为关注焦点,注重过程控制,全员参与和持续改进的管理体系。与此同时,我们还建立了一整套符合国际标准,并适合我校后勤工作实际的质量管理体系文件。质量管理体系规范了我们的服务标准,确定了我们的质量方针,明确了我们的质量目标,并按照策划—实施—监控—改进的循环原则制定了实现质量目标的过程方法。通过ISO9001:2000质量管理体系的运行,使集团的管理与服务进一步得到了规范,管理水平和服务质量也有了明显的提高。

但是随着社会的迅速发展,广大师生对后勤服务的需求程度也日益提高,其作为消费者的权利意识不断觉醒,对后勤服务的要求不断提高,越来越关注服务态度、服务内容、服务细节、服务权益等。因此,我们的后勤管理要实现全面协调可持续的发展,就不应当仅仅满足于标准化,而应当在标准化的基础上进一步地完善细化提升,积极地向专业化、集约化管理发展。在后勤工作中推行细节服务,实行精细化管理,是新形势下提升高校后勤企业服务质量和管理水平的必然要求。

一、社会的发展和高校后勤面临的发展问题需要我们推行精细化管理

现代管理学认为,科学化管理有三个层次:第一个层次是规范化;第二个层次是精细化;第三个层次是个性化。在现代企业竞争中,"精细化"已经成为竞争最重要的表现形式,精细化管理也成为决定未来企业竞争成败的关键。

同样，高校后勤企业要想实现又快又好的发展，必须树立自己的品牌形象。推行精细化管理是将高校后勤服务工作做得更实在、更全面、更优质的需要；是后勤企业增强务实性，提高管理水平的需要；是适应高校后勤改革发展的迫切需要；也是建立节约型后勤同时不断满足师生要求，树立后勤良好形象的需要。精细化管理是"用心工作，爱心育人，真心服务"高校后勤工作思想的具体体现，其目的就是把看似简单、很容易的事情用心做好。当代细节管理研究的著名学者汪中求先生在《细节决定成败》一书中指出："精细化的时代已经到来，细节决定成败。魔鬼就隐藏在我们行为的细枝末节里"，这是对现代人的最中肯的忠告。所以推行精细化管理是高校后勤企业提供优质、高效服务保障和育人的新要求。

在当今各行各业竞争都非常激烈的环境里，高校后勤企业能否生存并获得发展的关键之一，就在于能否以最小的成本和最优质的服务获得较高的经济和社会效益。而精细化管理目标就是以最经济的管理方式获取最大的效益，它是建立节约型后勤、达到高校后勤企业可持续发展的需要。在管理工作中如何做细、做精是目前摆在我们面前的首要问题。"逆水行舟，不进则退"，我们必须引入精细化管理理念，将我们的后勤服务工作做细、做精、做优，用良好的形象树立地位，用优质的服务打造品牌，以精细化管理树立良好形象，这样才能保证我们后勤企业在未来的竞争中立于不败之地。

二、如何切实推进高校后勤精细化管理

1. 树立先进的管理理念，突出服务育人功能是高校后勤管理永远不变的主旋律。精细化管理的三大原则是：注重细节、立足专业、科学量化。也就是说精细化管理的实质是要求专注地做好每一件事，在每一个细节上精益求精、力争最佳。只有做到这三点，才能使精细化管理落实到位。因此在后勤企业中，精细化管理首先就是落实岗位责任制，将管理责任具体化、明确化。它要求每一个人、每一项工作都要做到位，对工作、对岗位都要负起责任。为此，我们集团每年与各部门、各中心签订《岗位目标责任书》，并制定奖惩办法。

2. 转变观念，形成全员参与精细化管理的氛围。精细化管理是一个自上而下的积极引导和自下而上的自觉响应的管理模式。但是这种管理理念和模式只有获得员工的普遍理解、认可和支持，并积极主动地参与进来，才能通过科学

管理和实际行动将有限的资源发挥到最大效能。所以要把教育和引导员工"树立精细意识、自发主动响应"作为切入点，从管理者做起，坚持从上至下、持之以恒地宣传发动。把精细化的理念、目标、方法、成效深入细致地传递给每一位员工，让其转变观念，深刻理解精细化管理的内涵，形成全员参与精细化管理的良好氛围。

（3）通过制定严格的标准，实行科学的量化管理。通过建立各项制度，强化管理，做到有"章"可寻、有"制"可依。通过规章制度、岗位技能、文明礼仪等的学习培训，逐步提高员工的素质。同时充分发挥员工的主人翁精神，最大限度地让每一名员工都参与到这个过程中来。精化管理的重点在于"理"，而不在"管"，在建立好各项制度，明确了责、权、利的同时，更要强调管理者的执行力和落实力。实现工作日清日结，每天都要对当天的情况进行登记检查，发现问题及时修正处理。精细化管理要求层层完善、系统健康，权力层层有、任务个个担，责任人人负。精细化管理就是让企业每个细胞都充满活力，让每个员工都成为追求精细化管理的、跳跃的音符。

（4）不断强化培训，努力提高广大后勤员工的综合素质。精细化管理最终只能通过教育培训使员工素质提升的方式来实现。通过员工教育培训将精细化管理理念不断推进，努力培养后勤员工严谨扎实的工作风格，不断提高工作执行力。在培训过程中要不断提高员工的团队协作能力。在管理过程中要善于发现员工的优点和长处，因才而施，因人而用，为员工创造一个施展才能、实现自身价值的平台，激发员工踊跃参与到精细化管理中来，如我们集团讨论通过了《在聘用人员中选聘高级技术工人的暂行办法》，聘用了10名优秀的技术工人充实到技术岗位上，并对他们的薪资进行了相应的调整，大大提高了广大普通员工的工作积极性。员工素质与能力的高低决定了企业发展的快慢，我们必须重视对员工的培训和教育，要将培训作为提高员工工作效率和增强竞争力的必要手段来抓。在工作中要结合后勤实际情况和需要，分阶段、分层次地围绕着企业文化的主题开展多形式的活动，来培养精细化管理的氛围，提高培训层次，从而不断把精细化管理服务推向深入。

三、推行精细化管理过程中应当注意的几个问题

首先要处理好实践与改进的关系。一是要研究实践过程中出现的新问题，寻找解决问题的行动策略；二是要研究实践中的经验，要不断地总结、推出成功有效的精细化管理经验，在经验的提升与推广中提高我们后勤精细化管理的水平。这就要求我们管理者在推行精细化管理的过程中能多调查研究，充分考虑到我们员工的实际承受能力，站在员工的角度，合理设定岗位职责、工作流程和工作量。在推进过程中，一定要循序渐进，要根据员工整体素质情况制定相应标准，从基础抓起，逐步提高。我们集团目前的做法是先在一些部门的部分岗位上实行精细化管理试点，总结经验后再逐步推广。

其次，要处理好过程与目的的关系，强调管理者的执行力。某项工作任务布置完成后，并不代表管理工作已经完成，我们还必须让执行者真正弄清执行的目的、要点和方法等，这样才能保证我们布置的工作能达到预期的目标。同时管理者在执行过程中也会因掺杂个人因素而出现不同的偏差，这就必然会给服务质量带来影响，所以思想重视、工作认真、标准严格是精细化管理落实的根本保障。要想推动精细化管理，必须要改进执行者的思想和认识，"把简单的道理执行透，把最小的事情做彻底"，这是一项长期的工作，要通过我们广大后勤职工的不懈努力才能达到。

第三是处理好精细化与人性化的关系。精细化管理由于管得细，在刚开始施行时可能会造成我们部分职工的心理不适应，甚至是逆反和抵触情绪。因此，在实施中要科学处理好整体和局部、集体与个体之间的关系，全面协调各项管理，加强管理者与被管理者之间的沟通，减少实施阻力，让精细化管理由被动管理向自觉接受管理转变，并内化为每一位后勤职工的自觉行为，从而全面推进后勤管理工作。在实施过程中，达到目标给予物质、精神和事业激励等，达不到目标给予相应处罚，从而不断提升各部门及员工的积极性。

最后是避免对精细化管理的认识偏差。有些后勤企业在精细化管理的推行过程中认为，精细化管理就是相信数据、追求精细，甚至急于求成。其实这都是对精细化管理的认识偏差。精细化管理方法的实质是：把复杂的事情简单化、简单的事情流程化、流程化事情定量化、定量的事情信息化。因此我们在推进精细化管理的过程中必须从基础管理工作做起，这是一个长期积累、不断提高

的过程，我们必须要结合企业文化，并且能针对自身的特点，克服困难，分阶段、分步逐渐的实施。

四、高校后勤推行精细化管理是一个必然趋势

精细化管理是一种管理理念和管理技术，是针对目前中国企业的粗放式管理现状提出来的，并不是什么边缘、深奥、触不可及的东西。任何企业在任何管理状态下都适合导入精细化管理。作为高校后勤，每天都要面对数万名师生，这么大的服务工作量，没有充足精细化的硬件服务平台支持，要实现科学发展观所倡导的全面协调可持续发展是很难做到的。

高校后勤推行精细化管理是建立在规范管理基础上，对后勤规范管理的科学提升。从标准化向精细化管理的发展标志着后勤企业迈向了内涵建设阶段。通过推行"精细化管理"，可以使我们对后勤现有管理流程和环节不断地进行改革与完善。随着高校后勤改革的不断深入，越来越多的后勤管理者都开始积极探索精细化管理在高校后勤管理中的应用，相信在不久的将来，我们一定能在学习实践中探索出一套具有高校后勤特色的"精细化管理"方法和途径。

第五章 高校后勤管理的运作机制

在不断改革和发展的过程中,高校后勤管理运作机制更加市场化、现代化和社会化,能够协调高校后勤各个管理部门之间的相互关系,为高校师生创造美好的生活环境。

第一节 高校后勤管理市场机制的建设

一、导向机制

高校后勤要想在市场经济条件下获得发展,就必须转变思想。高校在市场经济条件下可以利用社会资源给自己提供后勤服务,这样就可以解决高校后勤服务动力不足的问题,也可以使其具有更多的选择性和优越性。但是市场机制的基础作用并不是万能的,依然需要政府和高校的支撑。高校后勤是高校的有机组成部分,也是高校赖以生存和发展的基础。

无论是公益型还是营利型后勤,都需要完善的机制来引导其向公益和优质的方向发展,但侧重点有所不同。我们知道,在市场经济下,由于价格机制的作用,会激发营利型后勤以最低价格提供服务,所以在质量方面不尽人意。而这种最低价格如果缺少政府补贴及各种优惠,公益性程度就会较低。因此,引导营利型后勤企业的发展就是要同时运用价格管制和各种优惠政策,加之在企业文化建设上进行引导,从表面到内里给企业创造条件。

虽然公益型后勤组织在组建时就以公益、非营利为目的,只需要提供必要的经济帮助来维持它的稳健运营,但是,这种做法可能会存在激励作用难以奏效、成员在工作时积极性不高、服务态度冷淡等问题,难以提供优质服务。对公益型后勤的引导,一是要加强企业文化建设,修炼自身,特别是在人员招聘时更要注意甄别有爱心、志愿服务意识强的人员；二是采取激励措施，将员工的职业发展同政府、高校等部门建立联系，将其工作成绩作为一个重要的评判标准，用以激发员工的热情。

二、竞争机制

由于教育的特殊性，后勤市场正在从完全垄断向垄断竞争逐步过渡，离完全竞争市场较远。这就需要激励后勤部门之间、后勤与校外企业之间的竞争。要达到这个目的，首要的是降低进出壁垒，特别是进入壁垒。要根据学校的长远发展战略，制定一套选择标准，并且一经制定，学校只能通过股权来影响后勤，而不能以行政力量等非市场手段来改变格局。

高校后勤服务对象的特殊性以及高等教育的属性，决定了高校后勤市场具有相对独立性、半封闭性与微利性的特点，属于不完全竞争市场。在后勤服务运营过程中运用竞争机制，一方面可以使社会各承包企业通过降低服务价格、提高服务质量等手段来吸引师生们前来服务消费，打破寡头垄断，形成良性竞争；另一方面，市场竞争有利于高校后勤实体树立危机意识，提高竞争力，做好服务工作，促进后勤实体自我完善。

然而，在实际的校内市场服务中还存在着部分以降低卫生、安全、服务标准而进行的恶性竞争，这时候就需要通过有效的约束手段来预防和解决。例如，通过合同契约，把服务标准、服务价格等作为重要指标写进承包合同，明确社会承包经营企业应承担的责任和义务；未履行或者违反相关职责时以没收违约金或追究法律责任等方式加强经营企业的安全意识和责任感，从而预防恶性竞争的产生。制定监管制度，从宏观上对经营实体的服务价格、安全、质量等进行监督检查，有助于增强经营实体的自律性，有利于及时发现经营实体存在的问题，将恶性竞争扼杀于摇篮之中。因此，科学有效的竞争机制能够激活校内市场，实现优势互补，保护师生的合法权益，促进高校后勤服务的科学发展。

三、价格机制

在价格的制定上虽然要采取价格机制，但是针对不同的后勤实体要对其给予不同的补贴和制定不同的成本方案。为了有效解决高校后勤管理市场化和公益化的矛盾，更好地发挥后勤的保障功能，政府部门通过加大对后勤基础设施的投入、税收优惠等政策措施来降低后勤服务成本，学校通过对不同性质的后勤服务市场采用不同的经营管理策略来降低后勤实体的固定成本。

四、优化机制

优化机制的建设包括资源优化、市场运营优化以及管理优化，资源优化主要通过价格机制实现，下面主要讨论市场运营模式优化和管理优化。

（一）市场运营模式优化

高校后勤社会化改革的基本思路是通过管理体制和运行机制的转变，建立起校内后勤服务市场，并逐步融入国家统一市场体系之中，利用市场机制作用实现后勤资源的优化配置。当前，按照建立新型高校后勤保障体系的目标要求，我们必须继续深化改革，稳步开放校内后勤服务市场。只有开放校内后勤服务市场，面向社会大市场，才可能实现"市场提供服务、学校自主选择"，才能在市场机制作用下建立起有序竞争的高校后勤服务市场体系，实现后勤资源在全社会范围内的优化配置。在高校稳步开放校内后勤服务市场的背景下，高校后勤的服务模式呈现多样化趋势。现阶段从高校后勤服务市场开放程度来看，主要有三种服务模式：

1. 校内模拟市场模式

校内模拟市场指高校后勤服务市场不对外开放，学校的后勤服务全部由校内后勤自行承担。学校利用自身的力量深化后勤改革，按市场经济的规范和要求，成立具有独立法人资格的后勤企业，模拟企业化运作。

在校内模拟市场运作过程中，许多高校采用甲方与乙方分设管理模式：甲方后勤管理处代表学校，行使指导、监督、管理、协调、考核等职能；乙方从学校分离出来，立足校内市场，实行自主经营、自负盈亏、自我约束、自我发展的机制，模拟企业化运作，并与学校形成契约关系。

实行校内模拟服务模式，一方面是为了保护校内市场；另一方面也考虑到后勤企业需要承担分流"老人"的职责，还不具备与社会企业抗衡的实力，需要"扶上马，送一程"。同时，考虑到高校后勤本身姓"教"，由学校后勤企业经营后勤服务市场，可以使服务者与服务对象有亲近感，其以社会效益为主导的服务方式也更容易被师生所接受。

采用校内模拟市场模式的高校，一般自身后勤保障实力比较强，后勤老职工较多，容易组建一支懂经营、善管理、能服务的多层次员工队伍，可以适应高校迅速发展对于后勤保障的需要。

在校内模拟市场条件下，高校后勤实体必须坚持走科学发展的道路，按照企业化的基本特征，尽可能实现内外权益关系清晰、全成本核算、高效率运作，提供优质服务，深化行业改革和推进标准化建设，逐步实现品牌经营，有力占领并巩固校内市场。学校则应尽量克服和减少传统的行政干预管理模式，真正将后勤实体作为一个独立的企业来看待，使其成长并融入市场竞争。

2. 部分开放市场模式

部分开放市场模式是指高校后勤服务市场部分对外开放，后勤企业、社会企业共同承担学校的后勤服务。学校组建自己的后勤实体，对后勤服务工作按照专业化的原则进行整合。同时，向社会适度开放市场，引进社会力量参与校内服务，引入竞争机制，更好地服务于教学、科研、师生生活。

高校后勤服务市场具有相对的独立性和封闭性。为打破后勤服务的"校园垄断"，学校应通过招投标等方式引入社会企业参与竞争，引进先进的管理理念，促使后勤企业改进服务质量、提高服务水平，共同为师生提供更好的后勤保障。由后勤企业、社会企业共同承担的后勤服务是高校乐于采取的服务模式，可以充分发挥一些学校后勤的行业特色服务，取长补短、互通有无，实现资源共享，形成集约化、规模化经营。目前在高校之间进行食堂经营托管、物业服务托管的成功范例已经不胜枚举。有偿服务、优质优价等市场规律在部分领域开始显现作用，其最大的优点在于学校可以"量体裁衣"，实行灵活多样的后勤服务保障方式，做到"有所为，有所不为"。选择这种后勤服务模式的高校一般在某项后勤服务上并不具备经营或管理上的优势，且外部选择比内部选择质量更优、成本更低。当然，在选择过程中，高校必须加强对社会企业的市场准入考核，真正将优质的后勤服务企业引入学校。

高校后勤服务市场的特殊性，决定了高校后勤服务市场引入社会企业必须具备以下条件：首先，社会企业必须具有一定的经济实力和管理能力，能够提供优质的服务，这是进入高校后勤服务市场的基本条件。其次，社会企业要遵循市场经济规律，更要遵循高等教育规律。如果社会企业不熟悉高等教育规律，不了解高校服务市场的特点，就不可能准确把握高校后勤服务公益性和营利性之间的关系。最后，要具备育人意识。高校后勤服务的对象是具有较高文化素养的大学生，是社会主义建设的接班人，高校后勤服务必须担负起育人的责任。

社会企业要成为符合高校服务市场的合格主体，需要政府、社会、高校等各方共同培育，从营造诚实守信的社会经营环境，到帮助有实力的社会企业了解和熟悉高校市场特点，是一个长期的过程。随着后勤社会化改革的深入，更多合格的市场承担者正逐步产生，形成了可供学校自主选择的竞争群体雏形。一批高校后勤也走出校门参与市场竞争，有的已经发展成为跨学校、跨地区的企业集团；一些社会企业进军高校市场，站稳脚跟，适应市场，有的形成规模生产、连锁经营优势。据调查，专业化公司与各校后勤企业平等竞争，学生自主选择消费，"公益性"效果相同。

　　3.完全开放市场模式

　　市场经济的开放必然会促进高校后勤市场企业的发展。首先，高校应该开放后勤服务市场，通过招标竞争的方式来引进社会企业。只有竞争才能发展。但是开放市场不能只是简单地开放后勤服务市场，而是要根据高校自身的实际情况分阶段、分步骤进行。其次，高校后勤市场的开放需要一个公正的环境。高校后勤企业由于无法自主经营和决策常会遭受不公平待遇，处于弱势的地位。高校往往通过增加高校后勤企业的负担来减轻自己的负担，在这种种不公正的待遇下，后勤企业在市场经济下没有优势，很难在竞争中生存发展。

　　完全开放市场模式是指高校的后勤服务市场全部对外开放，学校的后勤服务完全由社会企业承担。学校采取适当方式，在分流消化后勤职工的基础上，通过市场自主选择优质社会企业，引进校外第三产业队伍，为学校提供有偿式或营利式的后勤保障服务。校内所有后勤服务项目完全交给社会，彻底实现社会化。学校成立相应的后勤管理部门，以甲方的形式对进入校内服务市场的社会企业进行监管。

　　后勤服务完全由社会企业承担，一种情况是由于投资主体发生变化。在后勤服务建设中，投资者不再局限于政府和学校，实行政府主导、学校融资、社会参与的多元化投资模式，大量社会企业参与后勤设施投资建设，改变了以往政府单一投资的模式。后勤服务产品通过招标方式，与中标者签订合同，实现契约管理。另一种情况是在一些省市的大学城内或者在某一区域的几所高校之间，后勤服务集中由一个或者多个后勤企业统一协调管理，实现资源共享。这种模式往往是由省市教育主管部门牵头，成立一个国有企业或者股份公司，各个大学将后勤人员、资产以一定形式加入该企业，由该企业为学校提供后勤服务。如一些地区的大学城已经开始尝试通过专门机构实现服务整体托管的集团化服务模式。采用这种服务模式的高校一般"老人"很少。将所有的后勤服务项目整体外包，可以减少学校对后勤的资金投入，学校可以从纷繁复杂的后勤事务中脱身出来，以更多的财力和精力投身于教学科研，集中力量办学。承包企业通过专业的经营管理服务，为学校提供强有力的后勤保障，同时为企业赢取一定的经济效益。社会服务企业进入高校后勤服务市场，必然会将市场经济意识、合作竞争意识和现代企业管理的理念带入校园，实现校内服务市场与社会市场的逐步接轨。当然，社会企业具有追求营利的特性，一旦其利益诉求无法得以实现，就很有可能选择退出高校后勤服务市场，或者在服务价格上有所上涨，或者在服务质量上有所降低。所以，当社会企业完全承担高校后勤服务后，学校要让社会服务企业尽快融入大学校园文化，真正将大学的精神内化为企业的精神，并付诸实践，确保其能够为学校提供安全稳定、价廉质优、温馨便捷的服务。

（二）管理优化

当前处于生产过剩时代，厂商作为生产者，不仅要加强生产管理、降低成本、提高产品质量，也要对消费进行管理。消费管理主要体现在以下两个方面。

1. 对消费需求信息的管理。通过网络获取消费量、消费方式等信息，建立信息管理系统，有计划、有方向地进行生产。通过对消费需求信息的管理，减少产品成本变动的风险。

2. 市场开发，挖掘消费需求。是先有产品再有需求，还是先有需求再出现相应的产品，这虽然是个很大的难题，但不可否认的是，很多新产品出现后，都能找到相应的需求，获得市场。

五、监督机制

目前，我国市场经济还处在不断发展完善的阶段，由于政策缺失以及监督不力等原因，市场上经常会出现劣质企业打败优良企业的情况，严重违背优胜劣汰的市场经济规律，严重制约经济的发展和市场资源的配置。

高校后勤在引入市场机制、参与市场竞争的过程中，同样不能避免遇到劣质企业的挑战。这些劣质企业在运营中不管产品质量，恶意降价，通过低价策略打击后勤实体，让广大师生面临生活服务质量下降与矛盾纠纷不断增加的境地，严重影响校园安全稳定。

政府作为市场经济的监管者，有责任也有义务承担起高校后勤市场竞争环境监督责任，维护高校后勤实体管理创新环境。政府各监管部门要加强监管力度，加强监管手段，依法制定各项惩罚措施，加大执行处罚力度，对破坏竞争环境的不良企业要坚决清除，而不是简单处罚了事。

第二节　高校后勤管理体系的构建

一、建立科学的后勤服务管理体系

我国高校后勤社会化改革工作已经进行，旧的高校后勤管理模式与运行机制被打破。为确保高校教学、科研和师生生活的正常与稳定，建立和完善高校新的后勤保障体系已成为教育行政主管部门和高等院校共同关注的问题。从高校后勤社会化改革的实践来看，建立科学的后勤服务管理体系、高效的后勤资源保障体系、充足的后勤经费保障体系、完备的后勤服务考核评估体系是建立和完善高校新的后勤保障体系的基本之举。

高校后勤保障，首先必须以科学的管理为前提。管理能保证组织行为过程中计划、组织、指挥、协调、控制等职能的有效行使。后勤服务管理是一种旨在对与高校规范分离，并为高校提供后勤服务的后勤服务实体（或社会服务企业）的行为进行有效的监控，并由此确定后勤服务实体（或社会服务企业）服务价值的一种行为。科学的后勤服务管理体系是建立在科学的体制和责权利高度一致的基础上的。

很多学者认为，如果想要从制度层面对高校后勤管理现代化的发展予以推进，最根本的还是应该建立健全现代化的企业制度，即明确后勤实体独立法人的地位，弄清学校和后勤实体之间的关系，使后勤实体真正拥有能够自由行使的财政权和人事权。

校方应该着力改变自身对于后勤集团放权不够、管理过紧的现状，尝试将部分由后勤保障部门和后勤集团之间共同负责的管理项目（比如维修、商业网点管理、学生宿舍分配等），放手交给后勤集团对应的二级单位负责，然后再设立一个督查部门，定期对后勤集团的工作进行检查和验收。

校方应对甲乙双方权、责、利的范围进行重新划分,将以前双方都疏忽的"三不管"地带纳入各自的负责范围内。同时,在如何划分职能范围的具体问题上,校方可以采用听证会的形式,邀请师生代表参加,多听取服务对象的意见。

在后勤保障部门的权力监督方面,校方可以效仿美国公立高校的做法。以美国加州圣荷西州立大学为例,该校后勤管理分为"规划设置保障部"和"斯巴达人书店"两个部门,"规划设施保障部"又分为规划基础建设和后勤设施保障两个部门。规划基础建设部门负责学校基建计划的提出、论证,以及与社会专业公司的协调工作;后勤设施保障部门则负责水电维护、供暖、绿化、保洁等服务。此外,可以借鉴美国公立大学监管的思路,与校外相关的税务部门、工商部门、司法部门合作,成立一个第三方、独立的后勤机构,对本校后勤管理和服务行为进行监督和规范,督促本校后勤管理机构将年度收支的状况与详情向服务对象公布,接受全校师生的监督,这样才能切实有效地杜绝后勤保障部门权力滥用和贪污腐败的问题。学校应逐渐从管理制度、管理方法、管理理念等角度提高后勤集团企业化管理的水平,再根据实际情况的发展,成立具有独立法人地位的后勤实体。

(一)找准后勤服务体系建设整体方向

我国高校后勤服务体系应体现中国特色、地区特点。也就是说,我们在构建并完善高校后勤服务体系的时候,要遵循以人为本、因地制宜、重视效益、兼顾公平与可持续发展的原则,充分考虑到社会主义市场经济以及本地区的经济、文化现状,考虑到高校自身科研、教学水平的发展状况,考虑到高校后勤"服务育人"的本质,考虑到高校的和谐稳定。

结合上述主要建设任务与体系地区性总体空间框架,当前及未来相当长的时间内,高校后勤服务体系应体现出服务管理理念与教育文化的融合,以"三服务、两育人"为宗旨,以先进的管理、技术手段为支撑,通过对高校后勤服务体制的改革与机制的创新,促进服务行为主体多元参与、后勤实体企业化、服务人才建设专业化、服务内容多元化、服务质量标准化、服务方式信息化、服务供给市场化、服务管理精细化等,以满足在校师生多层次、多元化的服务需求,构建出新型的服务育人平台。

（二）优化后勤服务体系结构建设

高校后勤服务体系结构是体系建设与完善的基础，是对体系内部设置和体系运行各项工作的统筹。以往对高校后勤服务体系的研究，从体系改革的现状、发展、存在问题到如何有效改善体系都有所触及，无不提出了巨细无遗的"菜单式"对策建议，但几乎没有具体揭示出体系内各个子系统之间的内在逻辑、运行机理以及高校后勤如何实践的路线。

鉴于此，结合上文所提的体系架构设计要点，对高校后勤服务体系进行整体性的"具象化处理"，能更加直观地体现出体系的构成要素、内部联系以及运作中的关键控制点，有助于我们了解体系各部分的功能，明确体系各部分的工作责任，熟悉服务体系的工作流程，对整体把握后勤服务管理、改进后勤服务薄弱环节、推进服务方式转变、优化调整体系结构、增强高校后勤服务的可持续发展能力等起到不可忽视的重要作用。

二、建立高效的后勤资源保障体系

高校后勤保障要以物质资源保障为基础。高校后勤资源是高校教学科研及相关活动正常进行和师生生活保障的物质基础，也是高校办学规模评估的重要的价值砝码。因此，在改革的过程中，既要考虑高校后勤社会化对后勤资源整体剥离的要求，也要考虑高校建设和发展的需要，二者必须有机结合。

重组资源要符合资产效益最大化原则。高校后勤资源整体剥离，并不是高校不需要这些资源，恰恰相反，它是高等教育生存和发展不可缺少的重要部分。整体剥离，除了考虑分离人员的生产资料问题外，更重要的是要通过重组这部分资源，使其发挥更大的效益。

后勤企业在相当多的高校中并不是一个真正的企业，而是学校的一个部门。高校的后勤企业不能对其所经营的设备、资产享有独立的权利，这就造成了高校后勤企业无法进行独立经营、自负盈亏。在现代市场经济中，要想对高校后勤进行改革就必须要按照现代企业制度运行。

现代企业制度一个显著的特点就是产权关系明晰，而目前无论是已注册还是未注册的后勤服务企业，都或多或少地存在产权关系不清晰的情况。这一点，如果在高校后勤社会化改革初期，由于高校后勤刚从事业单位的母体中分离出来，转化成旧模式的国有企业或企业化管理的事业单位还可以理解，而在社会化不断改革、不断发展的今天，就显得越来越不合适了。只有使经营者成为资产所有者，才能充分调动企业各方的积极性，建立起一个适应现代高校发展的高效新型后勤服务企业。要使经营者与资产所有者的利益联结在一起，实行高校后勤企业的股份制改造是一种行之有效的办法。高校后勤企业只有经过不断改革，建立起真正意义的现代企业制度，才能保证高校后勤的持续发展，才能使高校的教学、科研、管理水平不断提高。

要实现高校后勤服务体系建设的总体目标，从根本上改变目前我国大部分高校后勤服务供给不合理、低效率的问题，就必须从问题的源头入手，改革、优化现有的高校后勤服务供给模式。当然，在改革、优化的同时，首先要认清高校后勤服务供给模式不能脱离我国特定的国情与具体的社会经济环境，认清我国当前的市场经济不成熟、市场机制不健全、第三企业发展缓慢的现状，认清高校后勤服务市场的相对封闭性和服务对象的特殊性。

因此，我国的高校后勤服务建设不能照搬西方市场经济成熟的发达国家直接全面市场化，而是必须循序渐进，在一定的范围内允许和鼓励社会企业进入高校后勤服务领域，本着"服务育人"的宗旨，严格实行成本投入监察，逐步建立以满足在校师生生活需求为前提、多元化的供给主体参与、在校师生与高校后勤互动的新型高校后勤服务供给体系。政府、高校、后勤实体、社会企业、相关行业等都是高校后勤服务的供给主体。高校后勤服务的公益性与教育性决定了政府和高校的供给地位在很长的时间里都是无可替代的，它们承担着绝大部分公共产品以及部分准公共服务产品的生产与提供。作为高校"代言人"的后勤实体是一种间接的供给主体，以营利为目的的社会企业与私人经营单位作为高校后勤服务市场的供给主体，主要承担着私人产品的生产与提供。相关行业和部分以非营利手段为投资项目的企业自主、自愿生产或提供高校后勤服务产品，在一定程度上具有弥补和丰富高校后勤服务供给的作用。供给主体的多元化为高校后勤服务体系的建设开辟了多元化的物资来源渠道，为多元供给方式的产生创造了可能，这种市场化的供给模式将高校后勤服务的提供者与生产者分离，丰富了高校后勤服务体系的投入机制。

三、建立充足的后勤经费保障体系

高校后勤保障还必须以经费保障为支撑。正如高校后勤社会化改革需要后勤资源一样，高校的改革发展仍然需要充足的后勤保障经费。不同的是，那种计划经济条件下不计成本、不讲效益的后勤保障经费体制将被更高效、更科学的经费体制所代替，从而形成一种符合市场游戏规则的经费保障体系。

高校后勤实体不同于一般的社会企业，它具有公益属性和经济属性，如果政府对待后勤实体同社会上一般企业一样必然会使后勤实体在与其他企业的竞争中处于劣势，不利于后勤改革创新，政府应该通过调查研究给予后勤实体一系列必要的优惠政策。同时，高校后勤实体还面临招工难、人工成本过高等问题，政府有关部门应该积极主动与后勤实体进行交流，制定一系列优惠政策，指导高校后勤管理与创新工作。

四、健全后勤绩效考评体系

高校后勤保障最终还要以考核评估为检测手段。新的高校后勤服务保障体系能否真正建立，在很大程度上，取决于在新的模式和机制下运行的高校后勤服务考核评估体系的真正建立和不断完备。只有真正建立了科学的后勤服务考核评估体系，才能使后勤服务逐步纳入规范化、制度化和法制化的轨道，才能化抽象为具体，化要求为落实。

（一）有效应用后勤绩效考评结果

绩效考评工作的实质不仅仅是为了追求一个结果，关键在于如何将结果有效地应用起来。

1. 提升师生满意度

从多数高校的考评结果可以看出，目前后勤工作与师生心目中的期望值还存在一定距离。高校后勤工作最首要、最根本的任务就是服务好教学、服务好科研、服务好师生，保障高校一切事务活动井然有序地进行。这是高校后勤工作的出发点，也是最后的落脚点，也是衡量高校后勤工作质量最重要的标准。高校服务对象与外面各服务机构一样拥有自己的固定客户群，而高校服务对象就是在校师生，他们的文化程度较高，社会影响较大，教学、科研和学习任务繁重，尤其是在校大学生，他们年轻气盛、激情飞扬、敢于对身边不满意的人或事说"不"，如何提高他们的满意度也是一个值得研究的问题。只有将师生满意度提上去，绩效考评的总分才会提高。因此，目前提高师生满意度是高校后勤的首要任务。

2. 提升员工满意度

对于高校后勤而言，后勤员工是构筑高校后勤资源的第一要素和第一资源。同时，后勤员工是一支强有力的队伍，他们决定着高校后勤管理水平和服务质量的高低，也直接影响着学校整体水平和培养目标的实现。对于在工作岗位上特别能吃苦、特别能奉献的员工，学校后勤可以通过安排更重要的工作岗位、晋升加薪、组织旅游等方式进行激励，使大家向他看齐，增强工作使命感和责任心，员工满意度自然就会提升。

3. 加快加强后勤集团信息化建设

随着高校的发展，高校后勤在管理水平和服务能力上都有了更高的要求，原有的老式管理方法已经不能适应目前激烈的市场竞争需要。应用先进的计算机网络等信息技术进行高校后勤信息化管理，是提高高校后勤管理水平和内部运行效率的有力保障。因此，高校后勤应尽早改进和完善信息化建设，提高后勤内部运行效率和业务水平，必要时可以进行高校后勤内部流程重组。

4. 不定期地运用绩效考评体系进行检查提高

通过绩效考评体系进一步落实岗位职责，实施考评奖惩，将薪酬与工作业绩挂钩，真正落实多劳多得、奖勤罚懒的绩效考评方式。因此，建议高校后勤定期运用绩效考评体系进行检查，通过检查结果来查找工作有待提高的地方。

（二）后勤绩效考评配套体系

一直以来，高校定时制定一些战略目标来规划学校今后的发展，而高校后勤作为学校的一部分，也应该以学校战略目标为中心，设置一套与之相配套的战略体系，并将此战略体系贯穿于整个绩效考评过程中。因此，高校后勤集团在设计绩效考评体系时，应将学校的战略目标进行分解，并将其作为设计依据。

高校后勤的战略目标最终都是要靠每个员工来实现的。当绩效考评体系明确后，只有将绩效指标分解到后勤员工身上，并与他们的薪酬相联系，才会对后勤员工产生作用。这就要求建立相匹配的高校后勤员工薪酬体系，将员工薪酬与绩效指标联系起来，使后勤员工的薪酬与他个人的得分成正比例关系，得分越高，报酬越高；得分越低，则报酬也低。并且，在建立薪酬体系的同时制定激励机制，对于工作认真的员工，再给予精神或物质上的鼓励，让员工愿意参与到绩效考评中来。

第三节　高校后勤管理运行机制的优化

一、高校后勤管理运行机制优化的必要性

高校后勤社会化改革取得了一定的成绩，然而在其改革观念与文化、改革配套政策与制度体制、改革执行主体等方面依然存在从本质上没有认识清楚或解决的重要问题。

第一，高校后勤社会化改革的意图及其文化被误解。我国高校后勤社会化改革的目的是要改革当前的管理模式和运行机制，通过社会力量的大量有效参与，实现高校后勤资源的优化配置，建立完善的后勤保障体系。因此，后勤社会化改革必须坚持为高校及其师生员工服务的宗旨，在处理好社会效益与经济效益关系的前提下进行。同时，高校后勤社会化改革中后勤企业文化的建设也相应缺乏，原有的管理和用人模式在高校后勤人员的头脑中根深蒂固，并且抵制和不愿意配合当前新的社会及经济发展条件下的高校后勤社会化改革。

第二，配套政策和管理体制的缺乏。在国家层面，除了召开相关会议和呼吁高校后勤社会化改革之外，并没有及时出台明确的政策，这就造成了高校后勤改革的超前性和政策制定的滞后性之间的矛盾，影响改革的深化。

第三，高校作为改革的主导者没有履行好自己的职责。首先是高校本身没有完全顺后勤资源的产权关系，不能有效地对后勤资产进行全面和有效的评价和剥离，导致高校后勤因资产问题影响高校后勤改革的顺利进行；其次是高校对后勤企业实体的运行干预十分严重。虽然目前高校后勤管理部门与行政部门进行了整体剥离，甚至组建了企业管理运营模式的后勤实体，但这是停留在形式上的剥离。在具体的运行过程中，高校仍然采用行政干预的方式进行管理；最后是由于学校领导任期制等原因，高校对后勤社会化改革缺乏长远规划。很多高校采取走一步看一步的方式，缺乏制定长远改革目标的前瞻眼光，制定的

后勤社会化改革方案缺乏创新，没有认真地考虑各自的特殊性和结合自身所在地区的实际情况。

第四，管理体制的因素导致高校后勤实体无法真正实现独立自主。当前，虽然多数高校完成了后勤部门与行政部门形式上的分离，但是大部分高校后勤实体并没有拥有独立的财产，也不具备独立的法人资格，因此无法实现真正意义上的自主经营和自负盈亏，在现有的体系下基本难以融入社会资本参与市场竞争。同时，由于高校的后勤实体承担了一些本应由高校承担的公益性责任，但是并没有给予后勤实体以补偿，后勤服务实体的营利目标和自我造血功能都难以实现。

二、高校后勤管理运行机制优化的思考

（一）寻找适合自身可持续发展的高校后勤模式

"工欲善其事，必先利其器"。尽管高校后勤改革曾在中国高等教育事业发展历史上多次突破制约高校发展的"瓶颈"，但由于后勤改革进程中出现的一些新情况、新问题，高校后勤改革逐步从高潮转入低谷，在一些高校中出现停滞不前甚至倒退的现象。实际上，在构建适合本校实际的后勤管理体制和运行机制的过程中，高校后勤要根据本校的经济实力和所处的市场环境，结合本校的实际需求，找到适合自身可持续发展的后勤模式，而非简单粗暴的"一刀切"，一味追求后勤行政化或社会化管理模式。

（二）推进专项后勤改革实施

中国高校后勤社会化改革就是要改变传统计划经济体制下，各高校自成体系的"行政型"后勤服务保障体系，使高校后勤除承担公益性的教育服务功能外，还要克服体制性障碍，按照社会主义市场经济规律要求，开放市场，参与竞争，形成统一开放、竞争有序、富有效率、满足师生多元化需求的现代校园服务市场和管理运行模式。通过加快推进后勤人财物管理、安全管理、信息化建设等多个专项工作，多措并举实现高校后勤服务质量和水平的提升。

（三）深化高校后勤社会化改革

中国高校后勤社会化改革是中共中央对于高校后勤改革的长期战略决策，是贯穿高校后勤改革几十年历程的一根主线，已逐渐成为高校后勤管理体制改

革的主要发展趋势。此项工作不仅为保障高等教育改革发展做出了巨大贡献，也是中国高等教育领域一项成功的改革，有许多经验和成果值得总结。事实上，高校后勤应坚定不移地走社会化改革之路，不断调整以适应国家经济体制改革与高等学校内部管理体制改革的总体要求，打破传统高校后勤模式所形成的体制性障碍。

（四）提高高校后勤资源利用效率

随着新时期各项政策调整的力度越来越大，工作节奏越来越快，社会发展的速度远远超出常规，高校后勤必须全方位、多渠道挖掘管理和经营服务的潜力，提高后勤资源利用效率，只有这样才能承受得住严苛的审视和考验。高校后勤应围绕学校发展的中心工作和师生员工的需求，逐步实现以"自办后勤"为主向"选后勤、管后勤"为主的转变，引进社会优质资源，强化竞争机制，发挥市场机制对后勤资源的配置作用，提高后勤资源配置水平，扩大后勤资源共享范围，促进分散的校内市场相互融合，促进教育资源的优化配置，从而进一步推进高校后勤服务实体的优化。

（五）建立高校后勤资源配置指标体系

高校后勤应紧跟学校发展的步伐和师生员工的需求，重视提升与师生员工学习和生活密切相关的后勤工作的服务品质，确保学校发展到哪里，一流的后勤服务就跟到哪里。按照"存量追求效率，增量追求层次"的原则，建立高校后勤资源的静、动态管理指标体系，努力构建与世界一流大学相适应的新型后勤服务保障体系。按照高校发展规划学科建设和人才培养的需求，在保障后勤资源的前提下，实行资源的优化配置和动态调整，不断满足学校事业发展的需要，充分利用现有资源，使其发挥最大效益。

（六）研究打通全校后勤资源的可行性办法

高校后勤服务实体走向专业化、现代化，离不开产权清晰、权责明确、管理科学的资源管理制度。例如，学校各院系的会议室、报告厅资源分布零散且利用率不高，全年大部分时间处于闲置状态，从会议接待角度来看实属资源浪费。建议打通此类后勤资源，明确资源的拥有权、使用权、收益权和处分权，给予后勤独立使用和处置资源的权力。通过将校内后勤资源条块化、集合化，不断提升后勤工作的主动性和灵活性，提高资产使用和资源配置的效率。

（七）创新高校后勤服务业态

在"互联网+"时代，大数据等信息技术飞速发展，高校师生愈加习惯于运用互联网和移动终端来获取信息和服务，这给高校后勤的基层实体带来了巨大挑战。高校后勤业态应根据新时代背景做出调整和创新，从传统线下服务转变为线上、线下同步服务，从多职能部门服务转变为一站式服务，真正做到"师生有所呼，后勤必有应"。

（八）重视高校后勤改革中的中国特色

深化高校后勤改革是一项长期复杂的系统工程，必须体现中国特色。高校后勤作为高校实现人才培养、科学研究和社会服务的必要支撑，在后勤改革中应结合当代大学生群体的基本特征，深化学生的理解与认同，协助高校构建社会主义核心价值观培育体系，达到"内化于心、外化于行"的效果。同时，中国高校后勤在维护学生人身安全和校园安全稳定等工作中肩负着重要责任，必须坚持从实际出发，注重内涵提升，强化特色发展。

三、高校后勤管理运行机制优化的途径

（一）坚持高校后勤社会化改革

一般来说，高校的改革对于市场的依赖强度比较大，市场通过一定的引导可以实现对于高校后勤的规范化管理。在管理过程中如果能够引入相应的政策支持，对于系统的管理工作来说将具有重要的意义与价值。后勤管理的过程中势必会涉及一些不容易解决的难题，政府的存在可以对这些难题做统一的安排与规定，在一定程度上可以提升后勤管理工作的效率。另外，对于相关制度的制定要给予重视，能够以制度化的方式对相关的行为进行约束，对后勤工作的管理起到一定的促进作用。

高校后勤社会化改革模式的创新离不开产权制度的改革。产权制度是以产权为依托，对财产关系进行有效的组合、调节的制度。科学合理的产权制度对提高后勤资源配置、提升后勤管理运行效率至关重要，高校后勤拥有科学合理的产权制度的核心是拥有清晰的产权。目前，高校后勤资产的产权名义上归国家所有，但实际上并不清晰，高校的后勤资产具体由谁负责、资产的最终风险应由谁来承担还未得到清楚的划分。产权不清晰将损害后勤独立自主的经营权，导致学校与后勤不能真正分离，后勤的正常经营活动终究还是会间接或直接地

受到学校干预。高校后勤将不可能按照现代企业制度建立自主经营、自负盈亏、自我发展、自我约束的法人实体。高校要建立清晰的产权和规范的产权制度可以通过以下三个方面来进行。

首先，明晰产权类别、合理设置产权制度。高校后勤拥有很多资产：按财产来源分类，分为自身积累资产和学校投入资产；按经营性质分类，分为经营性资产以及非经营性资产。高校后勤拥有的资产享有何种权利在制度上应有明确规范和约束，从而形成不同类别的产权制度设置。不同产权制度会影响国家、学校、后勤各方的利益。高校后勤在选择产权制度时一定要结合当地实际情况，在维护各方利益、保持稳定的前提下进行，同时要尊重市场经济规律，不能一刀切、搞一个模式，要稳中求进，逐步推进。

其次，全面界定高校后勤产权、理顺产权关系。目前，在高校后勤资产的产权如何界定上还没有统一定论，存在多样性和复杂性，必须运用科学的方法准确划分后勤资产产权，需要让具有专业资质的社会中介来进行合理的产权界定和资产评估，通过与学校协商一致并征得国有资产管理机构的认可，将后勤不同性质的资产从学校里彻底分离出来，形成清晰的后勤资产产权。

最后，引入职工、社会资本和不同高校后勤资本，形成多元产权结构。在市场经济前提下，想要提升一个企业的竞争能力，一定采取的是多元化的产权结构。当前，高校后勤实力弱小、竞争能力差，通过产权多元化能够迅速发展壮大，而产权多元化的一个重要渠道就是引入社会资本，社会资本不仅可以带来大量资金而且会带来先进的管理经验和服务技术，给高校后勤带来新鲜的血液，提升后勤的管理绩效。同时，让员工持股，特别是让管理层拥有一定股权，有利于显著提高管理层的经营积极性，减少短期行为的发生，使管理层能够从长远的角度去经营和发展后勤，并且对于保持学校稳定起到重要作用。高校后勤产权多元化并不仅仅只有引入社会资本和职工持股两种方式，诸如不同学校后勤之间、学校之间交叉持股也是一种多元化的手段，高校后勤实体应该积极探寻适合自己的多元化产权结构。

法人治理结构是现代企业制度中最重要的组织架构，是确定股东会、董事会、监事会和经理层权力、责任和利益关系的制度安排。完善的法人治理结构能够有效处理好委托代理关系，能够协调和制衡相关利益者的权利，使管理者尽心尽职为企业发展贡献最大的力量，提升企业的价值。从国内外高校后勤改革模式的发展历程中可以看出，建立现代企业制度、完善法人治理结构是其管理模式中的核心组成部分，而且是评价该模式是否先进的一个重要标志。

高校后勤应从两个方面来完善法人治理结构和健全后勤管理制度。

第一，高校后勤应该注册成具有独立法人资格的企业，并根据公司法的规定，成立股东会、董事会和监事会，并且结合自身管理特点，制定各成员的权利、利益和分配制度，规范各成员的行为。高校后勤必须重视建立股东会、董事会和监督会的相关制度，而不是只进行形式上的简单操作，否则会因权利、责任、利益分配不公而影响后勤管理水平的提高。

第二，建立"集团—中心—班组"三级层级管理结构。集团是整个高校后勤企业管理的最高层级，是高校后勤企业管理的核心。从组织机构的构成来看，它主要包括办公室、人力资源部、财务部、经营发展部、外事协调部等职能部门，其主要职能是为后勤企业决策提供论证，制定集团的总体规章制度和总体经营发展策略，如人事制度、财务制度、薪酬分配制度等，对事关集团全局性的重大事项进行论证，对集团各经营业务部门进行业务指导与监督，对外代表集团与高校及其他社会部门进行交流与合作，对后勤企业的整体活动负责。中心是高校后勤企业管理的中间层级，具有承上启下的职能，是高校后勤企业管理的关键。从组织机构的构成来看，它主要包括集团内部各经营实体、各业务中心，是整个高校后勤企业的主体构成部分，其主要职能是负责组织本部门的运行和各项业务活动，向上汇报本中心的有关情况，向下传达集团的各项规定，在不违反集团整体规章制度的前提下，制定本部门的各项规章制度，并报集团审批，如中心管理规定、业务操作规程等，各中心对集团负责。班组是高校后勤企业管理的最低层级，是后勤企业运行和各项业务活动的具体执行者。从组织机构的构成来看，在一些规模比较大的业务中心内部，为了进一步加强管理，根据业务分类，设立了一些班组，如维修班组、绿化班组等，其主要职能是遵守和执行集团、中心制定的各项规章制度，带领下属员工完成本职工作，同时将工作完成过程中出现的各种问题以及上级部门制定的规章制度在执行过程中存在的问题及时向上级反馈，并提出自己的建议、意见等。

（二）创新管理体制机制

学校领导人应该抱着积极的决策意识，自发地追求变化，并摸索适合学校后勤的改革之路。高校后勤工作人员要有坚定的创新意识，以服务质量的提升带动组织的发展，高校的学生和教师要以主人翁意识监督后勤企业运营制度的落实，支持和配合学校后勤事业的发展。

高校后勤的组织管理要建立独立的人事聘用制度，区别于企业的绩效考核和绩效薪酬体制。高校本身作为非营利性质的单位，高校后勤距离实现市场化、达到社会化的最终目标还需要较长一段时间，后勤企业无法实现自负盈亏，也就难以真正推行企业化管理，这样的模式反而成为后勤人事管理的掣肘。因此，综合考虑当前的大环境，应当由政府主导，加强对后勤的财政补助，使后勤在借鉴企业化管理的基础上回归于高校统一管理，这样才能满足师生的后勤需求。

竞争市场是后勤社会化不可避免要面临的问题。要解决后勤企业在高校的社会化运作中存在的公益性和市场化的矛盾，完善后勤服务保障，不但需要政府政策的大力支持和财政支持，更需要通过各类政策的优惠，合理制定校园后勤服务的价格机制。根据高校市场的不同领域，有效降低后勤企业的固定成本，在保障性需求方面采取保本微利原则，在竞争性市场和资源整合方面注重经济效益，在公益性需求方面合理协调。高校后勤市场化要求后勤服务实体作为独立法人，对于市场的经营能够掌握完整的信息流，通过合法的方式进行相应的工作进度的调整，而且有必要制定出各种政策，从而让师生受益，有效提升服务水平和质量。

后勤管理体制机制的形成与发展是要根据国家经济和高等教育发展的要求而不断进行调整、改革和完善的。检验后勤管理创新成败的标准要看是否有利于学校教学、科研的后勤保障，是否有利于改善师生员工的生活，是否有利于提高学校的办学效益和综合实力，是否有利于后勤的发展和经济实力的增强，而不是追求形式上的创新，所以要本着实事求是的原则，基于后勤管理实践，建立切实符合本校实际的管理体制机制。

不加分析、不从实际情况出发，生搬硬套某些管理体制创新的理论、做法，或机械地按上级指令办事，最终会经不住实践的检验，由此做出的错误决策甚至会造成学校利益的重大损失。决策者应该系统、超前地研究后勤管理理论，重视基层单位在改革实践中积累的经验，结合自身实际，合理地借鉴兄弟高校的先进经验，并将创新方案建立在决策者与执行者、上级部门与基层单位达成共识的基础上，尽最大努力避免脱离实际的盲目决策。

各个高校的实际情况不同，对后勤管理体制的要求也不同，由于高校所处的市场环境和校内情况各不相同，实现途径和进程也不可能完全一致。高校还应根据各自的情况制定阶段性目标，鼓励积极进取，同时也要反对盲目冒进。目前，多数高校成立了后勤服务实体，并在争取做大做强。其实，这种做法不是每一所高校都适合的。对于后勤正式职工多、市场环境不成熟的高校来说，做大做强后勤服务实体是十分必要的。

但是，做大做强后勤服务实体的难度很大，需要经过长期的努力。因此，对后勤正式职工比较少、市场环境成熟的高校来说，最好的选择是不办后勤服务实体，直接将后勤的职能交给社会。学校之间没有必要比较谁的后勤实体强大，应该比的是谁有能力快速稳妥地达到改革目的，建立起最有利于学校发展的后勤保障体制。后勤服务实体的发展也应讲究策略，应该通过与优质企业的合作，整合资源，借助优质资源实现企业的跨越式发展。

目前的高校后勤社会化改革，是我国的经济体制由计划经济向市场经济转变过程中在高校后勤领域的具体体现，高校的后勤管理体制自然就受到所处地区经济环境的影响。当高校所处地区的经济发达、相关企业经营管理水平较高时，社会能够在更多方面提供高质量、低价格的后勤服务，高校后勤社会化程度会高一些，较多的后勤服务项目可以由社会相关服务企业来经营管理；如果高校所处地区的经济水平不高，相关企业经营管理水平不高，由社会提供高校的后勤服务成本高，也不能达到高校要求的服务保障水平，高校后勤社会化程度就相对低些。后勤管理体制要适应所处地区的经济环境。

（三）加强后勤预算管理机制

我国高校后勤预算管理的机制是后勤内部管理机构、后勤管理人员、后勤管理制度、后勤管理方法和后勤管理内容等在形式层面的相互作用。

第一，结合实际，加强宏观指导。在后勤预算管理工作中，领导层面往往下达命令，利用行政层级关系对预算进行管理，或者说对预算管理人员提出明确要求。这种方式往往忽略了下级管理的自主性。长此以往，导致预算管理人员缺乏自主意识，过分注重完成上级交给的任务，导致预算管理僵化。有的部门虽然在指导方面做出了一些工作，但是指导方向不具体，也没有明确的管理目标，导致指导工作流于表面，没有实际意义。具体来说，有关部门可以对预算管理人员进行工作方法的指导，而不是仅仅针对某一工作或某一突发事件提供建议。

第二，树立服务意识，弱化行政手段。对于预算管理者而言，过分在意管理者的身份，而忽略服务功能，导致预算管理工作实施存在困难。后勤部门不能忘记自身服务的本质，应不断树立服务意识、创新服务功能、完善服务手段，以保证后勤预算管理工作服务于高校各个部门。管理人员需要提升服务水平，有针对性地进行服务。在强调服务的同时，逐步弱化行政手段，使行政计划与指导服务同时在预算管理工作中发挥作用。

第三，运用现代化信息技术，多种管理方式相结合。随着社会的发展，传统的预算管理模式已渐渐不能满足发展的需要，而现代的信息技术和手段也越来越多。

高校是科学研究的前沿机构，更应该紧扣科技的发展，采用现代化手段来提升管理水平。例如，学校可以利用网络办公系统将预算管理的各个环节展示出来，给予管理人员相关的操作权限，把预算管理由线下管理转为线上管理，以便提高管理效率。

我国高校后勤预算管理功能机制包括三个方面，即激励、制约和保障机制。任何一个方面的缺失都不能使预算管理机制的各个环节协调运行，最终难以实现预算管理的目标。

第一，实施多种激励措施，进行有针对性的激励。在激励手段上，应该使用思想激励和物质需求激励相结合的手段。对管理者而言，激励是一种有效的正面活动，可以使管理者从主观意识上对预算管理工作提高重视。学校应着手提高管理者的思想觉悟，更好地完成预算管理工作。此外，可以树立优秀典型，对预算管理成果较好的管理者给予荣誉称号，满足管理者在思想和精神层面的要求。同时，还应该给预算管理者一定的物质激励，以便更好地调动其工作的积极性和主观能动性，使其发挥更多的创造力。对于不同管理者，所采取的激励形式应各不相同。学校应根据职工所处的阶段、不同的内在需要等来建构有效的激励体系，使得激励手段具有针对性和灵活性。

第二，建立以公开为核心、以制度为指导的制约机制。实行预算信息公开机制，可以通过多种形式进行信息公开透明化的预算管理，即在预算管理中，接受群众和组织的监督，保证预算管理工作的规范性。预算公开机制是通过群众监督的形式对预算管理工作进行规范，这样可以实现机构与群众的双重监督，使得预算管理工作保持公开透明，对预算管理工作者也起到一定的警示作用。高校应建立健全的预算管理规章制度，各单位严格按照既有的制度文件行使预算管理工作职权，开展预算管理工作。校内预算管理的相关规章制度是开展预算管理工作的指导文件，为预算管理工作设定界限范围，提示预算管理者什么能做、什么不能做，是预算管理工作有效的指导和准则。制度文件应全面覆盖预算管理工作，包括预算工作的相关解释、预算全过程的时间规范、预算管理者的行为准则、预算工作流程的详细介绍等。

第三，预算管理的功能机制包括预算管理的激励机制、预算管理的制约机制和预算管理的保障机制三个方面。高校后勤原有的预算管理机制受传统行政管理观念的影响，通常更注重制约机制，而忽视了激励的形式和保障的手段。激励机制是推动预算管理人员发挥主观能动性的手段；制约机制是预算管理工作常态化发展的必要条件，可以使预算管理机制有序开展；保障机制是使预算管理工作正常进行的重要措施。激励、制约和保障这三个预算管理的功能机制是相辅相成的，任何一个方面的缺失都不能充分发挥高校后勤预算管理机制在高校后勤预算管理工作中的作用。

（四）健全市场运行机制

高校后勤管理体制要适应市场经济体制的发展，就要坚持育人与效益并重的原则，转换经营机制，优化资源配置，更新管理理念，创新发展模式，积极推进高校后勤服务社会化。

第一，要引进现代后勤服务方式，提高后勤市场竞争力。在市场经济下，服务也是一种无形的商品。要提高学校后勤参与市场的竞争能力，就必须引进现代化的服务方式，切实提升后勤的现代化服务水平，提高服务质量，使学校后勤服务成为师生心目中优质的品牌。

第二，要充分利用价值规律的作用。在市场经济条件下，价值规律的激励作用对高校后勤市场同样具有较深刻的影响，学校后勤要自觉发挥和充分利用价值规律的作用。一方面，要加强成本核算，降低成本，减少浪费和损失，使各项服务价格均低于社会同类服务价格；另一方面，要了解市场、掌握市场，主动开拓市场，不断地遵循市场调节的"红绿灯"信号，使服务在实践中增值，从而最大限度地为师生员工提供优质服务。

（五）实现企业化管理机制

世界高等教育和著名高校发展的历史表明，高校后勤既与社会经济发展水平相适应，也和高等教育、高校发展水平相适应。我国的高校后勤社会化改革，最根本的就是要改革那些与社会主义市场经济不相适应的后勤管理体制和运行机制，最大限度地促进高校后勤管理的发展，探索出一条符合我国高等教育实际需要的高校后勤保障之路。高校后勤实体是社会化改革的产物，在社会化改革中扮演着特殊的角色，有特殊的社会功能，是整个社会化改革的关键点。将来，高校后勤实体将通过一系列社会化的运作方式，继续新建和改造大量的后勤服务基础设施，有效缓解高校后勤资源总量不足的矛盾。同时，高校后勤实体始终坚持为高等教育服务的宗旨，遵循教育规律，不断提高管理水平和服务质量，保证高校生活秩序的稳定，维护高校各项改革的顺利进行。

通过实践与探索，我们深刻体会到，后勤工作必须以学校为主体，服从服务学校的发展大局，建立和完善与学校发展相适应的、优质高效的后勤管理运行机制，为学校的可持续发展提供一个良好的环境。

（六）完善后勤监督机制

高校后勤应加强财务管理，完善监督机制。一是自觉接受纪委、监察、审计、财务等部门的监督，使后勤的经济活动在体制和机制上始终处于有关部门的监督之下；二是严格实行工程和大宗物资采购的招标管理；三是加强后勤各单位的财务监控和财务管理，严格执行财务制度，从严控制非生产性支出，努力降低成本费用开支；四是在认真核算各实体的管理成本和运行成本的基础上，科学合理地确定相应的定额费用，逐步推行定额管理，特别是要加强对各经济实体管理费的定额监控；五是科学论证、合理使用发展基金，努力实现资金效益的最大化。

第四节　高校后勤管理服务机制的创新

一、明确后勤管理服务机制的目标

当前，高校负担尤其是后勤管理负担太重、后勤市场开放不足、资源没有得到有效配置以及后勤服务水平相对低下等问题还很突出。新型后勤管理服务机制的构建就是要实现减轻高校负担，转变高校职能，提高后勤服务质量，促进高校的发展和建设。具体做法如下：一是将后勤服务从高校中剥离，与社会保障制度接轨，加入社会服务保障体系；二是依托学校后勤资源，组建独立的经济实体，并且自主经营、自负盈亏，从而减轻学校负担，保证高校能够专注于教学科研，提高教育质量和办学水平；三是将高校后勤纳入市场经济体系格局中，通过后勤市场的开放和后勤资源的合理配置，建立健全竞争机制，引入社会资金和力量，建立由高校自主选择服务行业、承包企业和经营模式的新型高校后勤服务体系，从而促进高校后勤管理水平和服务质量的不断提高。

新型后勤管理服务机制构建的基本原则是：要在高校后勤社会化管理模式下，以为高校教学、科研和师生员工生活提供优质服务为宗旨。明晰后勤资产范围和经营权限，建立社会主义市场经济体制下的现代企业制度，提高后勤服务质量。在构建新型管理服务机制过程中，要充分调动后勤干部职工的热情，激发其参与的积极性，推动改革与创新，在实践中继续深化后勤社会化改革。此外，还要建立相应的保障制度，使学校能够有效地规避市场风险，在独立经营、自负盈亏的同时保障国有资产的保值和增值。

在构建新型后勤管理服务机制过程中要遵循价值规律、竞争规律、教育规律和市场规律。一是遵循价值规律。后勤服务是一种商品，通过买卖实现其商品价值，要在服务中体现其价值规律，降低后勤服务成本，提高服务效率，建立能适应社会主义市场经济的经营管理制度和运行机制，如人事、财务和分配机制等；二是遵循竞争规律。要占领高校这个特殊市场、壮大后勤企业实力，就要建立竞争机制，在经营实体之间以及校内与校外之间展开充分市场竞争。高校通过竞争获得优质的服务，企业通过竞争占领高校市场，并在充分竞争中获得应有的收益回报；三是遵循教育规律和市场规律。我国高校后勤无论在计划经济还是市场经济条件下，都具有教育和经济双重属性。在构建新型后勤管理服务机制过程中，教育规律和市场经济规律同时发挥着重要作用，两个规律都不能违背，既要考虑经济效益的实现，又要坚持"三服务、两育人"的服务宗旨，保证高校后勤实体运行的平稳、有序。

二、推进后勤管理服务机制转变

多年改革经验告诉我们，高校后勤社会化改革本质上是高校后勤管理机制的改革。只有从管理机制上进行改革，才能从根本上转变后勤服务部门的管理模式、用人制度、资产管理，从而促进服务运行机制的全面改革，最终完成服务运行模式的转变。新型高校后勤服务体系作为高校后勤社会化改革阶段的建设目标之一，要想顺利建成，就必须将"行政式"的管理机制转变为"社会市场式"的管理机制，最终将高校后勤纳入社会市场。高校后勤管理机制的转变从表面上看是单项的改革，实际上涉及政府财政、建设、地税等诸多部门，以及金融、建筑、房产管理等许多方面，不仅政策性强，实践要求也颇高，是一项庞大的系统工程，仅靠高校后勤自身或者学校力量是无法完成的。管理机制的"社会市场式"转变，使社会上的竞争力量进入高校后勤服务领域，使高校后勤原本受到各种保护的利益格局遭到挑战与冲击，从而造就了高校后勤主动性不高，缺乏进行自身彻底改革的足够动力。因此，在高校后勤管理机制改革过程中，政府要以主导者的角色出现，自上而下地推进、制定和出台相应的扶持政策与行政法规，让高校做到有法可依，进而推动高校后勤管理机制的转变，为规范高校后勤市场与后勤服务工作的稳定打下基础。

三、创新后勤管理服务保障机制

新型高校后勤管理服务机制主要由高校后勤实体、校企联合的服务企业，以及政府或社会第三方参与的企业等组成。高校与这三类企业或经营实体以不同的方式建立合作关系，签订完备的服务协议条款，保障高校后勤服务各方面的需求。同时，为促进后勤管理服务的专业化、规模化和科学化，通过政府扶持或社会第三方组织的积极参与，各高校应结合经济发展水平和地缘优势，优化重组现有后勤市场和资源，成立专门机构或后勤服务公司，充分发挥地区优势。

该模式充分考虑市场机制和竞争机制，通过巩固校内市场和开拓校外市场，实现市场机制下后勤实体综合实力的增强。同时，为实现后勤实体高质量、高效益发展，高校要推动后勤实体与市场的融合，形成多元化的产业结构，合理配置资源，实现后勤企业的高效运作和发展。第一，高校后勤要引入现代企业制度，明晰产权，规范经营，更好地获取经济效益；第二，创新后勤实体组织机制和人力资源管理机制；第三，创新财务管理机制，要选择和确立合适的财务管理总目标；第四，创新绩效考核机制，实施客观、公正的考核评价机制，同时建立科学合理的薪酬评价体系，激发广大后勤员工的积极性，提高后勤服务效率；第五，加强政府引导，完善各项配套政策措施，对社会服务企业加以规范和引导，如成立地区高校后勤联合会、区域性高校后勤服务组织总公司和地区后勤服务学会等，推进学校后勤管理与服务的规范化和现代化建设。

此外，新时期的高校后勤服务保障体系面临许多挑战，必须及时调整工作方式与服务模式，实现与时俱进的发展。

四、优化后勤管理服务运行机制

高校后勤管理服务运行机制是指高校后勤服务体系各组成部分或者各要素之间相互联系、相互促进、相互制约的过程及其运行方式，是引导、制约、推动高校后勤服务体系整体正常、健康运行的方式或原理。科学、系统的运行机制不仅能够真实地反映高校后勤服务的供给效力和运行规律，而且还是后勤服务体系实现自我创新与自我发展的根本保障。

当前，我国高校在后勤服务的提供方面承受着不断增长的压力。随着经济、社会关系的日益复杂，高校师生对后勤服务各方面的要求日益苛刻，高校后勤服务要回应这些挑战，保证服务建设目标任务的真正实现，保证服务体系的健康可持续发展，就必须不断地改善高校后勤服务的运行机制，让服务科学合理、灵活协调、高效地运行，并形成体系。

在高校后勤服务体系构建过程中，结合体系内部各要素之间的关系，针对高校后勤服务经济性、公益性、服务育人的特点，笔者认为高校后勤服务体系的运行机制是由决策机制、投入机制、协调机制、监督机制、问责机制、动力机制和创新机制等组成。这七种机制有机结合、相互关联、相互制约，构成一个完整的高校后勤服务体系的运行机制。

五、加强后勤队伍建设

后勤要发展，人才是关键。只有员工队伍强大了，后勤的管理、服务、文化等才能得到有效提升与健康发展。高校要加强学校后勤队伍的整体建设，对运行过程中出现的问题要及时纠正解决；强化全员培训，特别是服务一线的员工，他们的一言一行都会潜移默化地影响着学生，因此更应接受定期培训。根据学校后勤员工结构的实际情况，高校可通过员工易于接受的培训形式，不断提高广大员工的业务素质和后勤团体的综合服务水平。

六、加强后勤信息化建设和精细化管理

后勤部门应充分利用新媒体媒介，如微信公众号、QQ群、二级门户网站等搭建与师生沟通交流的平台，促进后勤服务质量和效率上一个新台阶。同时，各高等院校根据自身的实际情况，推进如公寓楼门禁系统、通勤班车刷卡系统、校内超市浴室等生活服务与校园一卡通的对接，利用信息化手段，让师生的校园生活更加方便快捷。

七、健全后勤管理服务有效监督机制

高校后勤服务监管体系是对高校后勤日常经营、服务、管理等进行监督和控制，通过科学考核与评价，对过程中存在的问题"强制性"地加以纠正的一系列工作活动的总和，是高校后勤实现"三服务、两育人"的必然要求，是对后勤服务工作实施有效监控、获取真实全面信息的必要手段，是促进高校后勤服务可持续健康发展的立足之本。一个成熟的、行之有效的后勤服务监管体系应包含组织、制度、技术手段三个层面。组织层面指的是构成监管体系的相关组织机构及职能部门；制度层面指的是为实施科学监管制定的各种规章制度与工作流程；技术手段层面指的是落实监管工作中的技术软件支撑。

高校要充分发挥广大师生的民主监督职能，搭建起校园大数据平台，实现信息沟通顺畅、资源共享，推动后勤社会化改革，明晰后勤资产产权关系，确保后勤实行现代市场化的企业管理制度。

第六章 高校后勤基础设施建设

第一节 高校学生公寓基础设施建设

高校学生公寓是学生文明道德教育、优良习惯养成、综合素质提高的重要阵地,是校园精神文明建设的重要窗口。随着我国高校后勤社会化的改革与发展,作为大学生第一社会、第二课堂和家庭的学生公寓,其教育功能也日趋显著。因此,进一步认识高校学生公寓文化建设的内涵、特点和功能,并积极努力地实践,对于培养高素质的社会主义建设者和接班人具有重要的现实意义和作用。

一、高校学生公寓文化的基本内涵

高校学生公寓文化是以学生及公寓员工为主体,以公寓及其社区为载体,以弘德、育人精神为核心,住宿学生及公寓员工共同参与和选择的群体性文化活动,以及通过活动所表现出来的文化精神。公寓文化建设是校园文化的重要组成部分,是新形势下高校德育工作的创新点和着重点,包括四个层面:物质文化、制度文化、行为文化、精神文化。其中精神文化是核心。

二、高校学生公寓文化的特点

(一)教育潜在性

与课堂教学相比,公寓文化建设在教育方式和成效上有其独特性,即教育的潜在性。课堂教学是由教师讲授、由学生学习的教学活动,是一种有意识的灌输教育,而公寓文化建设,除了规章制度具有强制性外,主要是通过各种公寓文化活动及公寓园区的环境，于潜移默化之中感染学生和公寓员工的情绪、陶冶学生和公寓员工的情操、美化学生和公寓员工的心灵。

（二）参与自主性、互动性

大学生和公寓员工是公寓文化建设的主力军，具体来说他们既是这一独特文化的创造者、传播者，也是受益者。重视和发挥学生和公寓员工在文化建设中的主体作用，发挥学生自主性，增进学生与员工的互动与了解，是学生公寓文化建设不可或缺的内容之一。

（三）内容形式多样性

由于高校公寓文化是一个多元、多层次、包容性强的文化，需要满足不同兴趣爱好、专业、年级的学生和员工的文化需求，在弘扬共同价值理念的同时，最大限度地调动整个公寓住宿人员参与到公寓文化建设中来，因此要求公寓文化在内容、形式上灵活多样。

（四）风格独特性

公寓文化建设紧紧围绕公寓、寝室展开，与学生及公寓员工的日常生活联系紧密，因此主题突出，特色鲜明；由于公寓文化在组织和实施的过程中是以学生及公寓员工为主体，以公寓及其社区为单位，因此更加体现群众性的特点；住在同一寝室的成员在长期的交往中相互影响，形成相近的思想观念和独特的文化风格，因此构成了独特的公寓文化群体。

三、高校学生公寓文化的功能

（一）教育导向功能

良好的公寓文化能更好地发挥公寓的育人功能。大学生通过公寓文化实现自我教育、自我管理、自我提高，在树立良好风气的同时，养成良好的文明习惯。公寓员工通过公寓文化拥有了鲜明的育人态度，在规范服务的同时，更应注重"身正为范"。为师生提供良好的生活、学习环境，发挥环境育人功能；以热情、周到、细致的工作去感化、引导学生，在提供满意服务的同时化矛盾于基层，充分发挥"润物细无声"的育人功能。

（二）素质拓展功能

良好的公寓文化能使大学生和公寓员工的素质得到提高。首先，公寓文化给广大学生和员工提供了一个平台，使他们有机会展现才华和锻炼能力。其次，公寓文化的群众性和多样性，使广大学生和员工很容易参与其中。再次，广大学生和公寓员工通过组织各种公寓文化活动使自身素质不断得到锻炼和提高。

（三）凝聚功能

良好的公寓文化氛围，特别是共同的价值观念对大学生的成长、成才有着巨大的促进作用。公寓个体之间、个体与群体之间和谐共处，建立和谐融洽的人际关系，可以最大限度地调动每位大学生和公寓员工的积极性和创造性，充分挖掘每位大学生的内在潜力，其整体潜能可以得到最大限度的发挥和释放。公寓文化的凝聚作用可为大学生理想、价值观念的形成打下坚实的基础。

（四）激励功能

良好的公寓文化氛围能调动每位大学生和公寓员工的积极性和创造性，使之保持高昂向上、奋发进取的精神状态。大学生和公寓员工在实现自身价值的过程中，良好的文化环境提供了丰富的文化食粮和创造的空间，使个体受到鼓舞，产生更大的兴趣并维持积极的行为动机，进行自我激励，使价值观念在实现自我价值的过程中得到升华，转化为奋进的巨大动力。

（五）约束功能

健康高雅的公寓文化对大学生和公寓员工能产生强大的约束力，如果个体行为与共同行为准则发生冲突，不符合公寓文化要求时，个体行为就不会得到承认和赞扬，那么个体行为就会受到公寓文化的必要约束。这种约束力会对个体行为加以正确引导，有利于大学生健康成长。文化的约束力所体现出的精神力量对每位大学生和公寓员工的陶冶和感染，使他们的行为由不规范变得规范。公寓文化对大学生行为的约束力对塑造大学生的完美人格具有重要作用。

四、高校学生公寓文化活动的实践原则

（一）文化活动的系统性、主题性、品牌性

就是将许多存在联系的小型而零散的活动有机组织起来，充分整合，使之形成完整的系统，并赋予鲜明的主题，从而实现活动的品牌化、活动开展的条理化，形成强大的影响力、号召力。比如，学生公寓举办欢送毕业生的各种活动；

"青春回忆"征集毕业生寝室纪念卡活动;"公寓行动"义务为毕业生清扫寝室活动;"远航杯"男子篮球赛;为毕业生开展"全天候"服务活动,整合为亲情送别系列活动。将各种卫生、安全、文体活动等以"公寓文化节"的形式推出,形成品牌,并以"弘德、育人"为主题。

(二)文化活动的时代性

公寓文化的实践主体是广大学生和公寓员工,这就决定了公寓文化活动的开展要紧跟时代发展,体现与时俱进的时代精神。比如针对反动势力对我国的敌视、破坏,引导大学生牢固树立社会主义荣辱观;根据特困生资助工作的进行,开展奉献教育和诚信教育,积极引导大学生要常怀关爱之心,积极承担责任,懂得奉献和回报;结合大学生中普遍存在的崇尚独立与心理脆弱的矛盾,深入开展心理健康教育和心理咨询服务,使他们掌握必要的心理知识和自我调适方法,培养其积极乐观的人生态度;结合我国国情,深入开展"节约点滴资源,构建和谐社会"活动,引导他们充分认清我国严峻的资源形势,积极树立节约意识,勇于承担社会责任。

(三)文化活动的持续性

公寓文化不仅要以强冲击力的品牌活动(如公寓文化节)为载体,也要以和风细雨的小型活动来体现,充分实现文化活动开展的有张有弛和延续发展。同时,公寓文化建设要坚持长期性,年复一年地坚持下去,在弘扬已有的优秀文化成果的同时,不断地推陈出新,牢牢占领公寓的思想文化阵地,真正做到"用科学的理论武装人、用正确的舆论引导人、用高尚的精神塑造人、用优秀的作品鼓舞人",使公寓文化永葆旺盛的生命力。

(四)文化活动的多样性、灵活性

高校公寓工作繁杂、千头万绪,这就决定了公寓文化要紧紧服务于公寓的中心工作,并以灵活多样的形式有效地开展。所谓灵活性,就是要在更好地服务于中心工作的前提下,不拘于时间、地点和形式开展各种文化活动。所谓多样性,就是要最大限度地满足不同兴趣爱好、专业、年级的学生和员工的文化需求,不断地推陈出新。

五、高校学生公寓育人功能及实现路径

（一）新时期高校学生公寓育人功能

1. 管理育人功能

高校学生公寓管理育人功能指学校公寓管理者依据有关管理规定，运用管理方法和手段对学生进行教育引导，以严格的管理制度约束学生，使其健康成长，从而帮助学校实现人才培养目标。同时，高校学生公寓管理部门在实施规范化管理的同时，也倡导学生进行自我教育和民主管理。可见，良好的高校学生公寓管理对大学生学习任务的顺利完成、处世态度和行为方式的培养具有重要作用。当前，高校学生公寓已成为促进大学生全面发展、健全人格和陶冶情操的"第二课堂"，高质量的学生公寓管理对其起着重要的协调、激励、规范和导向作用。

2. 文化育人功能

高校学生公寓文化是校园文化的一个重要内容，包括物质文化和精神文化两个方面。简单来说，学生公寓文化就是公寓内所有大学生在日常生活各个方面所呈现出的以价值观、生活方式和校园精神为特征的一种精神气质，是大学生形成正确价值观的前提，对其健康成长起着重要作用。打造一种有活力、特色鲜明、积极向上的公寓文化，可以对校园文化起到良好的补充作用，进而引导大学生更好地践行社会主义核心价值观，展现当代大学生积极向上的精神面貌。

3. 服务育人功能

高校学生公寓还发挥着课堂之外的服务育人作用。高校学生公寓管理员主要负责学生公寓安全、宿舍卫生管理及突发事件处理等工作，与学生同吃同住，能够及时掌握学生的思想状况，并给予其帮助和疏导，有效化解各类矛盾。可以说，学生日常生活学习和衣食住行与公寓服务工作密切相关，而公寓管理员承担着服务育人的职责，其个人言行也会对学生起到一定的示范作用，以积极的榜样教育推动学生个人素养的提升。高质量、高水平的学生公寓服务能够树立文明新风尚，有利于培养学生良好的道德情操与治学态度。

（二）新时期发挥高校学生公寓育人功能的现实困境

1. 基础设施不完备，软硬件设施仍有待完善

一方面，硬件条件不够完备。高校学生公寓是学生学习和生活的主要场所，其舒适度对学生而言是至关重要的，公寓配套设施是否完备、是否能满足学生实际需求，与其生活质量紧密相关。但是就实际情况来看，高校学生公寓的硬件条件呈现出不平衡的问题，部分高校学生公寓硬件设施仍需不断完善，如学生公寓内娱乐、公共学习的空间不足，且对更新、检查和维修公寓硬件设施的重视度不高。另一方面，软件环境仍需打造。这里的软件环境指的是学术氛围和文化氛围共同组成的学生公寓环境。通过调查可以发现，部分高校在营造文化氛围时，只是简单地悬挂名人名言牌、举办文化活动，所营造的文化氛围不够浓厚，很少会举办知名教授进公寓等文化活动，导致高校学生公寓文化育人功能未能充分发挥出来。

2. 公寓管理制度不健全，协同力量难以有效发挥

制度实施是高校学生公寓有效管理的一个重要保障，为了加强制度建设，高校制定了与学生公寓管理相关的制度、手册，然而受各方面因素影响，制度仍不够健全。如学生公寓管理制度与学校其他制度衔接不畅、配合度不高，且绝大多数都是为学生而制订，忽略了学生公寓员工条例等的制订。同时，就高校学生公寓管理而言，往往是由学校二级学院、后勤管理部门和学生管理部门组成，高校相关部门在落实各自公寓育人职责时，缺乏有效的沟通与合作，大多数情况下都是各部门单独育人，没有实现合作育人和资源共享，协同力量难以有效发挥。

3. 管理员文化水平较低，服务意识仍需不断提升

高校学生公寓的服务对象是在校大学生，而公寓员工作为公寓管理队伍中的重要成员，其不但是大学生的管理者和服务者，更是落实思政工作的教育者。然而，就实际情况来看，当前部分高校学生公寓管理员的文化水平较低，不具备较强的管理能力和水平。同时，绝大多数高校公寓员工只是按部就班地履行宿舍管理等简单工作，没有认识到自身所肩负的思政教育工作职责，同时也缺乏相应的思政教育能力。此外，还有部分高校在学生公寓管理工作中，缺乏相应的激励机制，导致学生公寓管理者的服务意识低下、工作积极性不强，普遍存在职业倦怠行为，难以充分发挥出公寓育人的积极作用。

（三）新时期高校学生公寓育人的实现路径

1. 树立正确服务理念，提升公寓管理人员的综合素质

学生工作队伍不但包括高校辅导员、任课教师，同样也包含高校学生公寓管理人员，他们在公寓育人中发挥着不可替代的特殊作用，其业务能力和整体素质情况决定着高校学生公寓服务质量和管理水平的高低，对学生公寓育人功能的发挥起着直接影响作用。因此，高校学生公寓管理人员要树立正确的服务理念，不断提高个人综合素质。对此，一要坚持"以会代训"制度。定期召开学生、楼管员和辅导员例会，及时开展突发事件处理等主题培训工作，尤其是对公寓管理人员来说，要采取多形式、多层次、有计划、有步骤的技能培训，使其不断精细服务环节、明确服务目标、提高工作水平。二要以经验交流会、举办讲座等方式，强化学生公寓管理人员的服务理念，使其树立"以生为本"的服务意识，深刻认识到服务是一种"润物细无声"的育人文化，进而形成"用情工作、用心服务"的服务理念，以此使学生宿舍管理人员的服务行为更具有效性。三要持续规范常规管理工作。在人员管理、内务卫生、维修服务、安全秩序、公寓文化建设和住宿管理等方面制定详细标准，对微信、微博等平台加以利用，树立互联网思维，对学生进行更加精细的管理。四要引入激励和竞争机制。加强考核，重奖罚、勤检查、严管理，提高学生公寓管理人员的福利待遇，建立相应的奖惩机制，不断提升其服务水平和综合素养。

2. 健全公寓管理制度，保障公寓育人功能的充分发挥

高校学生公寓育人功能的发挥，还需要建立一套科学的公寓管理制度。一方面，高校要建立健全公寓管理的各项制度。结合学生公寓管理实施情况，制定并完善学生公寓管理、安全管理、网格化管理和服务制度，创建文明寝室办法等一系列规章制度，为学生公寓管理和育人工作提供制度保障。另一方面，保障公寓规章制度的实施。一是公寓管理者、辅导员要提升自身管理水平，切实提高服务与责任意识，关心关注学生的成长成才情况，与学生倾心沟通，以情感人、以理服人。二是实施以强化学生遵纪守法意识和良好行为品德为核心的考评机制，并将其纳入大学生思想品德考核范围内，与学生个人评奖评优直接挂钩，以此使大学生规范约束自己的言行举止，严格遵守公寓各项规章制度。三是实行"公寓网格化管理"。将保卫、后勤、教学院和学工部等部门联合起来，发挥共同育人、共创和谐的作用，形成齐抓共管的育人氛围。四是设立"党员谈心室"。对重点学生展开"一对一"帮扶，真正促进学生的身心健康发展。

3. 注重公寓文化建设，打造多功能学生公寓教育阵地

在发挥高校学生公寓育人功能的过程中，还要不断加强公寓基础建设，使其与新时期育人要求契合，通过建立一种稳定的公寓文化环境，实现公寓育人价值的最大化。就公寓文化发展而言，需体现高校学生公寓管理的日常性，使更多学生都能够参与到公寓管理中来，以此彰显高校教育的根本特性。同时，高校还要争取将学生公寓打造成一个多功能、综合性的思政教育阵地，使学生深刻领会教育的含义，使其主动协助辅导员和公寓人员完成公寓管理中的各项要求，从而有效缓解其在学习和生活中的各项压力，对此，高校要积极组织各式各样的教育活动，以此加强公寓文化建设，提高公寓文化育人功能。如将"红色文化"等精神文化要素融入学生的校园活动和日常生活中，引发学生的积极思考；开展"宿舍辩论赛""文明寝室之星""宿舍阅读推广活动""书香寝室""寝室楼面对面"等一系列寝室文化活动，充分激发学生的兴趣，通过趣味十足、文化氛围浓厚、教育价值突出的活动，在全校范围内形成一种积极向上、健康成长的寝室文化环境，这样既可以使学生在公寓文化建设中不断提高知识运用能力、人际交往能力、沟通表达能力，还可以修正学生在公寓中的不良行为，营造和谐的寝室环境，进而推动高校学生公寓育人功能的进一步发挥。

4. 优化公寓管理手段，构建"三全育人"管理工作新体系

在发挥高校学生公寓育人功能的过程中，高校要对宿舍文化进行深层挖掘，充分利用学生宿舍空间，不断拓宽学生公寓育人路径，真正做到"三全育人"，即全员、全过程、全方位育人。一方面，创建标准化学生公寓。从纪律、制度、文化和环境四个方面创建标准化学生公寓，不断完善基础设施建设，为大学生营造一个良好的住宿环境。设立心理健康小屋、党员活动室、党史国史和思政文化图书角，搭建大学生课外文化展示台等，为不同专业学生进行交流和展示创造条件；引导学生自行制定公寓文化守则，鼓励同个学生公寓中不同专业的学生组建交流小组，在宿舍进行分组研讨，共享学习资源，不断拓宽专业知识。另一方面，开展多元化实践活动。第二课堂、红色基因、思政实践推进宿舍，校园文化装进宿舍，素质测评搬进宿舍，学工队伍进驻宿舍，施行半军事化管理，不断增强学生的自律意识和能力；开展劳动教育，并将劳动教育成果和态度作为素质测评的一部分，使大学生树立良好的主人翁意识；开展心理健康教育，利用学生公寓等平台及时约谈表现较反常的学生，并积极建立宿舍人员心理健康档案，帮助学生有效解决心理问题；开展因材施教教育，将学生工作队伍搬

进宿舍楼内，设计一系列辅导员工作条例和制度，规定其每日进宿舍，充分了解每位学生的需求。

5. 发挥激励育人功能，实施公开、公正、公平的奖惩举措

为了进一步发挥公寓育人功能，高校还要做好学生公寓内先进个人、集体的表彰及评比工作，如于年末举办"年度公寓表彰大会"，按照学校相关奖励措施和表彰文件，对在安全教育进公寓、心理健康教育进公寓、思想政治教育进公寓、党建团建进公寓、"6S"（Seiri，Seiton，Seiso，Seiketsu，Shitsuke，Safety）管理文化进公寓和在公寓文化建设方面具有突出表现的优秀集体、个人进行集中表彰，鼓励全校师生及学生公寓管理人员向他们学习，使学生养成"守纪律、倡文明、讲卫生、爱宿舍"的行为习惯，使公寓管理者形成"用心服务、用情管理"的服务意识，共同为营造温馨、卫生、安全、整洁的住宿生活环境而努力，为构建和谐、平等、尊重的校园文化做出自己的贡献。为了进一步维护好学生公寓的安全管理秩序，高校在表彰先进之余，对违反学生公寓管理秩序和公共安全的行为还要依规实施处罚，如违规使用电器、乱扯私拉电线、夜不归宿等违规违纪行为，除了要坚持处罚适当、程序正当的原则，根据学生手册进行相应的惩罚，还要坚持惩罚和教育相结合，对违规学生加强教育，争取使其主动承认违规行为、深刻反省违规行为，并自觉做出检讨，主动改正不再犯。

综上所述，高校学生公寓工作者要坚持公寓育人之道，坚定理想信念，结合当前高校学生公寓育人功能发挥存在的现实困境，积极探索出一条符合学情、校情、国情的新时期高校学生公寓育人之路，以全员、全过程、全方位育人体系不断改善学生的公寓物质环境和人文环境，使公寓育人作用持续升温，使学生获得更全面的发展。

第二节　高校食堂餐饮基础设施建设

一、高校餐饮服务

高校餐饮服务就是为高校师生烹制、加工饮食制品并为其提供就餐场所和消费经历的服务。从餐饮业的传统分类来看，高校餐饮服务属于非商业性餐饮

服务，但事实上，现在的高校餐饮服务是以微利经营为目标的。目前，高校餐饮服务的提供者虽然实现了企业化经营，但大都不是法人，故还不能被称为餐饮服务企业，只能被称为餐饮服务组织。

（一）高校餐饮服务的特征

高校餐饮服务是指在高校这个特定的区域内，为高校师生这个特定对象提供餐饮产品的服务。与社会餐饮企业相比，高校餐饮有其独有的特征：

1. 高校餐饮的日常性

高校餐饮是学校的餐饮，它的主要任务是为全体教职工、学生的工作、学习、生活提供后勤服务，为学校的教学、科研提供保障；其服务对象大都以本校师生为主，其中学生占绝大多数，就餐者只是希望花钱少、吃得饱、清洁卫生、有一点儿特色即可，经营者不能期盼有太多的利润。因此，高校餐饮业的服务标准大都比较低，环境设施、菜点质量和接待礼仪等方面的水准也不是很高。由于是"关起门来做生意"，它只有寒暑假是淡季（现今由于假期内高校中各类培训、考试频繁，所以淡季也不是十分明显）。如果不准社会餐饮进入高校，高校餐饮就几乎没有竞争对手，故其经营的风险性微乎其微，日子过得比较"安逸"。

2. 消费群体的稳定性

高校是育人的场所，高校餐饮在本质上具有服务育人的属性，这决定了其任务是为广大师生提供优美、舒适、良好的就餐环境。因此，高校餐饮业的服务对象比较单一，流动性和变异性都较少，再加上教职工多半只吃工作餐，学生经济来源也有限，这就很难依照"新潮、丰美、高标准"的市场模式进行运作。所以高校餐饮往往落后于社会餐饮，软硬件条件也相对较差，菜式与经营手段较为落后。

（二）高校餐饮服务的发展趋势

高校是高校餐饮的依托平台和服务市场，高校餐饮的改革和发展必须始终以高校办学规模和办学层次以及服务对象（师生员工）的需求为基础。高校办学规模和层次的多样性和高校餐饮服务对象的多样性，要求高校餐饮思维方式、经营形式和管理模式的多元化，强调以"和而不同"的兼容性落实多元化的经营模式、餐饮结构、规格档次、食物品种、菜点风味等。重视以"与时俱进"的时代性有效满足广大师生多样化的饮食消费需求。总而言之，彰显"交融并举"

的多元意识，是高校餐饮改革和发展的市场要求和时代需要，办学规模和层次的多样性也要求餐饮格局的多元化。

二、高校餐饮服务的定位

（一）传统观念下高校餐饮服务的定位

传统观念下高校餐饮服务在高校服务中的定位，可以概括为"满足基本生理需要，实现社会效益"，主要是解决师生、员工吃饭的问题，为其更好地工作、学习提供最基本的支持，而对于是否满足他们除温饱以外的对饮食更高层次的需要则不是很重视。此外，我国高校餐饮建设都是由国家投资、学校使用的国有资产，因此高校餐饮服务的特点是非经营性和非营利性的，是提供一种公益性的服务，强调的是学校的稳定和社会效益，目的不在于创造经济价值，而在于创造服务条件，保证学校教学、科研、管理工作的顺利进行。

（二）科学发展观下高校餐饮服务的定位

在科学发展观的指导下，高校餐饮服务的职能定位必须要符合实现高校餐饮的可持续发展、构建和谐校园与和谐社会的基本原则。科学发展观下的高校餐饮服务在高校中的定位较之于传统观念下的定位也更符合社会发展和师生生活的需要，即"满足高层次、多样化需求，获得社会效益和经济效益的双赢，实现高校餐饮的可持续发展"。

1. 满足高标准、多样化需求

高校餐饮服务业以高校师生的饮食需求为出发点，主要任务是满足他们日益增长的多样化的消费需求；满足他们在餐饮口味、品质、品种、营养搭配、服务、卫生、文化等方面的需求；满足来自不同地域、不同民族、不同经济基础的师生的餐饮服务需求，营造"和谐、卫生、健康"的餐厅环境。

2. 获得社会效益和经济效益的双赢

高校餐饮服务组织要正确处理高校餐饮服务在社会主义市场经济条件下的公益与盈利之间的关系。在明确高校餐饮服务"公益性、服务性"的基础上，应充分肯定高校餐饮服务的营利性。没有经济效益，高校餐饮组织就无法生存和参与竞争，社会餐饮企业就没有进入高校食堂的动力，高校餐饮服务业也就无法实现发展。因此，高校餐饮服务组织在提倡高校餐饮"公益性、服务性"

的同时，也应提高其"竞争性"和"微利性"，从而实现高校餐饮服务社会效益和经济效益的平衡，为其提供发展动力，促进其发展。

3. 实现高校餐饮服务的可持续发展

高校餐饮服务业的可持续发展是高校餐饮服务改革的基本要求，基本思路包括以下两个方面：

（1）创建节约型高校餐饮服务

一要做到优化生产关系、提高资源配置水平、降低发展成本、提高资源利用率、提高劳动生产率，真正实现绿色生产。绿色生产要求餐饮组织在生产中以可持续发展为目标，注重餐饮、社会和生态的协调发展，注重可再生资源的开发利用，减少资源浪费，防止环境污染。二要创造绿色消费的宏观环境，对全体员工的思想观念进行"绿化"，树立高校餐饮服务全体员工节约能源、保护环境的意识，从而进一步形成绿色观念，谋求师生利益、员工利益、餐饮组织利益、社会利益和生态环境的协调统一，实现高校餐饮服务的健康发展。

（2）加强与师生的沟通和交流，统筹兼顾各方利益

高校餐饮服务通过设立意见箱、开通投诉热线、建立餐饮服务网站并在网上开通意见反馈模块等形式为师生进行意见反馈提供平台，实现与师生的交流和沟通，及时了解师生需求，重视师生的意见和建议，第一时间予以改进，进而得到师生的认识，提高餐饮服务满意度。

高校餐饮服务要正确处理好学校、师生、员工、学校餐饮组织等各方的利益关系，统筹兼顾各方利益主体，保证利益关系协调得当。既要满足师生对饮食的需要，又要满足餐饮组织和员工对经济效益和发展的需要，同时也要满足学校对"稳定""发展"的追求，这样才能为高校餐饮服务的可持续发展提供良好的环境基础，保证其持续发展。如果一味追求稳定，原材料成本上涨而食品价格不变，势必会"伤害"高校餐饮服务的自我发展能力，进而伤及师生和高校利益。

三、高校餐饮改革的目的

随着高校餐饮服务职能的转变，高校餐饮服务的管理体制、经营方式等必须进行相应的改革和创新，而高校餐饮服务社会化改革就是其中的突破口。在

科学发展观的指导下，高校餐饮服务社会化改革的探索将有利于构建现代高校新型餐饮服务体系，有利于解决高校餐饮服务供给和需求的矛盾，消除制约高校餐饮服务发展的因素，满足师生、学校、市场、社会的需求，推动高校餐饮服务的快速发展，促进高校提升发展质量。

高校餐饮服务组织作为服务于高校师生的特殊餐饮业类型，是高等教育事业发展的重要保障。餐厅产品质量的好坏、服务的优劣、价格的高低，直接关系到校园和社会的稳定。高校餐饮服务改革的目的主要表现在三个方面：

（一）实现高校餐饮服务科学发展

目前，全国高校餐饮服务发展参差不齐，餐饮改革没有统一、规范、可依据的指导体系，这对高校餐饮业的快速、健康发展形成了制约。为此，在科学发展观的指导下，通过对高校餐饮服务发展的研究，探索和寻求一种既能符合市场经济要求，又可以满足高校办学需要的高校餐饮服务体系，使其能够为政府部门决策提供指导，为高校餐饮服务的科学发展提供行动指南，从而进一步规范高校餐饮服务经营管理，实现高校餐饮服务的高效和科学发展，实现管理科学化、服务精细化和保障制度化。

1. 管理科学化

高校餐饮服务要从实际出发，以市场需求为导向，以现代管理理论为基础，引进先进的技术手段对各项工作实施管理，从而实现从定性管理到定性与定量相结合的综合管理方法的转变。如对经营服务目标使用数据指标体系进行有效的定量管理，使核算指标体系更加精确化、明细化；引进餐饮服务项目经费核算标准，对餐饮服务项目经费进行科学管理；公共资源使用计量管理，明确各项资源的使用量或使用费用，限定无偿使用量，超额自负。

2. 服务精细化

高校餐饮服务的精细化就是对服务进行"解剖麻雀"式的分析。首先要关注的是细节问题，包括硬件及环境的细节、服务的细节、程序的细节；其次应重视小事，把小事做细、做透，做到"细中见精"，关注并发现师生的细微需求，并尽量予以满足，这种思维应贯穿高校餐饮服务的全过程。

3. 保障制度化

高校餐饮工作表面上细小繁杂，实质上意义却很重大。高校餐饮服务管理应进一步建立、健全科学的规章制度，如实行"目标管理责任制""承包经营责任制""干部聘任制"和"工人劳动合同制"等明确的规章制度来管理高校餐饮工作的各项事务，这将有利于构建新型高校餐饮服务保障体系。另外，根据实际工作，适时地改进、完善各项规章制度，明确责任，从而实现"岗位有职责，行为有规范，办事有程序，服务有标准"的目标，最终促使高校餐饮服务管理走向科学化和制度化。

（二）减轻高校的后勤负担，满足师生饮食需求

1. 减轻高校的经营负担，加快高等教育发展

通过高校餐饮服务改革，运用市场机制合理调用社会资源办高校餐饮，改变计划经济体制下"学校办餐饮"的模式，将有效减轻高校的运行负担，消除制约高校餐饮经营的因素，使高校餐饮服务的发展与高校发展同步，满足高等教育对高校餐饮消费的需求，保证高等教育的快速发展，保证政府制定的"科教兴国"战略的实施。

2. 满足师生饮食需求，保证校园稳定

当前，经济迅速增长，人民生活水平逐步提高，而高校餐饮发展却明显滞后，已不能满足高校师生日益增长的消费需求。因此，只有调用社会资源办高校餐饮，加快高校餐饮服务与市场的接轨，才能满足高校师生不断增长的消费需求。高校餐饮服务改革，将满足高校师生对自助快餐物美价廉、营养卫生的需要和风味正餐多元化的要求；保证师生对高校餐饮服务的满意度，保证高校教学、科研和生活的稳定，将有效促进高校餐饮服务的健康发展，确保高校和社会的稳定，解除高校领导的后顾之忧。

（三）满足团膳市场需求，促进社会就业

高校餐饮服务市场属于团体供膳市场，在我国市场经济日益完善的今天，高校餐饮服务组织遵循市场经济规律，在满足高校餐饮市场需求的同时，利用成熟的团体供膳运营经验，与社会市场接轨，不断开拓校外饮食市场，满足社会市场对团体供膳的需求。另外，高校餐饮业是劳动密集型产业，高校餐饮服务的发展与壮大，可以在一定程度上解决社会就业问题，促进社会稳定。社会稳定又为高校餐饮服务发展提供良好的外部环境，从而形成一个良性的餐饮循环圈，推动其持续发展。

四、高校食堂育人工作的理论与实践路径

（一）高校食堂开展育人工作的价值意蕴

1. 有利于食堂育人功能发挥，对学生思想道德教育具有补充作用

高校食堂的主要任务是为师生提供餐饮服务，但是其资源丰富，有着巨大的开发潜力用于育人功能的发挥。课堂教育是学生获取知识的主要方式，但是因其时间和空间有限，单纯依靠课堂教育实现育人功能会严重影响学生的全面发展，高校食堂育人工作可以作为重要的补充。食堂是学生思想政治教育的重要载体，也是"第二课堂"的主要抓手。深化高校食堂育人工作建设，突出食堂独特的育人价值，是高校落实立德树人根本任务，构建"三全育人"工作新格局的重要举措，更是促进新时代高校学生思想政治教育改革创新、培养全面发展接班人的重要途径。

2. 有利于食堂育人阵地建立，对学校实现育人目标形成强力支撑

人们对食品安全的关注和对学校食堂管理的要求在不断提升，食堂不仅需要做好日常的供餐保障，还需要充分发挥自身优势，建立校园育人阵地。食堂工作人员不仅是供餐服务人员，也是高校开展育人工作的具体实施者。通过聚焦需求、精准发力、主动作为，为学生提供优质餐饮服务的同时，打造坚强有力的食堂育人队伍，组织多类型的员工培训，凝聚育人共识，提升员工开展育人工作的能力。同时，利用食堂资源提升育人成效，不断丰富和完善食堂育人实践平台，使其成为学校育人工作不可或缺的部分。

（二）高校食堂开展育人工作的现实问题

1. 育人观念边缘化

高校食堂育人工作的开展，需要学校赋予食堂工作人员参与育人工作的责任，食堂人应积极主动发挥专业素养，参与学校的育人工作，实现食堂育人工作的目标。随着高校后勤社会化改革的推广，越来越多的学校引入社会餐饮企业为师生供餐，为高校学生的餐饮服务提供了诸多的便利，但是企业的加入在一定程度上也为食堂更多地蒙上了盈利的色彩，食堂职工的育人属性亟须强化。同时，由于食堂工作的特殊性，大量从业人员文化素养、教育技能相对缺乏，且受传统观念的影响，对食堂育人的重要性缺乏认知，对于食堂育人工作往往

疲于应付，缺乏主动性，在承担育人职能的过程中，对学生的指引不够，直接导致食堂育人功能发挥不到位。

2. 课程内容简单化

高校食堂有着丰富的育人资源，并且和学生的生活非常贴近，也极易激发学生的兴趣，让学生乐在其中，但是食堂为学生设置的课程活动却很简单，活动也缺乏系统性，学生在活动结束后销声匿迹，缺少日常的持续渗透。以高校食堂劳动教育为例，勤工助学是食堂劳动教育的主要形式，但是考虑到学生的安全性，学生直接参与的勤工助学岗位数量极其有限，难以满足广大学生的劳动需求，校内实践活动的普及性不强。同时，大多数食堂工作人员因学历有限，与学生存在着学历学识等综合素质方面的差异，教学模式单一，整体上缺乏相应理论积累和实践经验，这也成为食堂开设育人课程的限制因素。

3. 保障机制不完善

高校食堂育人工作是一个复杂的系统工程，涵盖面广、内容多，其功能的实现取决于是否建立了健全的保障工作机制。首先是思想保障。食堂工作人员要充分树立全员育人的理念，将育人工作的神圣性和使命感，以及对人才培养的重要性贯穿工作的始末，用自己的专业技能、工作态度和敬业精神去影响学生。其次是组织保障。食堂根据工作内容，按照育人功能对育人组织进行分层，根据职能分工不同制定不同的工作职责，采用不同的评价机制，最大限度发挥各个部门的育人功能。再次是经费保障，经费紧张是影响开展育人工作的主要因素之一。据统计，80%以上的高校存在债务问题，因此高校食堂应积极争取政府的财政支持，充分挖掘资源利用潜力，实现资源效益的最大化，为育人工作创造有利条件。

（三）高校食堂开展育人工作的理论

1. 提高思想认识，转变育人观念

马丁·特罗按照高等教育毛入学率的高低将高等教育的发展分为三个阶段，分别为精英阶段、大众阶段和普及阶段。我国高等教育已经进入了大众化阶段，越来越多的人有机会接受高等教育，因此也对高校教育提出了更高的要求。高校对学生的培养，除专业知识外，人们开始关注学生的德智体美综合素质的教育，包括学生独立生活、自我职业规划等能力的培养。高校除传统的教书育人工作外，需要开展管理育人、服务育人、环境育人、劳动育人、文化育人等全方位的育人工作，促使学生全面发展。食堂作为校园生活环境的主要场所，不能局限于让师生们吃饱的层面，而应提升学校食堂的文化品位，成为高校有文化内涵的门面，让广大学生在享受美食的过程中，时时感受到大学是知识的殿堂，处处能享受到文化的熏陶。

2.完善管理体系，落实育人方针

科学的育人制度能够积极引导师生参与学校的育人工作，调动大家的积极性和主动性，激发大家的创造性，完成各项育人工作，为创建"双一流"高校奠定坚实基础。食堂应建立科学的制度体系，不仅包括食品安全管理、服务质量管理等确保供餐的管理制度，也包括育人工作的各种制度，充分发挥食堂的各项资源，让食堂的每个部门、每个岗位都参与其中，积极引导学生参与各项育人活动，真正做到全员、全过程和全方位育人。

3.健全育人体系，丰富育人形式

高校食堂应加强服务育人、管理育人、环境育人和劳动育人等工作。丰富的形式是实现食堂育人工作的重要着力点，可以在空间维度进行横向的拓展与丰富，就学生在食堂的活动轨迹进行文化建设，诸如食堂图书馆化、食堂管理全程参与化等。同时，纵向形式的多样扩展也大有可为，如开展食堂讲座、师生进后厨等。但不管食堂育人工作的形式怎么变化，丰富食堂育人活动的具体表现形式一定要聚焦学生思想政治教育的需求，努力形成食堂育人工作的新形态。

（四）高校食堂开展育人工作的实践路径

高校食堂不能只满足于"温饱状态"，必须树立全新的育人理念，大力加强食堂育人工作的建设，打造育人的"第二课堂"，成为校园育人不可或缺的重要组成部分。食堂育人工作需要充分整合资源，最大限度发挥各部门育人功能，落实"三全育人"理念，真正做到服务育人、管理育人、环境育人和劳动育人等四个路径高效运转。

1.精良环境，营造良好育人氛围

食堂是在校师生用餐的重要场所，尤其是学生，几乎一日三餐都在学校食堂，食堂环境的建设对其有着重要的影响。学校、餐饮企业和师生三股合力共同打造食堂环境，会让食堂的环境育人工作上一个新台阶。创造轻松愉悦的就餐环境是食堂发挥育人功能的基础，要在加强食堂硬件建设的同时重视食堂文化建设。以制度文化打造安全可靠的工作环境，餐饮企业须按照法律法规等规章制度的要求，做好食品安全、消防安全和安全生产，在做好供餐保障的基础上，营造出味美、人美和境美的健康育人氛围。食堂服务的主体是学生，可以利用学生会等学生组织，收集整理学生的需求和想法，让更多的学生参与到食堂的环境建设中去。学校、企业和学生相互配合，积极推进食堂环境改善，共同促进食堂环境育人工作。

2. 精细管理，加强与学生的沟通

应坚持以学生满意度作为工作的出发点和落脚点，聚焦食品安全关键点位，严防、严管、严控食品安全风险，确保师生饮食安全与健康，构建和谐平安校园。应定期组织师生代表走进食堂，脚踏"食"地，交流"舌尖上的安全"，近距离体验食品购买、加工、销售、留样等环节，能看到整齐摆放的食品原料和工作人员忙碌的身影，在体验美食的同时，能思考每一份食物背后凝结的辛苦。推广"明厨亮灶"工程，揭开食堂后厨的"面纱"，接受学生的监督，让学生看得见、吃得放心，对校园食品安全能检验、能评判、能感知。

3. 精心服务，发挥服务育人功效

针对师生的饮食特点和就餐习惯及师生提出的合理化建议，不断拓宽管理思路，利用有限的资源最大限度地满足师生多元化的饮食需求。可设置勤工助学岗位，让学生在参与服务活动中将理论和实践结合，体验劳动艰辛，培养尊重劳动人民的思想感情，提升学生在高校食堂工作中的参与度、体验感和获得感。在发挥服务育人功能的同时，应注重引导和宣传，加强对员工的培训，让其充分认识到食堂服务工作的社会价值，增强自豪感，引导学生积极参与食堂的服务工作。食堂员工应秉承"视学生为亲人"的工作要求，对待学生态度要热情，行为要规范，服务要到位。弘扬主旋律，传播正能量，做学生信任的、给学生温暖的服务人员。同时，可以和其他后勤部门协同合作，根据不同的业务性质开展特色活动，构建后勤服务育人共同体。

4. 精准定位，搭建劳动教育平台

高校食堂应充分发挥餐饮服务保障平台优势，主动探索劳动育人的新形式、新方法，引导学生树立正确的劳动观，助力学生全面发展。可开展劳动实践课程，由食堂员工细心讲解烹饪基础知识，介绍菜品制作的工艺技巧，悉心指导学生进行实操演练。调查表明，学生们通过参加实践课程，学习了一定的烹饪知识、提升了自身的动手能力、活动后感觉心情舒畅欢愉、进一步了解了中国传统文化，同时也增强了自身团队合作能力。应进一步完善教学计划，提高授课教师的专业素养，有针对性地在沉浸式课程教学中融入思政教育、传统文化宣传、营养学、美学等知识，提升课堂的体验感、获得感，让更多同学通过学习厨艺本领，体味劳动乐趣，感悟劳动精神。继续开发以日常生活劳动为载体的育人活动，营造崇尚劳动、尊重劳动、热爱劳动的文化氛围，为学生提供更多劳动实践机会，让同学们在实践中领悟劳动价值、尊重劳动、尊重劳动者。

食堂育人工作是高校育人体系中不可或缺的一部分，构建育人的良好氛围，对于学生树立正确的人生观和价值观有举足轻重的作用。创新高校食堂育人工作是一项长期工程，要以社会主义核心价值观为引领，学校、食堂、学生管理机构及广大学生共同努力，丰富食堂育人活动，这有益于高质量、高素养的应用型人才培养。

第三节　高校超市基础设施建设

在当前社会经济的快速发展和高校不断扩大招生规模的情况下，不发达的商业网点越来越无法满足高校师生强烈的购物需求。而高校超市不仅解决了两者之间的矛盾，还能在市场竞争中，使后勤职工队伍的素质和能力在通过市场经济条件按经济规律办事的制度影响和制约下得到锻炼，这也是后勤实体服务能力进一步增强的重要途径。

一、高校超市经营特点

（一）消费群体比较集中

高校数量较多，且每个学校都集中了许多学生，高校学生通常都是住校生，这些学生大部分都在校园及附近消费。高校学生群体之间没有较大的差异，因此消费也比较集中。

（二）市场呈现出稳步增长的趋势

社会经济在快速发展，高校市场也呈现出逐步增长的变化趋势。首先，因为国家大力推行的扩招计划,加上民间办学等,高校逐渐增多;其次,当前人们收入及生活水平的逐渐提升,也促进了高校学生消费能力的提升,当前大学生许多都是独生子女,许多学生都有自己的零花钱,高校学生消费水平也较之前大大提升。

(三)消费刺激点——价格与便利

因为高校学生这一消费群体比较特殊,他们当前的购买能力严重制约了其强烈的消费欲望,所以对于高校学生来说,价格是一个比较敏感的话题。高校学生受文化水平的影响,大多都追求浪漫和情调,对时尚和潮流等比较关注,品位也是高校学生关注的重点。另外,还应该注意,因为高校学生一般都集中在校园进行活动,所以对于学生群体来说,便利性也比较重要。

二、高校超市经营管理存在的问题

和便利店、购物中心等校园其他商业零售业态相比,高校超市在价格、品类管理、销售方式和促销等方面的优势都比较明显,但经营过程中仍存在许多问题。

(一)高校超市经营和管理不分

因为高校后勤对超市实施的管理是模拟企业化,对校园整体超市统一进行经营和管理,在后勤初期改革时期,这种管理模式起到了较明显的作用,但在当前高校超市逐步壮大和发展的形势下仍延续这种管理模式,已近远远无法达到实际需求,这种具有经营和管理统一的、双重性的行政化管理可能会导致投资主体和产权不明确、经营者和管理者权责不清晰等问题的出现。

(二)运营管理成本较高

随着高校超市经营商品品种的逐步增加和业务范围的扩大,其经营和管理也显现出一些问题,如财务方面,传统的管理模式,权力在中心高度集中,财务人员每天忙于处理大量的业务往来和收支凭证等事务,导致其无暇分析经营状况和理财工作,加上一直以来办公、接待、差旅等税费运行成本都较高,也延长了资金回收的周期。而且许多校园超市进货渠道都相对复杂,因此在经营过程中存在的漏洞也较难及时被发现。

（三）师生不理解超市商品的价格

因为高校生活超市的运行模式和社会商业超市存在较大的不同，消费群体具有较强的针对性，所以和商业超市相比，校园超市的价格体系也存在明显的不同，但消费者无法认识到这一点，如一些学生消费者把商业超市的部分库存量大的商品、临期商品拿来对比校园超市价格，认为学校超市应该坚持为学生服务的原则，商品价格应该低于市场价格，并对学校提出意见，一定程度上也影响了超市的经营工作。超市经营者和管理者应该针对这方面加大宣传力度，逐步提高师生对生活超市的认知，争取获得师生的信任和支持，并尽可能与供货商、与厂商沟通以降低成本，为广大师生提供更优质的服务。

三、高校校内超市经营管理工作的建议

（1）选取商家时应首先考虑对其进行规范管理，把竞争机制适时引入超市经营管理中，使校方和商家实现双赢。通过品牌的美誉度和知名度吸引师生的眼球，尤其是许多高校都配备教师生活小区，要保证超市经营商品能满足教师日常生活。

（2）超市经营者要努力转变和改进经营意识和管理，对服务队伍整体素质加强培养，树立为师生服务的经营理念。因为高校超市位置的特殊性，也决定了其在工作中必须遵守为师生服务的宗旨，把社会效益放在首位，才能实现社会效益和经济效益双赢，而且还要在经营过程中始终坚持"价格合理、师生至上、质量第一"的原则。应该对企业文化建设和社会效益更加重视，努力在服务中塑造属于自己的品牌。

（3）对后勤部门队伍加强管理，严格控制校园消费市场，保证师生的生活环境更加和谐，把超市经营权"外包"给商家以后谨记不能放松管理控制权。根据超市的实际情况，制定完善的员工管理制度，从招聘、培训、使用、考核、奖惩等方面按照规章制度对员工严格把关，使超市员工的管理逐步实现制度化和规范化；要健全和完善长效用人机制，因为高校超市员工输入和输出存在较大的随意性，应针对员工收入制定增长机制，并根据其表现制定合理的奖惩制度，促使员工工作的主动性和积极性得到充分调动，以与付出对等的回报激励员工自愿为超市贡献力量，超市员工队伍不稳的问题也将得到妥善解决；超市队伍建设中店长是核心，超市店长的管理水平对超市的整体管理水平起着决定

性作用，所以管理者要努力发掘和引进优秀人才；应该对员工队伍做好廉政、勤政工作，通过严格的制度和防范措施的建立，定期组织员工进行宣教和学习，保证经营者和管理者及全体员工都能时刻保持头脑清醒，在工作中培养良好的职业素养和道德，谨记不与腐败挂钩。

（4）对超市整体运作加强重视，在安全、卫生方面加大检查力度，不定期检查食品卫生情况，努力为师生提供一个安全的食品卫生环境。

总之，高校超市的经营管理离不开和谐积极的团队的努力，经营者和管理者应该有效融合高校和商业文化，保证在服务与经营管理中形成属于自身的更有品位和文化的特色，为广大师生提供便利，以良好的后勤保障服务于学校中心工作。

五、高校爱心超市提升资助育人效果

爱心超市是高校践行发展性资助的特色展示，其筹建资金和物资来源于学校专项经费支持和教师、优秀校友以及社会爱心人士的捐赠。爱心超市由学生团队负责日常运营管理，以"服务同学，奉献爱心，传承关爱，共同成长"为宗旨，面向贫困生提供免费商品。家庭经济困难的学生可凭借自身努力，通过学业成绩、社会公益、科研实践、道德锤炼等方式获取不等的兑换积分，并用积分免费换取生活物资和学习用品。

爱心超市既向高校贫困生提供了免费的生活物资，在一定程度上帮助他们缓解了经济困难，满足了他们的生活需求，同时这种资助方式又是建立在贫困生通过自身努力不断提高综合能力的基础上实现的，是一种精神上的鼓舞和激励。高校爱心超市资助模式自产生以来，便受到高校贫困生、资助者的一致认可，然而在其经营、发展过程中也出现了一些瓶颈问题，值得相关工作者深入思考。

（一）高校爱心超市的发展瓶颈

1. 物资供应不够丰富，兑换供需不平衡

高校爱心超市规模有限，置备的免费兑换物资一半是日常生活用品，如脸盆、毛巾、牙膏、洗衣液、纸巾等，一半是学习用品，如笔记本、笔、笔袋等，均为基础款。除这些基础款的学习和生活用品之外，爱心超市内还有一批爱心捐赠物资，如衣服、书本等。爱心超市的物资虽然基本能够满足贫困生的生活所需，但不一定都是贫困学生当下所需要的。部分非基础款的物资不能及时兑换，成了搁置物品，既占据爱心超市空间，时间长了，也可能过期，造成物资浪费。贫困生前往爱心超市免费兑换物品，也不一定总能兑换到需要的东西，有时因为物资储备不足，还兑换不到物品，在一定程度上存在供需的不平衡。

2. 管理团队人员流动，导致爱心超市持续性建设不足

虽然目前高校爱心超市的日常运营交由学生团队负责，但学生都有课业负担，许多学生在课余还要做一些兼职工作，不能全职投入管理。另外，负责管理运营的学生团队成员也在实时更替，每年都有"老员工"在毕业季离开，新生入学时又有新同学加入"爱心"团队，人员的流动，在一定程度上影响了爱心超市的持续性建设。

3. 部分贫困生存在兑换心理困扰

高校贫困生处于心理的逐步成熟期，对贫困生身份的认定既需要又排斥。他们当中的一些人存在强烈的自尊与自卑的矛盾。一方面，他们知道学校开设爱心超市，鼓励他们通过自身努力换取生活所需物品，是在帮助他们解决经济困难，是对他们的关怀和重视。另一方面，他们非常担心前往爱心超市兑换物品会引发其他同学对他们的过度关注，甚至认为兑换行为会招来同学们的嘲笑和怜悯。这样的矛盾心理给高校贫困生带来了较大的精神压力，由此导致爱心超市物品兑换不及时、不充分，不能充分发挥资助育人的功能。

4. 单纯的物品兑换模式不足以充分发挥爱心超市的资助育人功能

高校爱心超市的开办是学校助难解困工作中的一项创新帮扶措施，它不仅仅是为了对贫困学生进行物质资助，更重要的，是开拓学校资助渠道的多元化格局，将资助与育人目标结合，激发学生心怀感恩，心存梦想，奋发向上，着力成才。然而目前高校爱心超市的建设，仍然主要停留在提供物质资助的层面，并没有在此基础上开展丰富多彩的"育人"活动。高校爱心超市资助育人功能还有待进一步开发。

（二）进一步提升高校爱心超市资助育人效果的策略

1. 增强需求调查，增加资金投入，加强宣传，拓宽兑换渠道

高校爱心超市物资要盘活，提高兑换率，要增强对贫困生的需求调查，在此基础上考虑增加资金的投入，置备更多、更丰富的生活物品和学习用品，满足学生兑换的需求。原来爱心超市受运营资金的限制，只能每年更新一次物资，部分非基础款的物品不能及时兑换，造成过期浪费，非常可惜。一些"爆款"

生活用品，如纸巾、洗衣液等，供不应求，又无法充分兑换，影响了爱心超市的良性运营。为了能够充分开发爱心超市的物资资助功能，学校各宣传平台应及时宣传爱心超市，提高爱心超市在全校学生心中的温暖形象，减轻贫困生前往兑换的心理压力。同时还可以通过定期举办爱心超市宣讲会、便利兑换等活动，一方面加强爱心超市的正能量宣传，呼吁更多的普通学生也来关注爱心传递，关爱同学，共同成长、进步；另一方面，为有需要的学生提供兑换的便利。爱心超市的兑换形式除了现场登记兑换之外，还可以开发网上预订、送货上门等兑换服务，进一步拓宽兑换渠道，提高兑换率。

2. 加强运营管理投入，帮助高校贫困生实现从"受助"到"自助"的转变

高校爱心超市要实现持续性建设、发展，需要投入不断更新的资助工作理念和专业人力。高校可组织对建设爱心超市感兴趣的贫困学生成立爱心社团，由专业负责学生资助工作的教师指导这个学生社团，带领学生思考并探索爱心超市建设方案，确保爱心超市始终处于良性运营状态。由贫困生爱心团队自己管理、建设爱心超市，一方面能够从贫困生自身视角去最大限度地完善物资兑换方式，提高爱心超市的物资资助功能；另一方面，在很大程度上也帮助了前来兑换物品的贫困学生消除畏难心理。高校爱心超市不仅是贫困生获得帮助的温暖之地，同时也是他们发挥才能、给予同伴帮助、互相传递正能量、实现从"受助"到"自助"转变的地方。

3. 开发爱心超市兑换新方式，帮助高校贫困生摆脱受助的自卑心理

爱心超市通过引导更多的贫困生参与运营、管理，能增强高校贫困生对爱心超市的接纳程度。同时，由于传统的现场兑换方式受到场地和人员服务方面的限制，兑换率没有太高，因此学校需要寻找更新、更便捷，也更符合贫困生需求的方式开展兑换活动。高校可以同步开设爱心超市网络预订、兑换平台，让贫困生在网上直接挑选物品，提出预订需求，进行充分兑换。网络兑换的方式可以使一部分存在敏感、矛盾心理的贫困生不用直面心理障碍，而是可以通过逐步适应，逐渐摆脱受助的自卑心理，对他们是一种保护。同时，由于爱心超市面向全校贫困生提供物资资助，覆盖面广，而运营资金和投入建设的力量却有限，往往资助分散，对于特别困难的学生来说，帮助非常有限。因此，学校可以考虑适当缩小资助范围，重点对家庭经济特别困难的学生进行实时按需资助。这样虽然资助的范围有所缩小，但资助有侧重，同时也增大了对特定人群的资助额度，能够更加有效地实施资助，使资助能力最大化。

4. 扩展爱心超市概念，充分开发爱心超市的资助育人功能

爱心超市不仅仅是高校学生物资资助的平台，同时也是对他们进行精神资助的场所。高校爱心超市鼓励学生凭借自身努力，通过学业成绩、社会公益、科研实践、道德锤炼等方式获取不等的兑换积分。用积分免费换取生活物资和学习用品的方式本身就是一种精神资助。高校应把爱心超市扩展成以物资资助为主，结合贫困生心理帮扶、朋辈学习辅导、社会实践、志愿服务心得分享等内容的运营模式，使爱心超市从单纯的物质资助站升级为精神加油站，成为高校贫困生互助成长的温暖平台。

第四节 高校物流服务中心基础设施建设

随着电子商务的快速发展，人们对于物流服务的需求也在不断增加，尤其是在高校校园。一方面，高校大学生被视为电商购物的主力军之一，另一方面，大学生创业热潮也不断涌现，因此，在高校校园内，除了各种购物平台而产生的后续快递服务需求外，大学生的电商创业又为后续产品的配送服务创造了大量的需求。同时，部分学生闲置物品无处存放，物品寄存服务需求也开始出现。因此，在高校校园构建一个规范的综合型物流服务中心不仅能满足广大师生日益增加的物流服务需求，更是解决当前高校校园各种物流供求矛盾的关键。

一、服务中心三大功能区块的构想

根据当前高校校园的物流服务需求，拟构建的高校校园综合物流服务中心可包含三大物流服务功能区块。

（一）传统服务——快递寄派服务

根据当前的市场需求情况，快递服务仍然是高校校园物流服务的主要功能之一。菜鸟数据公布，在东部地区的一些高校，学校网购的包裹量一般是学生人数的12%～13%，而在一些女生比例较高的院校，这个比例则达到了15%～18%，总体来说在10%～15%，即一万人的院校每天至少一千个包裹，并且按每年50%的速度增长。因此，快递服务仍然应是高校校园综合物流服务中心的最主要功能之一。

（二）新型服务——商品配送服务

高校校园综合物流服务中心的第二大服务功能为新型的商品配送服务，即为各种电商、微商创业者以及实体店等提供商品的暂存和校内配送等新型物流服务。

随着电子商务的发展，一方面带动了大学生的网购热潮，另一方面也带动了大学生的创业热潮。部分院校的统计数据显示，当前大学生的创业率高达30%，其中利用电商平台、微信等手段创业的学生比例占80%以上。这一热潮的出现，为高校校园综合物流服务中心带来了第二大物流服务需求——商品配送服务。由于高校学生的电商创业基本是"小打小闹型"，因此，基本没有自己的仓库和固定的配送体系，大部分学生将货物存放于自己的寝室，严重扰乱了寝室秩序。因此，综合物流服务中心可以为这些学生提供商品的暂存服务和校内配送服务以及校外寄件服务等。

除此之外，随着外卖的兴起，部分实体店的商品配送服务需求也逐步增加。因此，在校园管理许可的范围内，综合物流服务中心也可以为这些实体店提供商品配送服务。

（三）附加服务——物品寄存服务

高校校园综合物流服务中心的第三大服务功能为物品寄存服务，即为学生提供闲置物品的寄存。

根据近几年的文明寝室建设工作总结来看，文明寝室建设最大的难点是当前学生物品太多，无处存放，导致寝室杂乱不堪，尤其是闲置物品，在寝室有限的空间内无处存放，是当前文明寝室建设工作的一大障碍。

针对这一现象，高校校园综合物流服务中心可以为这些学生提供闲置物品寄存服务，根据存放的物品和存放的时间收取一定的费用，此为物流服务中心的附加服务。

二、服务中心构建的主要难点

虽然综合物流服务中心的构建有很好的发展前景，也具有十分重要的意义，但是在构建的过程中还是存在着较多难点的。这些难点不仅存在于前期建设中，也存在于后期的运营管理中。

（一）场地的选用

根据三大功能区块的构想，综合物流服务中心的构建至少需要200平方米的空间，相当于两个大的教室。在高校校园内，这个场地基本不可能由运营人自己搭建，须由校方提供，运营人只能以租赁或者借用等方式使用。

同时，在空间要求上，服务中心的空间高度要求也比一般房屋建筑要求要高，以便于适应高层货架的放置需要。并且该空间位置既不能在教室集中地，以免影响正常教学，也不能在校园过于偏远的地方，否则，将使服务的便利性大打折扣。因此，服务中心场地的选址是一大难点，既要有闲置空间，又要有校方同意，同时还要符合位置的要求。

（二）运营模式的选择

运营模式的选择不仅关系着前期启动资金的筹集，对于后期中心能否很好地运转也起着决定性的作用，而当前存在的一些运营模式都各有利弊，如何选择最佳的运营模式，是综合物流服务中心构建的另一大难点。

若以私人投资的方式运营，优点是资金筹集方式简单，中心运营将会有专人负责，利于后期管理，但是整个服务中心将仅作为一个运营体，其对专业建设的作用将很小；若选择企业入驻的方式运营，则一般企业不可能同时运营三大服务功能，这与综合物流服务中心的构建初衷又相违背；若以专业承办的方式运营，虽然对于专业建设来讲有很大帮助，但是，因为涉及较大资金的投入，因此，资金的筹集比较困难。同时，若以专业承办的方式运营，则必须要有一名专业教师作为主要负责人，否则，中心后期的管理将是一大问题。因此，服务中心的运营模式选择也是一大难点。

（三）与物流服务供应商的协调

综合物流服务中心一旦建成，将集中校园内所有物流服务供应商，改变原有各个服务供应商分散于各个服务点的现状。因此，服务中心要与各个物流服务供应商进行协调工作。由于当前快递行业尚处于较为混乱的阶段，因此，与各个物流服务供应商的工作协调也将是服务中心构建的一大难点。

（四）后期的运营管理

一旦服务中心建成，后期的运营管理将成为第四大难点。根据当前高校学生对校园物流服务中心满意度的调查显示，大部分学生对服务中心的服务是不满意的，其中最主要的不满意因素是取件困难、等候时间过长，再者，就是服务人员态度差、服务意识缺乏等问题。究其原因，除了服务中心场地受限、设施设备差等因素外，工作人员数量不足、专业素质低、服务意识缺乏等问题更是导致对服务中心满意度偏低的主要因素。

因此，在服务中心的具体运营中，工作人员数量的合理配备是第一个难点。因为高校校园物流服务需求时间段集中的特征非常明显，因此，服务中心在配备工作人员时既要保证高峰期有足够的工作人员，又要注意闲暇时段不要有过多的工作人员，以免资源的浪费。

工作人员专业素质的保证是第二大难点。不管是快递的寄派服务，还是商品的储配服务，都要求工作人员要具备良好的专业素质。而服务中心的工作人员将以在校学生的兼职为主，大部分学生不具备相关的专业能力，即使有物流管理专业的院校，其大一的学生也基本不具备相关专业能力。因此，要选用到足够数量具有相关专业处理能力的学生的难度较大。

工作人员工作热情的激励是第三大难点。如果工作人员缺乏工作热情，那么就会缺乏服务意识，导致服务态度差、服务不规范等现象的出现。因此，服务中心如何制定有效的激励措施，提高工作人员的工作热情，是服务中心在后期运营中面临的又一大难题。

三、服务中心构建的基本思路

根据服务中心构建中存在的主要难点，服务中心构建的基本思路如下：

（一）以专业建设为基点

综合物流服务中心的建设应该以专业建设为基点，尤其是有物流管理专业的院校。近几年来，各大院校都非常重视各专业学生实践能力的培养，而实践能力的培养目前大部分院校基本上都是依靠校外企业的支撑。但总体来说目前校企的紧密合作还存在着很多问题，例如，学生实践的连续性、学生到企业后的食宿安排问题等。

而校内综合物流服务中心的建设，可以为专业学生实践能力的锻炼提供最方便的平台。学生可以利用课余时间参加实践工作，这一方面，可以保证学生在正常学习的情况下还能充分利用课余时间，另一方面，学生不用担心食宿等问题。同时，专业老师对于学生的指导也非常便利，还可以结合相关的课程开展教学活动。

因此，综合物流服务中心应该以专业建设为基点，采用专业承办的模式运营。

（二）以学院支持为前提

综合物流服务中心的建设，应该以学院的支持为前提，不管在场地的选用上，还是与其他服务商的协调方面，首要的前提就是要得到学院的支持。因此，在构建综合服务中心之前，首先，要明确学院的态度；其次，服务中心更应该以专业建设为基点，只有利于专业的发展、利于学院的发展，才有可能得到学校的支持。

（三）以工学结合为契机

综合物流服务中心的运营应该以工学结合为契机，在专业建设的基础上，充分发挥专业学生的作用，解决服务中心人员配备的问题。以专业学生为主要工作人员，一方面便于工作人员的选用和培训，另一方面也能使工作人员的基本素质有所保障。

以工学结合为契机，专业老师可以结合服务中心的工作内容开展相关课程的教学活动。这一方面可以使学生的专业能力得到真正的锻炼，另一方面也可以改进教师的教学方法，提高教学质量。同时，以工学结合的模式运营，有利于教师对实践学生的指导和监管，有效解决工作人员专业知识不够、服务意识不强的问题。

（四）以现代信息技术为支撑

综合物流服务中心的建设，要以现代信息技术为支撑。要做到优于当前的快递服务网点的服务，首先就要解决服务效率的问题，而服务效率的提升在很大程度上受到信息技术的影响。

综合物流服务中心可以使用的现代信息技术包括各种管理系统、手持终端、条形码、射频识别以及自动分拣技术等等，在构建服务中心的时候要根据资金投入情况选择相关技术。

（五）以专人负责为保障

若综合物流服务中心选用专业承办的模式，那么服务中心的运营必须由专人负责，否则服务中心后续运营极易陷入无人管理的混乱局面。因为大部分院校的教师总体来说教学和科研任务都较重，若没有确定专人负责，任由学生进行管理，那么，由于学生能力的限制以及学生流动性的特点，服务中心的长期规范运营将难以实现。因此，综合物流服务中心若要长期生存并持续发展，必须要以专人负责为保障。

四、服务中心具体构建方案

（一）启动资金筹集

根据前面的分析，结合当前高校专业建设的需要，物流服务中心应尽可能选择专业承办的运营模式，因此，启动资金的筹集也应选择相应的方式。

可选择的资金筹集方式有学院出资、专业负责运营，专业组以课题的方式筹资以及专业教师融资等各种方式。

（二）基础设施建设

要构建一个综合物流服务中心，场地是第一需要，当前校园快递存在的一系列问题，在很多方面都是跟场地面积限制有关。因此，要构建一个综合物流服务中心，足够的场地面积是首要条件。

以一个一万师生的中小型院校为例，要满足综合物流服务中心三大功能的需求，面积估计至少在 200 平方米，其中约 100 平方米用于开展快递服务，约 100 平方米用于开展商品暂存配送服务和物品长期寄存服务。

为了充分利用空间，货架的设置必不可少，以 200 平米的空间为例，快递服务功能区应放置普通型货架至少四排，配送和寄存服务功能区应放置高层货架至少三排，其中寄存物品放置到高层货架（具体如图 6-1 所示）。

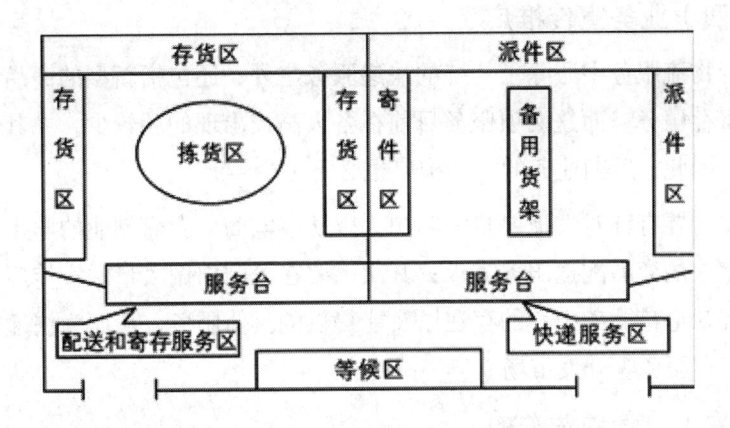

图6-1 综合物流服务中心平面布局图

除了货架之外，必须配置的设施设备还有工作台、电脑、手持终端等，必须配置的系统包括快递网点管理系统、订单处理系统、仓储管理系统、客户管理系统等。

（三）工作人员配备

服务中心工作人员的配备，其中快递服务工作人员应单独配备，商品配送服务和物品寄存服务的工作人员可同时使用。

以上面构建的服务中心为基准，快递寄派服务的常规工作人员至少应配置10人，分两班制，每班5人。其中1人负责寄件服务，4人负责派件服务。此人员设置以顾客前往网点取件和寄件为基准，如果服务中心提供的是送件上门服务，则可以相应减少网点派件服务工作人员，但需要增加送件工作人员，每班至少5人。结合当前校园快递的特点，服务中心的快递服务一般还是以客户上门取件和寄件为主，如果有特殊需要可以送件上门并收取相关的服务费用。

商品配送服务和物品寄存服务功能区块的工作人员应分为内部工作人员和外部工作人员，其中，内部工作人员主要负责收货、配货和发货，外部工作人员主要负责货物的配送。这一部分工作人员的人数设置应根据后期业务量的情况来确定，两个功能区块的工作人员无须单独设置，并且外部配送人员可以根据具体情况同时身兼快件派送服务。

以上人员设置均以日常作业为主，如在"双11"之类的高峰期，应临时增加大量的工作人员以备不时之需。

（四）业务宣传推广

综合物流服务中心除了传统的快递服务之外，还包括新型的商品配送服务和物品寄存服务，而这两项服务目前在各大高校出现的还较少，尤其是物品寄存服务。因此，后期业务的宣传推广也必不可少。

首先，要有针对性地寻找大客户，以从事电商、微商创业的学生为目标，开发其潜在的商品配送服务需求；其次，要在校园内做大量的宣传广告，让广大师生都知道该服务中心的存在以及能提供的具体服务，从而为快递寄件服务和物品寄存服务等开发市场。

（五）日常规范管理

在前期服务中心构建完成的基础上，后续的规范管理尤其重要，这是决定服务中心能否生存和发展的关键。服务中心日常规范管理主要包括四个方面：

一是操作流程要规范。不管是快递服务，还是商品配送服务或物品寄存服务，都要严格按照操作流程规范处理，这一方面体现了服务中心的专业性，另一方面也尽可能避免错误操作导致的严重后果。

二是现场管理要规范。要严格执行"6S"管理标准，要做到科学布局、取用快捷，要做到要与不要及时区分，清除垃圾、美化环境。

三是人员管理要规范。要求员工准时上班，不得随意更改班次；上班期间要认真负责，安全操作；要具有服务意识，严格遵守服务规范；要制度上墙，让工作人员养成习惯。

四是财务管理要规范。要做好日常账目记录工作，要及时做好财务报表，账目要清晰，支取要规范。

综上所述，在高校校园构建综合物流服务中心有巨大的潜在市场需求，它既能为学校师生提供便利，也能为专业建设提供平台，但是构建和运营也存在着较多的难点，需要全面策划、精心设计、持续管理才能达到预期效果。

第七章 高校后勤服务育人基本原理

原理乃基石，为行为之先导。究其含义，原理是指在大量观察、实践的基础上，经过归纳、概括而得出的自然科学和社会科学中具有普遍意义的基本规律。"服务育人"自20世纪80年代由清华大学后勤职工提出后，经众多专家学者的理论研究和高校后勤工作者的实践探索，其理论得到不断丰富和发展。就服务与育人理论而言，从宏观到微观，从广义到狭义，古今中外均有大量研究并留下了丰富的理论成果。本章就服务育人相关基础理论作如下阐述。

第一节 服务育人的内涵与特征

一、服务的内涵与特征

（一）服务的内涵

服务源自拉丁语 Servitiun，是奴隶侍奉的意思，最初的含义是比较低下、听候使唤的工作，但随着时代的进步，服务的意义也有了深刻的变化。近代一些名家大师们对"服务"一词给出了如下一些定义：裘兰博士将服务定义为为他人而完成之工作；斯坦顿教授将服务定义为可以辨认，提供满足需要的无形活动；泽丝曼尔和比特纳将服务定义为一种行为、过程和表现（绩效）；营销学专家格隆鲁斯将服务定义为向顾客提供解决方案的一个或一组活动；菲茨西蒙斯将服务定义为一种顾客作为共同生产者的、随时间消逝的、无形的经历。这里我们可以得出一个简单的结论："服务就是给人方便！"

《辞海》对"服务"一词的解释是"为集体或为别人工作"。《现代汉语词典》则将服务定义为"为集体（或别人）利益或为某种事业而工作"。服务是一种付出，服务是对他人的帮助，是照顾和贡献，由此可见服务也是一种形式。同时，服务是服务者与服务对象的一种活动，活动的主体是服务者，客体是服务对象，服务是通过人际关系而实现的，也就是说，没有服务者与服务对象的交往就无所谓服务。服务还是一种态度，是一种想把事情做得更好的欲望，时时站在服务对象的立场，设身处地为服务对象着想，及时去了解并提供服务对象所需。

在综合各种不同服务定义和分析服务本质的基础上，笔者认为，服务是个人或社会组织直接或凭借某种工具、设备、设施等为消费者所做的工作或进行的活动，是一种涉及某些无形因素的活动、过程和结果，它包括与服务对象或他们拥有的财产间的互动过程和结果，并且不会造成所有权的转移。由此可见，服务不仅是一种活动，而且是一个过程，还是某种结果。

（二）服务的特征

1. 无形而不可感知

这是服务最为显著的一个特征，主要体现在以下几个方面：首先，服务的诸多元素在服务的提供过程中看不见、摸不着，无形无质；其次，由于大多数服务都非常抽象且很难描述，导致大多数服务没有具体量化的标准，同时服务对象往往在享受或体验服务之前，不能肯定他能得到什么样的具体服务；再次，服务对象在接受服务后通常很难察觉或立即感受到服务的价值，同时也难以对服务的质量作出客观而准确的评价。

2. 同步而不可分离

有形的工业品或消费品在从生产、流通到最终消费的过程中，往往要经过一系列的中间环节，生产和消费过程具有一定的时间间隔。而服务则与之不同，它具有不可分离的特点，即服务的生产过程与消费过程同步进行，也就是说，服务者向服务对象提供服务时，也正是其消费服务的时刻，两者在时间和空间上不可分离。服务的这一特性表明，服务对象只有而且必须加入到服务的生产过程中才能最终消费得到服务。

3. 易逝而不可贮存

服务的易逝是指随着服务过程的结束，服务本身也就随之结束，由于服务的易逝性使得服务不可贮存。同时由于服务的无形性和不可分离性，使得服务不可能像有形产品一样贮存起来。不可贮存性是服务的又一典型特征。

4. 异质而难以形成标准

每次服务带给服务对象的效用、服务对象感知的服务质量都可能存在差异，也就是服务的异质性。其主要体现在三个方面：一是由于服务者的原因，如心理状态、服务技能、努力程度等，即使同一服务者提供的服务，在质量上也可能因时、因地而异；二是由于服务对象的原因，如知识水平、爱好等，也直接影响服务的质量和效果；三是由于服务者与服务对象相互作用的原因，在多次购买和消费过程中，即使是同一服务者向同一服务对象提供的服务也可能会存在差异。

5. 服务双方缺乏所有权

缺乏所有权是指在服务的生产和体验过程中不涉及任何的所有权转移。服务是无形而又不可贮存的，服务产品在交易完成后便消失了，服务对象并没有实质性地拥有服务产品。

在服务的五个典型特征中，"无形而不可感知"是服务的最基本特征，其他特征都是从这一特征派生出来的。

二、育人思想理念及含义

（一）育人思想理念

1. 小原国芳育人思想

小原国芳（1887—1977），日本著名教育家，先后就读于广岛高等师范学校、京都帝国大学部。1929 年，小原国芳创建玉川学园，经过多年努力，玉川学园从开办时的学生总数 101 名、教职工不足 20 人，到 1947 年拥有师生 8000 余人，占地 3600 万平方米，成为集幼儿园、小学、中学乃至大学于一体的学科齐全的综合性学校，小原国芳也因此饮誉教坛，蜚声世界。

小原国芳是一位很勤奋并善于博采众长的人。他十分崇拜瑞士大教育家裴斯泰洛齐及其教育思想，也推崇卢梭的"回归自然"、福禄培尔的"人的教育"、第斯多惠的"教师论"、帕克赫斯特的"道尔顿方案"、爱伦凯的"儿童观"以及苏格拉底的"发现教学法"。他在教学和研究的过程中注意吸收各位教育家的优秀教育思想，并结合日本的优秀教育传统和自己的教育实践，形成了自己的教育思想体系——"十二条教育信条"，即全人教育、尊重个性的教育、自学自律、劳作教育、对立的合一、提高效率的教育、确立学习基础的教育、尊重自然、师生间的友情、为他人服务及人生开拓者的教育、书塾教育、国际教育等。在这十二信条中，最为核心的内容就是小原国芳的"全人教育"思想。

在小原国芳的教育思想中，十分重视教育者的身教，他说，"教育实际上是从教育者的心灵到学生心灵的教育，是从教育者的人格到学生的人格的教育"。他提倡教育者把自上而下的强制教育改变为给学生以自主权和独立性的教育。他要求教育者不仅是知识的传授者，而且是学生的指导者、商谈者和向导。他不仅是这样说的，而且也是这样做的，他在玉川学园就采取了教育者讲授、集体讨论和学生个人自学相结合的教学方法，并且始终把学生的自学放在十分重要的地位。他所说的"全人"就是真、善、美、圣、健、富全面而充分发展的人，小原国芳认为教育的理想就在于塑造真、善、美、圣、健、富六大方面完美和谐的人格。

小原国芳的育人观对我国当前的思想教育工作仍然具有启发意义，有许多地方值得我们学习与借鉴，主要有以下三方面：一是教育工作者要具有奉献和服务精神；二是教育工作者要进一步提高自身素质；三是教育工作者要致力于构建立体化的育人模式。

2. 加里宁育人思想

米哈伊尔·伊凡诺维奇·加里宁（1875—1946），苏联人，卓越的无产阶级革命家、教育家。加里宁认为教育是一种最艰巨的事业，是对受教育者的身心施行一种有目的、有计划的感化，以便在受教育者的身心上，养成教育者所希望的品质。也就是说，教育不是自发地完成的，而是教育者对受教育者施加有计划的影响过程。加里宁指出："教师的世界观，他的品行、生活，他对每一现象的态度都这样或那样地影响着全体学生……可以大胆地说，如果教师很有威信，那么这个教师的影响就会在某些学生身上永远留下痕迹。"

加里宁育人思想对我国高校后勤育人工作具有重要的借鉴意义。作为青年学生，各种行为习惯都在逐步养成，可塑性极强，后勤工作者作为不上讲台的老师，其言行举止，对学生思想、信念和科学世界观的形成具有潜移默化的作用。欲正人先正己，要想培养学生高尚的品德，后勤工作者首先必须具备高尚的道德品质和健康的思想观念，做到为人师表、率先垂范。在日常工作中用自己的品格影响学生，用自己的灵魂去感化学生和塑造学生的心灵。

3. 孔孟育人思想

最早的育人理念可以追溯到中国古代大教育家孔子的育人思想。孔子毕生致力于教育事业，在中国最早开办私学，使得教育从贵族特权转向民间，而且成系统、成规模，堪称世界第一，比苏格拉底还要早。孔子提倡"有教无类""德才兼备"，非常关注学生的成长，把育人放在首位。较之于现在的应试教育，孔子的教育思想至今仍然有很强的现实意义。孔子育人思想对后人影响极其深远。

孟子持"性善说"，认为人性本善，因后天习染不同才分善恶。孟子还提出"良知"的概念，就是把从外部世界得来的学问看作是知识，把从内心，即人的善良本性中发现出来的认识称"良知"。荀子持"性恶说"，认为"人性恶，其善者伪也"。这里的"伪"不是指"虚假"，而是"人为"的意思，"人为"便是后天教育的结果。如此，不论"性善说"还是"性恶说"，都说明人必须通过教育，才能成为一个好人。中国古代的教育，从孔子开始就不只是传授知识，还注重启迪良知，有了"育人"的意识，所以称"教育"。

（二）育人的含义

《说文解字》对"育"的解释是"养子使作善也"。孟子曰："中也养不中，才也养不才。不从子而到子者，正谓不善者可使作善也"。由此可见育人最初是指对子女的教育和培养。今天的育人含义不再局限于家长对子女的教育和培养，而是家庭、社会、学校以及学校的所有单位和个人对青少年的全员、全过程、全方位的教育和培养的一种行为活动。

究其含义，育人是指培养教育人。教育是培养人的社会活动，是一种社会现象，起源于人类社会的生产劳动和社会生活。自古以来，有了人类社会生活便有了教育，教育与其他社会现象区别开来的本质属性就是有目的地影响人、培养人，也就是我们今天所讲的"育人"。"育人"不仅指思想政治品德教育，更是指将学生作为一个平等的、正在成长发展的，有许多美好素质、能力，等待培养发展的人来看待，对他们从多方面如知识、能力、道德、意志、思想、社会知识等的引导教育。当今"育人"思想体现了对人权的尊重，对人类自身和未来的关心、尊重。

三、服务育人的内涵及功能

（一）服务育人的内涵

1. 服务育人的由来与含义

服务育人虽然说是高校后勤的长期实践，但从某种意义上来说，在二十多年前还是一种盲目的缺乏理论指导的实践。真正上升为理性认识是在1985年，清华大学后勤职工首先提出了"服务育人"口号，这是后勤管理理论认识上一次质的飞跃。1987年9月，国家教委行政管理局在北戴河召开首次高校后勤服务育人座谈会，结合理论和实践，正式提出了"服务育人、管理育人"的目标和任务，高校后勤"服务育人、管理育人"的职能正式确立。"服务育人"的提出，在全国高校后勤中产生了强烈的反响和共鸣，明确了后勤工作既具有服务职能，也有育人功能的二重性，服务育人从此成为高校"教书育人、管理育人、服务育人"的重要组成部分。

所谓服务育人，是指服务主体在向服务对象提供各种服务的过程中，以丰富的物质和文化满足、熏陶、感染学生，并通过优质服务及服务者的良好形象，塑造一个真、善、美的育人环境，从而对学生的世界观、人生观、价值观和道德品质的形成起到暗示性、渗透性和潜移默化的作用。服务育人的直接作用是在为学生提供某种物质需要的同时，也提供必要的精神需要，使物质文明和精神文明互补。高校后勤服务育人要求高校后勤工作不仅是为学生医、食、住、行服务，更重要的是通过创造一种催人上进的环境，促进学生奋发成才。"服务育人"在高校后勤服务工作中，构成了服务者与被服务者之间的一种新型的人际关系。

服务育人的内涵有"显性"和"隐性"两个层次，显性层次是指外在服务行为、服务形象、服务环境、服务规范，并通过这些来教育约束服务对象，使之养成基本的社会公德和文明行为习惯，以及良好的学习、生活习惯；隐性层次是指后勤的所有活动都在潜移默化中对学生产生积极的、有益的影响，使之形成正确的世界观、人生观、价值观，以及良好的社会心态和精神风貌。

2. 服务育人的特征

高校后勤在服务教学、科研、师生生活的过程中，其服务活动贯穿于师生生活的方方面面，具有独特的育人特征。主要表现在以下几方面：

（1）服务形式的多样性。后勤服务育人的多样性是由服务形式的多样性决定的。其主要表现在后勤工作者以个人的思想觉悟、工作作风、道德品质和专业技术知识等方面影响学生；后勤企业通过制定和完善有针对性的一系列规章制度，可以培养学生遵章守纪、勤俭节约和文明礼貌的好品质；后勤服务所营造的优美校园环境，可以激发学生热爱学校、发奋学习的热情等等。高校后勤通过这些不同的服务和管理形式，形成了服务育人形式的多样性。

（2）育人过程的长期性。高校后勤服务育人的长期性特点主要表现在两个方面：一是从宏观上来讲，只要有高校，就必然有后勤存在，后勤事业是一项基业长青的事业。也就是说，高校后勤与高校是血肉关联的，同样高校后勤服务育人工作因为高校的存在而长期进行下去，不管后勤社会化发展到哪个程度，这一方向永远不会改变，服务育人的功能也永远不能丢失；二是后勤服务育人工作贯穿于学生在校生活的全过程，学生从入学到毕业，自始至终都无法与后勤脱离关系。

（3）影响范围的广泛性。高校后勤服务育人的广泛性是由两方面决定的。一是学生的学习、生活、文体活动等与后勤服务工作密切联系，学生每天都要接触后勤职工，接受后勤服务；二是后勤的每项服务工作和每个职工都可能与学生有所接触。直接的接触过程实际也是对接触双方最容易产生影响的过程，后勤正是因为其服务范围广泛，所以对学生也产生着广泛的影响。

（4）育人效果的间接性。现代教育心理学认为，在人的性格形成过程中，环境因素影响很大。学生主要活动范围是学校，其生活环境和学生息息相关，并持久地产生影响。环境可以行"无言之教"，对学生具有强烈的暗示性、渗透性和潜移默化的作用。高校后勤服务育人相对于教书育人而言，不是直接地面对学生进行政治思想教育，而是通过服务工作者的言行、作风、精神来感染学生，通过创造一个良好的服务环境以"春风化雨"的方式感召学生、陶冶学生的情操，从而达到服务育人的目的。

3."三育人"之间的辩证关系

高等学校是培养和造就人才的摇篮和阵地，"三育人"工作则是高校培养人才的主要渠道和中心环节。所谓"三育人"，是指学校的教师、管理人员、后勤职工为了实现育人的目标，在从事本职工作的过程中，以一定的形式对学生进行直接或间接的教育过程。"教书育人""管理育人""服务育人"构成"三育人"整体，相互关联，相互促进，缺一不可。

教师以教书为天职，传授知识的过程就是育人的过程，即"教书育人"，其目标指向学生"德""智""体""美"等方面的提高和发展。"管理育人"主要通过创造良好的育人氛围，通过对学生的管理，从方方面面保证学生正常学习，保证教学秩序有条不紊地进行，使学生能够全身心投入到学习中去，以此对学生产生直接、间接的教育和影响，达到育人的目的。"服务育人"主要通过围绕学校中心工作，为学校的教学、科研和师生生活提供优质的服务，并通过后勤工作者与学生的接触，直接或间接地发挥育人的作用。如果服务工作不到位，不仅会削弱服务育人功能的发挥，甚至可能起到反作用。教书育人、管理育人、服务育人这三个方面形成了高校培养人才的系统工程，"教书"是育人的主线，"管理"是育人的中枢，"服务"是育人的基础，三者之间的差异性体现在以下几个方面。

（1）主体相对不同。教书育人是指通过教学方法和形式向学生传授科学文化知识，而教学的主要承担者是教师，所以教书育人的主体是教师。管理育人是指学校各级党政管理人员通过强化管理育人意识，不断提高自身的政治和业务素质，努力做好本职工作，为教学工作服务，所以管理育人的主体是各级管理人员和思想政治工作者。服务育人是指通过高校各个部门，尤其是后勤部门规范化、科学化、全方位的服务，为学校人才培养目标的实现提供保障，所以后勤工作者是服务育人的主体。

（2）实施途径不同。教师在教学过程中主要通过设计合理的教程、开展形式多样的教学活动、融洽师生关系、严格课堂纪律等途径达到教书育人的目的；各级党政管理人员主要通过实行科学管理、加强制度建设、提高干部队伍素质、加大监督检查力度、制定合理的管理目标等途径来达到管理育人的目的；后勤工作者主要通过创造优美的环境、提供优质的服务、开展互动活动、关爱弱势群体等途径达到服务育人的目的。

（3）活动载体不同。教师主要通过课堂教学和社会实践等达到教学目标，故教书育人的载体主要是指现代化的教育手段、先进科学的教育思想、完备齐全的教学设施设备；管理育人的载体则主要是评先进和树典范活动、丰富的文化活动和课余生活、系统的思想政治教育活动等；服务育人的载体则主要是社区文化节、美食文化节、交流座谈会、体验实践等活动。

教学活动、管理行为、后勤服务虽然具有不同的主体、载体和实施途径，但三者都是为了达到共同的育人目标。把培养学生良好的政治素质和精湛的专业知识技能融于"三育人"的整个活动,通过多种形式和方法,有针对性地对学生进行丰富多彩、喜闻乐见的教育活动,使学生在德、智、体、美诸方面全面发展,从而达到高校培养高素质人才的目标要求。"三育人"活动构成了缺一不可的一个整体,在完成培养目标上,任何一个环节的缺失,都将影响高校人才培养目标的实现。

(二)服务育人的功能

1. 服务过程的引导功能

在服务行业中,顾客经常要参与服务传递过程。"过程就是产品,产品就是服务"。在高校,后勤提供服务的过程就是师生参与服务传递的过程,也是师生使用或享受产品的过程。由于高校后勤特有的教育属性,使得高校后勤服务具有独特的引导作用。

高校后勤服务过程,是后勤工作者与服务对象的交往过程,后勤工作者的工作态度、工作作风、劳动技能、语言、外表形象,无一不影响、感染着服务对象。后勤无小事,处处是教育。所有这些都通过"显性"和"隐性"两个层次来实现育人的功能。显性层次是指后勤工作者外在的服务行为、服务形象、服务环境、服务规范等,如后勤工作者上岗时,能做到操作规范准确,着装统一整洁,举止文明,语言热情、礼貌、和气、顺耳,表达通俗、准确、简练,在面对服务对象时,能缩短与服务对象的心理距离,赢得他们的认同、信任、尊重、理解、谅解、支持与帮助,形成良好的工作环境,建立良好的人际关系,同时能引导学生注意语言美、行为美、仪表美等,有利于学生养成各种文明、良好的学习生活习惯;隐性层次是指后勤工作者的所有活动都在潜移默化中对学生产生积极的、有益的影响,使之树立正确的世界观、人生观、价值观,以及良好的社会心态和精神风貌。如后勤工作者在服务过程中表现出的尽职尽责、热情周到、关怀体贴、爱护服务对象,想他人所想、急他人所急的工作态度,能够激发学生关心他人、团结友爱、助人为乐、热爱集体、尊师爱校、乐于奉献的道德情感。

2. 服务环境的感染功能

教育学原理认为,遗传、环境和教育是影响人发展的三大因素。遗传只是提供人身心发展的可能性,而环境和教育才使这种可能发展为现实并规定着其发展方向和内容。因此,环境对人发展的作用不可忽视。马克思在关于人的活动与环境相一致的哲学原理中，强调了人的成长过程中，其心灵、品德、意志的形成，语言、行为、习惯的养成，都受环境的感染和熏陶。前文已指出，高校后勤服务环境主要包括服务硬件环境、服务市场环境、服务文化环境等。高雅的环境能陶冶情操，帮助学生树立崇高的理想、正确的审美观念和健康的审美情趣，使学生能够按美的规律来美化自身和改造客观世界。健康充实的后勤环境文化，还能使学生在思想品德、行为规范等方面受到潜在性影响，使其形成正确的世界观、人生观、价值观和相对稳定的、特有的校园心理因素。

3. 服务条件的保证功能

条件是制约和影响事物存在、发展的外部因素，条件的好坏对后勤服务和保障起到基础性作用。条件是保证，完善的服务设施既是搞好后勤工作的基础，同时对学生的精神文明又具有积极的促进作用。

学生在校首先要吃、喝、住、行，然后才能从事学习、科研等活动，尤其是在现阶段我国高校后勤服务社会化的程度相对世界发达国家还比较低的情况下，学生的学习、生活都要依靠学校，如果就餐条件差，宿舍拥挤，环境脏乱，水电不能正常供应，自习没地方，娱乐无场所，要想培养高质量的人才是很难的。大学生在校期间，大部分时间是在宿舍、教室、食堂、文体活动室等公共场所里度过的，与后勤服务接触的时间最长。高校后勤工作的全过程，必须围绕服务育人这一中心，在人力、物力、财力等方面加大投入力度，努力创造条件，不断改善学生的学习、生活环境，寓教育于优美和舒适的环境中。

4. 服务成效的放大功能

服务成效是指后勤管理、服务活动取得的成绩和效果。服务成效的放大作用是指在社会快速发展、信息交换便捷、人与人联系更加紧密的今天，后勤服务工作所产生的影响会在瞬间传播开来，其产生的影响远比结果本身更加深远。

后勤工作永无止境，在高等教育大众化的背景下，随着高校后勤社会化改革进程不断推进，后勤部门不断研究需求、满足需求，与此同时，师生新的需求仍不断涌现，服务的提供和需求的增加成为矛盾的统一体，这就要求后勤工作者在看到成绩的同时也要清醒地认识到存在的不足。在后勤服务工作中，一位普通阿姨对生病学生母亲般的关怀和照顾，会让学生备受温暖，记忆一生，这种关爱也许只是针对一个或几个学生，但这种行为会在学生中广为传播，整个班级或者整幢公寓楼都将会记住这位慈母般可爱、可亲、可敬的阿姨。同样，在餐厅、在医院、在校园，每一位后勤工作者在服务过程中的亲切微笑、文明行为、敬业爱岗精神都会给学生留下良好的印象，而这一切将潜移默化地影响、感染、引导体验到这种服务过程的学生，通过这些学生又会影响到周围的同学。所以，在后勤服务工作中，要时刻注意服务成效的放大作用，力争做到以小见大、于细微处见真情。

第二节　服务育人的原则

作为高校培养人才的重要一环，"育人"早已有机地渗透在高校后勤的管理服务之中。青年学生的可塑性很强，他们的思想性格、道德情操、理想信念和价值观念等正处在形成的时期，而他们的学习、生活同高校后勤的服务工作紧密相连，每天有大量时间在高校后勤管理和服务的范围内活动，其政治倾向、思想情操、道德品质等都会自觉不自觉地表现出来，高校后勤可以在管理、服务过程中联系实际对大学生进行再教育。作为一个重要而不可忽视的思想教育阵地，高校后勤在育人过程中需要遵循以下原则。

一、潜移默化的原则

北齐的颜之推在《颜氏家训·慕贤》中提过："人在少年，神情未定，所与款押，熏渍陶染，言笑举动，无心于学，潜移默化，自然似之。"潜移默化是指人的思想或性格不知不觉受到感染、影响而发生了变化。在大学里，学生的主要活动范围是校园，而大部分时间又在宿舍、食堂等后勤管理和服务区域，后勤的管理水平和服务质量跟学生息息相关，并持久地产生影响。

1. 环境感染行"无言之教"

后勤服务硬件环境、服务市场环境和服务文化环境可以行"无言之教"，通过耳濡目染，对学生产生强烈的暗示性、渗透性和潜移默化的作用。整洁的校园、文明的学习环境、温馨而富于文化气息的住宿和就餐场所，使广大学生感受到家的温暖，缓解学习生活的压力，同时对其美好灵魂的塑造起着"润物细无声"的作用。

2. 行为引导树模范之身

大学生在校四年的学习和生活中，很多时间离不开后勤服务工作。从新生报到入学到毕业离开学校，从宿舍到课堂、从餐厅到校园，事事处处接触后勤工作者。长年累月，方方面面，后勤工作者的一言一行，后勤的每件工作都对大学生的情操陶冶和道德修养产生导向作用，直接影响他们的学习情绪和生活质量。后勤工作是没有讲台的课堂，后勤工作者是不上讲台的老师，是开展"三全"育人工作不可缺少的重要力量，后勤工作中蕴含的无声教育是大学生在课堂上、教科书中无法找到、无法学到的，而这些对大学生的成长，对大学生世界观、人生观和价值观的形成又产生着深远的影响。

3. 实践体验促全面发展

通过组织和引导大学生参与后勤管理和服务实践活动，让他们在具体的实践活动中，扮演一个角色，获得一种感受，明白一个道理，养成一种品质，学会一种本领，从而全面提高自己的素质。高校后勤通过提供丰富多彩的实践体验活动，不仅能强化大学生的道德认知和道德信念，还能促进其各方面能力的提升，使大学生在亲身实践中增长知识，掌握一定的生活技能，在潜移默化中将做人做事的道理转化为良好的行为习惯。

4. 大爱升华寓育人之真

后勤工作者以广博的爱心关爱学生，以高度的责任心、崇高的职业道德去感化他们，以默默无闻、任劳任怨的奉献精神去影响他们。后勤工作者始终以爱心、责任、奉献为目标，积极引导和培养学生树立正确的世界观、人生观和价值观，沿着正确的人生方向健康地发展。

潜移默化的教育形式是大学生既不能防御也不能抵制的，大学生的模仿是在无形之中产生的，这种模仿最初是外部行为，直观的、有目的的，而后逐渐由外向内、由表及里地转化和深入，经过较长时间的接触后，后勤工作者的行为规范就成为学生稳定的心理品质。

二、言传身教的原则

《庄子·天道》中提到"语之所贵者意也，意有所随。意之所随者，不可以言传也"。意指既用言语来教导，又用行动来示范，指行动起模范作用。以身作则，言传身教，是高校后勤服务育人应坚持的基本原则。

高校后勤服务育人工作是后勤工作与服务对象的交往过程，后勤工作者的工作态度、工作作风、劳动技能、语言表达和外表形象等，无一不影响、感染着服务对象。后勤工作者在服务中的尽职尽责、热情周到、关怀体贴等，能够激发大学生关心他人、助人为乐、热爱集体、尊师爱校、乐于奉献的道德情感。

1. 以身作则树立典范

坚持以身作则，确立师表形象为言传身教之先导。高校后勤部门的服务对象，主要是青年学生。他们正处于心理迅速发展的阶段，渴望得到关怀和理解，希望听到肺腑之言，也需要后勤工作者与他们进行耐心的交流。这就要求每个后勤工作者在热爱本职工作的同时增强责任感，自觉地营造良好的育人环境，不断规范自己的言行，做到严肃而不拘谨、活泼而不嬉闹、幽默而不庸俗、随和而有原则，只有这样才能在青年学生心目中树立师表形象。

2. 言教身教齐推并举

"其身正，不令则行；其身不正，虽令不从。"孔子向我们昭示了一条为人"师"者的真谛——身教重于言教。所谓"言教"，是指教育者用讲说的方式教育、开导被教育者；"身教"，是教育者以自身的模范行动去影响和教育被教育者。它注重以身作则，身体力行，有意识地发挥自身的示范作用。身教是告诉学生怎么做，言教是告诉学生为什么要这么做。言教的基础是身教，言教事实上是身教的抽象与概括，身教是言教的体现。常说"喊破嗓子，不如做出样子"，后勤工作者在各自岗位表现出的吃苦耐劳、任劳任怨、不图名利、关心他人的高尚品质和言行，对当代大学生的教育和影响远比通过批评教育和教化式的管理效果明显，这种影响无处不在。

三、动情晓理的原则

孔子在《论语》中讲到"诱之以利，动之以情，晓之以理，胁之以威，授之以渔，绳之以法，导之以行，勉之以恒，持之以恒，学之以恒，行之以德，道之以德，齐之以礼，有耻且格"。动之以情，晓之以理，即"以情使之动，以理使之晓"，用道理使其"晓之"，用充满感情的方式使其"动之"。

1. 动之以情，以情感人

在高校后勤管理和服务过程中，后勤工作者要树立起全心全意为学生服务的思想，要像关心自己的子女和兄弟姐妹那样，关心爱护学生，要想学生之所想，急学生之所急，及时帮助学生解决生活中的各种困难和实际问题。坚持这条原则，需要做到以下三点：首先，后勤工作者应通过自己的辛勤劳动和优质服务，为在校大学生提供良好的食宿和学习条件；其次，在高校后勤内部积极开展"献爱心、送温暖"活动。只要人人都献出一份爱心，就会对大学生的健康成长带来良好的影响；第三，后勤工作者的良好服务态度和优秀品德为大学生树立了学习的榜样，对他们今后如何做人也产生了积极的影响。后勤工作者不是亲人胜似亲人般的关爱让大学生感受到家庭般的温暖，这将会调动他们的学习积极性，促使他们健康成长。

2. 晓之以理，以理服人

坚持这项原则，主要是教育学生遵守有关规章制度，遵循社会公德。为了加强对大学生日常生活的管理，各高校首先应制定出各项规章制度，用规章制度来指导和规范学生的行为。同时还必须有强有力的思想教育，才能保证各项规章制度顺利贯彻执行。高校后勤在服务过程中对学生出现违章、违纪行为时，要坚持正面教育为主，指出其错误的性质和危害，帮助大学生分清是非，吸取教训，改正错误。

3. 导之以行，以行育人

坚持这项原则就是在日常的管理和服务工作中，要组织和引导学生参加高校后勤的民主管理，使学生在民主管理中受到锻炼、增长才干。大学生通过参加民主管理和共建活动的实践，不但能学习到后勤工作者勤劳、质朴、善良的高贵品质，还能提高遵守社会秩序、尊敬他人、热爱劳动、相互谦让的自觉性，锻炼和提高分析问题和解决问题的能力，增强主人翁意识。

四、博爱宽容的原则

"宽以待人、容纳海涵，胸怀广阔、大爱无私"是中华五千年文化之核心。有学者指出，大学要有大爱，这与博爱是相通的。博爱体现了以人为本的思想，闪烁着浓郁的人文情怀的光芒。大学是一个聚集高道德、高智力、高文化水平群体的地方，是精神文明的集散地，应当成为充满大爱、博爱和宽容的乐园。提供坚强有力的保障和优质高效的服务是高校后勤的职责所在，在后勤管理和服务工作中坚持博爱宽容的原则，会让师生心情舒畅，全身心投入工作和学习，博爱宽容就像催化剂一样，催化人才的成长，实现学校和学生发展的目标。

1. 将心比心，推己及人

将心比心是指高校后勤工作者在服务工作中要设身处地为服务对象着想，假设自己站在对方的位置上，如何理解他人，体谅他人；推己及人，是以自己为标尺，衡量自己的言行举止能否为人所接受。其实质是要求后勤工作者学会换位思考，当学生提出问题或遇到困难时，后勤工作者要站在对方的立场，想想如果自己遇到这种问题和困难时会怎么样。

2. 善良之心，关心别人

后勤工作者要充分发挥中华民族的优良美德，善良热情、与人为善、乐于助人，在生活中给予学生雪中送炭的帮助；后勤工作者要永远怀着一颗友善、真诚之心，服务师生，关爱弱势群体，这种行动不在于惊天动地，而在于平时的点点滴滴、日积月累，于细微处见真情；后勤工作者要主动关心人，急学生之所急，想学生之所想，送学生之所需，极尽所能地帮助那些在学习和生活中遇到困难的学生，切实为他们排忧解难，解除后顾之忧，创建良好的育人环境。

3. 有容乃大，兼容并蓄

有容乃大，兼容并蓄，是指后勤工作要遵循宽容的原则，我们讲的宽容不是无原则的退让和妥协，对服务对象的宽容就是后勤工作者要心胸开阔，不斤斤计较、耿耿于怀，能容人容物，善于以宽容的心去体谅学生、理解学生。宽容能化解矛盾，宽容能使消极变积极。有了宽容就有了无穷力量，就会谦恭自律。宽容有利于团结，有利于和谐校园、和谐后勤的创建。

高校后勤的服务工作应始终坚持博爱宽容的原则，用博爱、宽容的胸怀去抚慰、温暖师生；用心与心的真诚交流、用心与心的坦荡沟通不断缩短与师生的距离，才能真正在管理和服务过程中达到服务育人的目标。

第三节 服务育人的基本要素

服务育人作为一个系统工程，有其基本的组成要素。所谓要素是指具有共同特性和关系的一组现象或一个确定的实体及其目标的表示。要素有两层含义，一是构成事物必不可少的因素；二是组成系统的基本单元，是系统存在的基础，同时也决定着系统的性质。笔者认为服务育人由主体要素、条件要素和文化要素组成。这三个要素相互依存、相互作用、缺一不可，其中主体要素是关键，条件要素是基础，文化要素是核心。

一、主体要素

（一）主体要素的含义

主体要素是一个系统中起主导作用的要素，是首要的条件，它甚至制约着系统的发展。服务育人的主体要素是指进入高校后勤管理服务活动领域，发动、承担并实现管理服务活动的高校后勤工作者，他们是一切后勤管理服务活动的决策者、组织者与执行者，是服务育人系统中的关键性要素。

主体要素是服务育人系统中的主观要素。一是由于高校后勤工作者是具有一定的知识、生产经验和劳动技能的人，而生产经验和劳动技能只有发挥人的主观能动性，通过积极主动地去学习和掌握才会获得；二是高校后勤工作者具有创造性，在后勤管理服务过程中能把各种资源有机结合起来，创造更大的价值；三是高校后勤工作者具有主观能动性，通过其主观能动性，使后勤各项管理服务活动的内容变得更丰富，形式变得更多样化，并在这个管理与服务的过程中，形成了员工与员工、师生与后勤员工等各种人与人之间的关系和反映这些关系的上层建筑。

主体要素是服务育人系统中的实践性要素。从实践是人类的存在方式去理解，高校后勤工作者是一种实践的存在，在后勤管理服务中，高校后勤工作者运用自己所掌握的知识、技能，借助一定的载体如各种管理制度和各种设施工具，对校园环境等进行改造，使它们朝有利于自己的方向发展；同时在这个管理与服务的实践过程中，高校后勤工作者又在不断地学习和提升自己的各方面素质，使自己更好地进行管理服务实践活动，最终达到管理育人、服务育人的目的。

可见在高校后勤服务育人的整个过程中，所有的活动都是由人去完成的。人是后勤管理中最活跃的部分，只有人才能深刻理解服务育人使命的重要性并自觉践行这一使命，只有人才能利用各项先进的技术、设施来实现服务育人的使命。高校后勤工作场所和服务对象的特殊性，又决定了后勤工作者是"不上讲台的老师"，其一言一行、一举一动，时刻被学生所关注、所参照、所模仿。因此，高校后勤工作者不但是服务育人的主体要素，而且更是高校后勤能否"服"好"务"，"育"好"人"的关键所在，高校后勤服务者是使后勤服务育人这种可能成为现实的实现者。

（二）主体要素的特征

1. 健全的身心素质

首先要有强健的体魄。后勤工作者要在体质上有较强的抗病能力，在做体力劳动时有持久的耐力，有足够的精力应付日常生活和工作的压力。后勤工作很辛苦，各岗位对身体的要求又不一样，有的还需要特殊的身体条件，如餐饮岗位。没有强健的体魄，连基本的工作都做不好，何谈服务育人；其次要有健康的心理。后勤工作者要以积极的眼光看待周围的事物，看待世界，对日常工作中出现的压力、委屈等心理问题，能采取有效的预防、调整、治疗措施。后勤工作很繁琐，经常会受到误解甚至责骂，因此，后勤工作者必须在心理上善于调节，能适应环境；再次是开朗的性格。后勤工作者要有通达的心态、练达的智慧。后勤工作事务杂，摊子大，任务重，稍有不慎就会影响育人工作的顺利进行，因此后勤工作者应该事事都能往好的方面想，并做到快乐时不得意、痛苦时不消沉，要有"我付出，你成才"的乐观心态。

2. 较强的能力素质

首先要具有岗位技术能力。后勤工作者既要熟悉也要能适应操作各岗位所需的基本技能。后勤每一个具体岗位都需要相应的岗位技术能力，如餐饮工作应具备烹调技能和营养学知识，而驾驶员除掌握必需技能外，还要熟悉所驾驶的设备的使用、维修等技能。有的岗位技术性较强、责任重大，如锅炉工，业务技能要求就更高了；其次要有解决问题的能力。工作就是要解决那些妨碍我们实现目标的各种各样的问题。在工作中遇到障碍，能发现问题的矛盾点并能分析解决，能排除障碍，保证工作顺利进行。每一位员工，也许每天都要面对层出不穷的问题，这时就应该勇敢地面对并开动脑筋解决问题；再次要有沟通协调能力。后勤工作者要能有效地运用各种沟通方式，营造宽松、和谐的工作氛围，同时善于团结和自己意见不同的人一起工作。语言文字表达要条理清晰，用语流畅，重点突出。沟通协调存在于后勤服务的每个环节，后勤工作者与学生之间的交流沟通是随时随地存在的，要通过沟通协调把服务过程效能化。

3. 良好的品德素质

首先应该具有爱岗敬业的职业精神。一个后勤工作者无论从事什么岗位，首先必须热爱自己的职业，对自己的岗位职责负责到底。只有爱岗敬业的人，才会全心全意投入工作，才会勤勤恳恳，不断地钻研业务，一丝不苟，精益求精，才有可能在平凡中展现伟大，才能实现服务育人的使命；其次要有全心全意的服务精神。高校后勤工作就是服务工作，要将全部的精力投入到工作中去，一点都不保留，并始终把维护学生利益作为工作的出发点和归宿点。具备了全心全意的服务精神，就会努力为师生员工着想，为他们架桥铺路，排忧解难，并乐此不疲；再次是任劳任怨的奉献精神，任劳任怨是指做事不辞劳苦，不怕埋怨。后勤工作纷繁复杂，涉及面广，起早摸黑、加班加点是常有的事，但又因为众口难调，工作很辛苦，又不能保证人人满意，甚至还要承受风言风语。所以，从事后勤工作，不仅要任劳，还要任怨，能经受得住他人的埋怨、指责，要敢于"风雨一肩挑"，要有一种"孺子牛"的奉献精神。

二、条件要素

（一）条件要素的含义

条件要素是指影响事物存在并能引发事物发展的必要因素，它揭示事物依靠什么而存在，这些条件是如何发展变化的，又是如何引发事物发展变化的。条件要素最突出的特征是可变性，可变性的表现是可以增加或减少，这种增加或减少推动着事物的变化和发展，但条件增加、减少的幅度，以不引起事物的构成变化为界限。

服务育人的条件要素就是指为了实现服务育人而必备的各种财、物、信息、市场、资源的总和，如学生公寓、餐厅、教学楼等以有形资产体现的设施设备和为确保管理服务活动顺利进行的辅助工具，如信息技术、网络办公等。

条件要素是服务育人系统中的客观要素，一方面它们都是后勤管理服务领域的客观存在物，都具有客观实在性；另一方面作为设备设施和信息资源，它们没有意识、没有能动性，更没有创造性，只能被动地发挥自身的作用，但却可以被后勤工作者作为管理服务育人的载体能动地、有目的地发挥作用。因为服务育人是很抽象的事情，是意识形态的事物，没有一定的物质形式，就不可能传递服务育人的思想，它必须通过有可感知的物质形态，比如后勤工作者只有在餐厅按照明确的目的才能提供人性化的餐饮服务，在公寓通过住宿服务才能有计划地加以运用。

条件要素使服务育人成为一种可能。后勤通过基础设施设备和网络管理工具等条件要素把相对枯燥的后勤工作表现得生动形象又丰富多彩，这对学生的思维心理、行为方式、理想信念都带来很深刻的影响。高校后勤工作者通过这些客观存在物不但保障了学校教学、科研、生产的有序进行，让学生安心学习，专心科研，更重要的是这些载体使管理服务活动成为教育的"第二课堂"，把后勤的服务理念、管理思想传递给学生，成为学校思想政治工作的重要补充，使服务育人成了一种可能。因此条件要素是服务育人不可缺少的要素，它在服务育人中发挥着重要的作用，是做好服务育人的基础工具和有形载体。

（二）条件要素的特征

1. 完善的设施设备

餐厅、学生公寓、超市、教学楼等是后勤管理服务活动最基础的设施条件，后勤只有通过完善的设备资源才能把各项服务育人工作体现出来。后勤是以出售"服务"为主的部门，让学生满意是后勤的工作目标，而后勤的这些硬件设施是实现这个目标的物质基础。随着社会的发展，后勤保障工作对设施设备的依赖程度也日益提高，一旦设施设备出了故障，后勤保障工作就要受到影响，几乎无法由人来代替。我们无法设想，电话不通、浴室无水、宿舍不能正常住人、餐厅无法正常开餐的后勤如何能使学生满意，我们更无法想象，如果连正常的后勤管理服务活动都开展不了，高校后勤如何来服务育人。因此，良好的设施设备是开展服务育人的基础，而现代化的设施设备更为服务育人提供了强有力的保障。以校园内的建筑物为例，校园环境为学生提供了学习、生活的空间。从直观上说，带有建筑美、自然美、生活美的现代化设施本身对学生就是一种静态教育。这些校园建筑物长期、重复地被学生所接触和感受，反复作用于学生的头脑，就会影响他们的思想，会培养他们的审美观，提升学生的自豪感，增强凝聚力、向心力，促进校风学风建设。

2. 网络化、数字化的现代信息技术

随着社会的不断发展，如今政治、经济、意识形态已被融合成一个有机体，而高校作为知识、信息、高科技生产与传播的主要阵地，更是受到很大影响，这也给高校后勤服务育人提出了新的挑战。同时精英教育向大众化教育转变所带来的参差不齐的生源，不但给高校学生管理工作带来难度，也给高校后勤服务育人带来了新的问题与困难。所幸的是随着社会经济的发展，信息技术的使用给后勤服务育人提供了新的载体和渠道。特别是网络技术，不仅能传播文字，还能传播声音、图像，其信息容量大，传播速度快，覆盖面广，具有高度的开放性和交互性，已经日益成为后勤传播管理思想的重要载体。网络这种传播方式很受学生的欢迎，这使得后勤一切管理与服务的举措也更容易被学生接受。应该说，服务育人的这一条件要素在这样的社会背景下得到了更加快速的发展，网络信息技术作为强劲有力的现代管理手段与工具，被应用于后勤管理服务的各个领域，如后勤网页、自动化办公系统、人力资源管理系统、财务管理系统等。各高校后勤纷纷通过网络化、数字化的现代信息技术传递着服务育人的思想，对学生的政治观、道德观、思维心理和行为方式起到渗透式的影响。

三、文化要素

（一）文化的含义

从广义上说，文化是人类社会历史实践过程中所创造的物质财富与精神财富的总和；狭义上说，文化是社会的意识形态以及与之相适应的组织机构与制度。在高校校园中，高校后勤文化是以高校后勤工作者为主体，通过管理服务活动并在这个长期的过程中逐渐形成的具有后勤特色的价值观念、行为规范、道德标准、员工素质以及与之相适应的制度载体的总和，它是后勤精神形态文化、物质形态文化和制度形态文化的综合体。

文化要素是服务育人系统中的核心要素。高校后勤是特殊的服务行业，又身处弥漫着文化气息和教育氛围的高等学府，其企业文化一方面作为间接性的要素渗透到后勤各项管理服务活动中，提高着后勤的管理与服务水平；另一方面，企业文化的深深融入是后勤发展和富有竞争力的重要资源。美国学者亨廷顿指出，21世纪的竞争将不再是经济的竞争、军事的竞争，而是文化的竞争。高校后勤只有在文化的支撑下，才能获得不竭的发展动力和持续强劲的发展优势，只有成熟的企业文化才能衍生出鲜明的管理和服务理念，只有经过文化的浸润才能营造出可以净化学生心灵的人文与生态环境，确保服务育人的使命和谐有序完成。

文化要素通过以下方式使高校后勤发挥着服务育人的作用：首先，将各种已经形成的良好的服务理念、管理思想通过管理与服务内化成后勤工作者的素质；其次，后勤工作者在服务过程中遇到问题时会不知不觉地用已经内化了的管理理念、思维方式进行观念整合，并按此进行价值判断；最后，后勤工作者采取能够体现价值判断的行为模式解决问题、处理事件。实际上，每个高校后勤工作者在管理服务过程中所呈现出来的思维和行为模式，都是高校后勤内在文化的外在表现，甚至可以说高校后勤所有的管理服务活动都是其企业文化的外在表现。

（二）文化要素的特征

1. 企业文化具有明显的人格化特征

企业文化的人格化特征就是指通过员工个体与企业文化氛围的相互作用，形成较为统一的具有稳定性的独特的心理特征。这种心理特征能够连续、持久地影响和决定员工个体的行为，而员工个体行为的凝聚则体现了企业整体的本质和特征，决定企业整体的价值取向。企业文化的人格化特征实际上是社会发展的客观要求，要求企业成为社会有机体的一员，监督、适应社会客观环境与社会协调同步发展。高校后勤的主体是人，其一切目标和任务都是通过人去实现的。

后勤企业文化所具有的人格化特征。一是基于交往需求而必须培养的后勤企业亲密文化和情感。现代企业管理理论指出，和谐、融洽的人际关系产生生产力。这种和谐、融洽的人际关系，既包括员工与员工之间亲密团结的关系，也包括管理者与被管理者之间的尊重、信任、理解、关心的关系。这些关系的营造和确立并不是单纯靠物质、金钱实现的，主要靠后勤企业文化的建设；二是基于人的成就需求而培养高校后勤的凝聚力和向心力，以及培养员工的主人翁精神。高校后勤是一个特殊的社会组织群体，其企业文化建设就是要通过倡导高校后勤精神、塑造企业价值观等方式来不断强化后勤内部凝聚力，让各具个性、各有追求、持不同价值取向的所有员工都能在高校后勤领域充分发挥他们的聪明才智，实现他们的追求，从而把高校后勤变成一流的服务企业。与此同时指导员工大胆地工作和创造，使员工既能够实现自我价值，又能给后勤创造物质和精神财富，其中特别要提倡和鼓励员工积极参与管理，让员工在参与过程中切实体会到自己的确是企业的主人。高校后勤文化具有鲜明的人格化特征，这实际上是诠释了高校后勤以员工为本的一种管理理念。而高校后勤以员工为本的企业文化理念，增强了高校后勤工作者的主人翁意识，使后勤工作者做好服务育人工作有了内在驱动力。

2. 企业文化具有双向育人的特征

企业文化都是以物化的形式存在的，其真正的价值不在于外在的存在形态，而在于内在的文化价值。这些文化价值体现了一个企业的价值取向、价值观念和行为模式。这些文化价值无形地存在于企业中,以一定的方式作用于企业内的每一个个体。而这些文化价值的获得,必然要经过文化生产者即企业员工的反复提炼、加工、处理,并经由大量的社会实践活动,才形成系统的企业文化理论。而要让企业外的个体感受到企业内的文化理念,则是通过各种技术渠道,把文化符号和那些无形的精神"罐装"到各种载体中去,再通过市场营销送到消费者手中。对于高校后勤而言,这个整理、传递、应用文化的过程实际上是一个双向育人的过程。

所谓双向育人就是指高校后勤工作者和大学生之间的双向互动教育体系。它是在管理服务过程中,后勤工作者与大学生的双向影响交互作用,在思想、行为、心理等方面同步提高的一种活动过程。具体包括以下三个方面,即后勤工作者对自己和大学生实施育人功能,后勤工作者和大学生之间的双向育人,后勤工作者和大学生各自自我教育、自我管理、自我服务所体现的育人功能,其最主要的特点是双向、互动、互效。

双向育人是双向信息交流过程。人的思想活动过程就是一种信息流动过程,而接受服务的过程也是获取信息的过程。从这个层面来说,后勤工作者和大学生互为教育者和受教育者,他们在这个系统中就是平等主体,互相发送信息,各取所需,这样利于信息畅通,育人效果自然会得到加强。在这个过程中,自我学习和互相学习成为服务育人的主要手段,尤其是互相教育手段的实施使后勤工作者和学生的"表率"意识得到加强。双方都非常关注自己身上的优点,寻找能体现优良道德品质的"闪光点",并努力加以弘扬。同时,双方又都在努力发现对方的优点,两者更加注意努力地克服和弥补自身的缺陷。这就使双方都能形成既服务他人、也服务自己,既教育他人、更教育自己的良好心态。高校后勤文化双向育人的这个特征强化了文化对服务育人的支撑作用,使企业文化成为服务育人工作中一个不可或缺的要素之一。

3. 企业文化具有多元化特征

高校后勤文化建设的目标,就是要营造一种相互尊重、彼此激励、有效沟通,并能为企业带来长远效益的、和谐的企业文化。简言之,作为服务育人核心要素的企业文化应该是多元化的,它包括以下三个层面:

一是精神文化层面。包括后勤企业核心价值观、后勤服务精神、员工道德观等。如高校后勤员工都有共同的价值取向(以"三服务、两育人"为宗旨)、和谐的人际关系、丰富的文化生活、文明的生活方式等。

二是制度文化层面。包括后勤的各种规章制度以及这些规章制度所遵循的理念，如人本管理的人力资源理念、服务至上的经营服务理念等。

三是物质文化层面。如后勤的企业标志、文化传播网络等。比如许多高校后勤都有了自己的 VI 识别手册、标志标牌、统一的员工着装、后勤之歌等。

精神文化、制度文化和物质文化三者互相作用，共同形成企业文化的全部内容。文化的精神层为文化的物质层和制度层提供思想基础，是企业文化的核心；制度层约束和规范精神层和物质层的建设；而文化的物质层为制度层和精神层提供物质基础，是企业文化的外在表现和载体。一个和谐的后勤企业文化应起着导向、规范、推动和凝聚作用。

第八章　高校后勤服务育人的功能

后勤工作作为高校管理服务工作的重要组成部分，与高校的教育目的具有高度的一致性，这就决定了高校后勤工作不仅要具备服务功能，而且还要具有育人功能。

第一节　高校后勤服务育人功能的定位

一、服务育人的理论基础

（一）人本主义心理学

1. 人本主义心理学的主要内容

人本主义心理学于20世纪50—60年代起源于美国，是美国心理学的主要流派。该理论的核心是人通过自我实现满足多层次需要的系统。人本主义心理学理论体系由马斯洛创立，以罗杰斯为代表，主要理论包括人本主义心理学自我实现论、人本主义心理学教育观、人本主义心理学人性观。

（1）人本主义心理学自我实现论

自我实现是个人对自己和环境之间相互作用及其关系的知觉和评价。自我实现是个人在发展过程中摆脱外力条件等因素的束缚，力求变成他能变成的样子，追求本真的自我。自我实现论是人本主义心理学的核心内容，它肯定了人的存在和内在价值的实现，强调人性的潜能，重点培养个人潜能方面的自我实现。潜能的自我实现是人的最高动机，是人的潜能发挥的高层次境界。例如，一个科学家必须在实验室搞科学研究，一个画家必须绘画，否则他们都始终无法平静。也就是说，自我实现者是更加真实地成为了他自己，更加完善地实现了他的潜能，成为更完善的人。

（2）人本主义心理学教育观

罗杰斯提出了教育改革论，即人本主义心理学教育观，主要是"以学生为中心"的教学模式。深层的理论价值是教育目标，即"促进学生的发展，使他们成为能够适应变化、知道如何学习的具有内在自由特性的人"。

（3）人本主义心理学人性观

该理论的主要观点是坚持人性本善、天性本善，提倡人的内在本质，即人的独特本体论存在状态。在人性善恶方面坚持人性本善说。在马斯洛的人性本善理论中，人性是不断发展变化的，至少表现为善良或中性。对于人性恶方面的解释，即人性恶是因为人的欲望和基本生存条件没有得到满足，自我实现过程中出现了偏差或是破坏而引起的连锁反应。人本主义心理学人性观积极肯定了人的存在，人性不仅仅是乐观、积极的并且是富有建设性的，人性是跟随条件变化而改变的。人性中存在实现自我潜能和实现自我需要的趋向。

2.人本主义心理学对服务育人的启示

（1）有助于明确学生的主体地位

学习或接收信息知识的途径取决于学生本身主观意愿的接受程度，教师、外界条件、环境因素都是辅助教育条件，传统教育观点以教师为主体，相对注重外在教育辅助条件的配置与设计，忽略了学生自身的接受能力，也就是说忽略了学生在接受教育过程中的主体地位。高校后勤服务育人工作不同于课堂教学模式，同样具有教育者属性，但是不存在对学生答疑解惑的职责。

（2）有助于自我实现

所谓"自我实现"就是人对天赋、能力、潜力等的充分开拓和利用。自我实现论在教育层面分两个方面：

①教育者的自我实现。马斯洛人本主义心理学主张的是一种心理影响和干预，人本主义思想贯穿于教育工作中，强调人的最高价值的实现。高校后勤服务育人工作对在校大学生进行隐形教育，需要教育者开发潜能，创新教育方式，对整体教育目标和计划设计通盘考虑。

②受教育者的自我实现。马斯洛教育理论是"以学生为主体"的，完整的学习过程是一个学生主体自我实现的过程，是一个学生潜能充分释放的过程，在此过程中外界教育辅助条件也起到至关重要的作用。教育者通过思想干预、情景引导、以身作则等教育手段帮助受教育者逐步实现自我价值。

（3）有助于高校服务教育观

高校后勤以服务为主线，一切工作都在服务中体现。服务教育观是高校后勤服务工作特殊性决定的，即服务教育目标。高校后勤服务育人工作的开展需要有目的性、目标性，制定合理的育人方案，需要后勤教育者在工作中发自内心地去执行、去完成保障和育人工作，并且达到预期的教育目标；以培养自我实现或充分发挥作用的人为最终目标，服务教育观要求教育者不仅限于机械地完成本职工作，还要在工作中带有目的性地实现育人效果，这是高校后勤服务育人的基本要求；利用后勤工作多领域、多层面的优势开展理论结合实践的育人活动，将高校后勤服务育人工作落到实处；"以学生为中心"的服务模式，反对教条主义的后勤服务育人体系，主张把学生视为学习的主体，开展以内心接受为中心的服务，发扬服务精神和创新后勤服务领域服务教育观。

（二）思想政治教育理论

1.思想政治教育环境论

优化思想政治教育环境就是有机整合环境中的各组成要素，使之协同配合，以促进育人对象的健康发展。人自身道德品质的发展离不开周边环境的影响，人的生存和发展都是以环境为条件的，人的道德品质的形成和综合素质的提升都会受到周边环境的影响。同时，周边环境的优化是以人的健康发展为目的的。实现思想政治教育环境优化不仅要实现人与周边环境的有机配合，也要实现环境中各要素之间的协同配合，从而实现育人效果的最优化。

2.主客体能动论

重视和尊重人的主体性已成为现代教育理念的显著特征之一。高校后勤服务育人是一种隐性思想政治教育过程，而隐性思想政治教育对于教育者有着较高的要求，是在教育者有意识而受教育者无意识状态下的思想政治教育过程。教育者应该具有能动性：首先，教育者要提高自身素质，明确教育目的，将育人因素合理地渗透到工作环节中；其次，要对受教育者的身心发展规律有充分的了解；最后，要合理运用隐性思想政治教育载体，促进学生思想道德素质的提升和发展。

受教育者也应当充分发挥能动作用。隐性思想政治教育发生的前提和预设是教育者处于"工作状态"，而受教育者并不知情。当教育者对受教育者进行施教时，受教育者的受教意识能够立即被激活，并与教育者产生互动、发生作用。

受教育者在受教过程中，经过思想性的矛盾运动，由对教育者教育行为的感知转化为思想政治教育的感性经验，上升为思想政治教育活动的体验，最终将这种体验内化于自身的思想道德认知结构中。

（三）隐性课程理论

1. 隐性课程理论的主要内容

（1）隐性课程的教育人类学基础

教育人类学告诉我们，人的主要特点是具有可塑性，这是人可以接受外部文化的内在标准，人属于自然并在自然中生存发展，属于自然和人类文化的领域。自然人在发展过程中吸收现有和原有的文化、道德来改变自身心理以及行为能力，然而自然界的自然人都有自身的特点和文化差异，即使在文化、地理环境相同的情况下，每个人的个性品质都会呈现出独特的风格。人的可塑性是存在上限的，根据个人情况不同，上限的标准也不尽相同，不能简单地理解为单纯的外界影响就能导致相同的可塑性效果。隐性课程及其他任何外界影响都必须通过人自身的因素和外力条件共同协作起作用，才会收到预期效果。除了人的可塑性外，教育人类学中关于人的本质的理论、人格形成的理论等都为研究隐性课程提供了理论基础。

（2）隐性课程的教育社会学基础

一个人个性品质的形成、发展过程，也就是人的政治、道德、法律、民族意识的社会化进程。个人与团队之间的相互协作，在特定的环境因素、社会因素影响下变成了受教育者之间的信息交流、相互交往。这种交往有设计的预先环节并且带有明确的目的性。

2. 隐性课程理论对服务育人的启示

（1）关注受教育者可塑性培养

人本主义心理学的主要观点之一是人性为善，人的善恶可以通过外界条件变迁而改变。受教育者可塑性的培养以隐性课程理论为依据，应该从教育环境、教育手段、育人环节设计等方面给予影响，使受教育者在道德素质上形成新的本质上的变化。

（2）关注受教育者品格形成培养

隐性课程对学生的影响在本质上是一种"无声之教"，高校后勤服务育人理念不是强行灌输，而是寓教育于服务环境之中，通过无形的、有形的或精神的、物质的多种环境因素的综合作用，在耳濡目染与潜移默化中熏陶、感染、影响受教育者，能够有效地提升学生的自我意识与修养，塑造灵魂与培养品格。高校后勤服务育人工作努力营造变化、发展、动态与开放的文化氛围，强化高校后勤隐性课程的育人功能，努力塑造大学生与时代发展相适应的完美品格。

（3）关注受教育者德育培养

隐性课程的内在因素特性决定了其影响、干预大学生的内心世界。德育是教育的构成要素，德育是中华文化之表征，也是中华文化之结晶。

德育是教育者按照一定社会或阶级的要求，有目的、有计划、系统地对受教育者施加思想、政治、道德影响，通过受教育者积极地认识、体验、身体力行，从而形成他们的品德和自我修养能力的教育活动。

在教育过程中，教育者和受教育者都要摆正自己的位置，认清隐性教育的内在价值，结合教育环境特点建立起有利于大学生成长成才的德育引导环境。

二、高校后勤服务育人的相关概念

（一）高校服务育人

服务本意指使他人受益的一种有偿或者无偿的活动。在高校后勤机构中，服务被赋予了教育的内涵，通过服务实现对学生的教育。对于服务育人的概念，学者们大多直接以高校为主体进行概念的界定和分析，以其他机构作为服务育人主体的论述较少。服务育人单独从字面上的意思来理解，可以解读为通过服务以达到育人的目的，即将服务作为育人的一种方式和载体。凭借服务的给予性和奉献性打动教育对象，赢得教育对象的认可，进而对教育对象产生思想上的影响和行为上的规范。因此，服务育人的概念为通过相关工作人员提供的服务，潜移默化地影响教育对象的世界观、人生观和价值观。

高校服务育人具有广义和狭义之分。广义上的高校服务育人涵盖广泛，学界对于所涵盖的服务环节并没有统一的说法。例如，王胜本等人认为"服务的主体不再局限于高校后勤，而是由高校后勤、服务企业、高校学生及学生组织共同组成，服务本身被细化为服务活动、服务环境、服务行为、服务文化等多个维度"。舒建华、王香认为"从广义上理解，服务育人就是任课教师、管理干部和后勤工作人员都承担着育人的责任，都有管理的职能，都有服务的义务"。周萍认为"服务育人并不只是高校后勤的功能，而是整个高校的功能"。

可见，广义上的高校服务育人就是包括任课教师、管理干部、行政工作人员以及后勤工作人员等身处于高校中的一切人员在教育学生、管理学生、处理学生事务、为学生提供服务的过程中，将育人因素渗透其中，从而对学生产生潜移默化影响的一种育人方式。狭义上的高校服务育人就是高校后勤服务育人。

（二）高校后勤服务育人

1. 高校后勤服务育人的主体

后勤是与前勤相对的概念。在企业中，前勤就是"生产"的意思，后勤就是为生产"服务"。在高校中，前勤就是直接对学生进行教育，通过传统意义上的书本教学来实现教书育人，而后勤就是为高校的教书育人"服务"的地方，是后方对前方的一切供应工作，也就是教书育人的"大后方"。高校后勤机构涵盖公寓、食堂、图书馆、校医院、浴室、校车等高校生活服务体系中的部门。

高校后勤服务育人在后勤机构的不同部门体现有所差异。徐军平认为"服务育人就是图书馆工作人员在日常工作中以育人为宗旨，以服务为手段，通过营造良好的学习、生活环境，培养学生良好的身心品质和行为习惯"。王晓瑞、耿世龙等人认为"高校学生公寓管理服务育人也要加强创新，要深化服务育人改革，树立'以人为本'的个性化教育观念"。王丽晓、张晓雨等人阐述了餐饮服务育人这一概念，他们认为"餐饮服务育人是指高校餐饮服务部门通过开展服务工作，对大学生的思想观念、行为习惯、身心健康产生一定积极影响的过程"。

2. 高校后勤服务育人的对象

高校后勤服务育人的对象主要是在校大学生。首先，大学生正处于思想观念形成的关键时期，对于事物是非曲直的判定不够清晰，易被错误观念影响甚至误入歧途；其次，大学生活更加自由，很多学生的自我意识随之增强，更加关注自身的发展而忽视公共利益和集体利益。长此以往，这种意识必定会阻碍学生的进一步发展。加之互联网盛行，良莠不齐的思想冲击着大学生的头脑。这些新问题意味着思想政治教育已经不能仅仅依靠思想政治理论课这一主线，而应拓宽思想政治教育渠道。

高校后勤服务育人应时而新，有其育人优势。首先，高校后勤服务育人有别于理论知识的灌输形式，服务是一种主动付出而并非索取，这就使得服务育人更易被接受；其次，将育人因素渗透到服务中，是以一种"润物细无声"的方式，不需要学生特别主观上的努力，这也是高校后勤服务育人的优势之一；再次，高校后勤服务育人涵盖广泛，能够为学生提供多元化的实践平台。在这一层面，高校后勤服务育人又是思想政治理论课的重要补充；最后，高校后勤服务育人契合大学生的培养目标，是培养德、智、体、美、劳全面发展的人的重要途径。

3.高校后勤服务育人的内涵

关于"服务"，马克思曾解释道："服务是指这种劳动所提供的特殊使用价值，就像其他一切商品也提供自己的特殊使用价值一样。"按照马克思的观点，服务是一种商品，本身不具有育人功能，但是由于高校后勤服务主体与被服务对象的特殊性及其两者间特殊的教育关系，服务被赋予了教育内涵。服务是后勤主要的活动形式，服务育人是后勤育人最直接的表现形式和最形象的概括。

高校后勤肩负着"服务育人"这一义不容辞的重任，但又不同于一般的教育部门，提供服务并促成服务使用价值的实现是其得以生存发展的根本，这也是促成育人功能实现的基础活动。所谓服务育人，便是以此为桥梁，进而通过以身作则、美化环境、规范制度、严格管理、热情关爱及实践锻炼等多种服务活动，让大学生在日常的校园生活中接受潜隐、预设的思想政治教育。

在通过社会意识指导及引领服务育人的实践活动中，后勤服务被赋予了思想政治教育的内涵，渗透了思想政治教育的基本要求。正确理解服务育人内涵的精神实质，是加深对育人实践认识和理论研究的基础。在思想政治教育领域下，服务是教育者作用于受教育者的活动载体，依靠服务活动架设的教育者和受教育者间的双向互动交流是实现受教育者感知教育影响并形成思想认识的主要来源。高校后勤服务工作存在于学生日常生活的各个方面，是高校教育从课堂到生活延伸的重要路径。后勤服务育人也越来越得到重视。

三、高校后勤服务育人的发展方向

后勤在我国高教事业中的重要工作是服务保障和管理，其最终的目的还是育人，立德树人是其最高的价值追求。高校后勤特殊的教育地位和育人职能决定了它在高校育人体系中的功能定位：课堂仍是高校育人的主渠道，然而后勤活跃在学生日常生活的各个方面，是高校思想政治教育在日常生活、社会范围内教育活动的参与者，是课堂育人的延伸。

后勤服务育人功能主要有两方面的内容：一方面，协同价值引导，用课堂教育的主流价值思想和社会意识指导服务及管理实践，培育和渲染安定和谐的校园环境，引导学生在日常生活中规范行为；另一方面，协助实践感知，引导学生参与生活劳动实践，协助学生将从课堂、生活中获得的感性认识通过实践形成理性经验，促成课堂育人功能的实现。后勤的服务育人功能定位契合了思想政治教育的一般规律，是课堂育人的有效补充。

现如今，高等教育育人观念发生改变，高等教育对高校思想政治教育工作提出了与时俱进的新要求，然而"服务育人"无论是组织形式还是功能内容，都突破了高校思想政治教育在课堂上说教的局限性，迎合了新时代背景下对高校思想政治教育质量提升的发展方向。

（一）服务育人顺应高校思想政治教育社会化发展方向

在 20 世纪 90 年代，社会化的概念便引入到思想政治教育领域，且研究集中在高校思政工作领域。所谓思想政治社会化，就是通过利用社会诸要素的协同配合、关联互动、有机连接等社会化的实践方式，实现思想政治教育与社会系统融入的现实过程。思想政治教育源于社会、服务社会，在统一社会意志、引领社会思潮、保障社会主义各项事业稳定发展方面功不可没。高校更是始终以培养社会主义接班人为目标，推进各项教育事业的开展。

高校育人离不开一定的社会环境。社会环境是高校育人赖以生存和发展的客观外部条件，将育人工作与社会环境相结合是使高校育人取得实效性的重要原则。现如今，我国正处于社会变革的重要时期，社会化环境更加复杂，社会利益主体多元、价值取向多样，市场经济的大发展也使得科学技术日新月异，人们接触、处理各种各样的信息变得更加便捷，生活、交往方式也都发生了很大的转变。现在的大学生富有个性、极具批判意识且尚不具备明辨是非的能力，很容易受到社会不良思想的影响。然而，他们终究还是要进入社会、融入社会、服务社会的。在这种形势下，高校思想政治教育一方面要引领学生认识大势，另一方面要适应社会，积极融入社会，整合社会多方力量来提高教育实效。

高校后勤各项改革的稳步推进，从根本上改变了以往那种学校办后勤的封闭式服务体系，也使大学生的衣、食、住、行等更好地与社会相关联，拓宽了学生接触社会、了解社会的现实空间，这为大学生思想政治教育工作与社会现实相结合提供了契机。

高校后勤通过市场化运行成功引入了许多社会优秀企业参与后勤服务，许多优秀的社会人员也走进了高校，成了与高校学生关系最紧密的朋友和教师，他们以丰富的社会经验、优秀的工作态度时刻影响着身边的学生。

当下的高校后勤俨然成了融合社会与高校的教育资源的一个育人平台，拉近了学生与社会的距离，实现了思想政治教育主体、教育环境的社会化。在这样一种开放的教育环境下，开展服务育人工作便于引导学生参与到社会实践中去，有助于培养学生完整、健全的社会人格。

（二）服务育人顺应高校思想政治教育生活化发展方向

早在2016年全国思政工作会议上，习近平总书记强调应该在教育教学的所有环节中都切实开展思想政治工作，实现全方位、全过程、全员育人。"三全育人"理念为高校思想政治教育生活化实践提供了理论指引。后来在2019年全国教育工作会议上，教育部部长陈宝生提出"让'立德树人'回归生活"，使高校学生的思想政治教育与其日常生活相联系，进一步加深了理论层面对思想政治教育生活化的理解和认识。

高校后勤服务育人将思想政治教育从课堂延伸到日常生活，尽管当前高校开展思想政治教育工作仍旧以课堂为阵地，但是后勤服务中的育人实践仍具有课堂教育不可替代性。马克思指出："任何理念与思想的生成，在初期都是和人们的现实生活、物质交往、常规活动、语言应用等彼此融合与交织的"。高校后勤服务育人在存在形式上寓教于与高校学子生活密切关联的后勤服务，由此使得思想政治教育能够很好地与生活相融，具体表现为下列三个方面：

第一，高校后勤从远大的育人目标出发，从日常小事着手，使得高校思想政治教育工作的开展体现出鲜明的生活性。

第二，后勤服务的目标主体是学生，旨在解决好学生生活的各种问题，为学生提供舒适的学习生活环境。后勤服务育人，在解决学生校园生活问题的同时开展思想政治教育，贴近学生生活，在教育上有明确的问题导向，富有针对性。

第三，学生在学校生活中接触最多的就是后勤人员，因而后勤人员在服务实践中能够和学生形成更加亲密友好、彼此尊重的双向关系，可以更好地向学生传递思想政治教育相关的理念和信息，让学生在获得相应服务的同时，也能对思想政治教育的内涵与内容进行深刻感悟与理解。这种从日常生活入手开展教育的形式，既贴近后勤工作实际，又便于实现育人目的，应是高校后勤育人主要的实践方向。

第二节 高校后勤服务育人功能的内容

一、后勤服务育人功能内容

（一）产品育人功能

产品育人指高校后勤打造后勤服务产品，将大学生的思想政治教育预设于服务产品之中，通过大学生对服务产品的消费，实现育人功能。与劳动服务相应的劳动产品根据生产和消费可分离的程度，可区分为可分离的商品形式和不可分离的形式。大学生的主要活动范围是学校，"优美整洁的校园环境，整齐清新的宿舍环境、优雅温馨的就餐环境、宽敞明亮的教室环境等等，都会给大学生带来美的享受和熏陶"。作为为教学、科研、生活提供保障的部门，校园里的环境、设施等主要都是由后勤部门来提供的。后勤人员通过自己辛勤劳动创造的整洁有序的校园环境，不仅为学生提供了一个良好的学习生活场所，还会直接影响学生的思想意识、行为规范与生活方式，提升大学生的品质修养，激发大学生的美感，使学生在校园里快乐生活，充分发挥其主观能动性，创造性地进行学习，达到"育人于无形"的效果。大学生的思想品德是在其主体自觉追求客体并满足其自身需要的基础上产生的。马斯洛理论把人的需求分成五类，由低级向高级逐步发展的，低一级的需要满足后才会诱发高一级需要的产生。大学生的品德形成是在高级需要的驱使下形成的，但是没有低级需要的满足，难以刺激大学生产生高级需要。后勤工作提供学生低级需要的满足，是其形成良好思想品德的前提条件。

（二）服务活动的育人功能

后勤部门通过举办各种特色鲜明的主题教育活动让大学生参与到后勤服务活动当中来，让大学生在实践活动中了解后勤部门和后勤活动，体会到劳动的艰辛，让他们尊重劳动。作为社会实践的重要组成部分，大学生参与到后勤服务当中来还可以使大学生将自己所学的知识运用到后勤服务中，让学生在后勤服务活动中，实现理论与实践相结合，丰富学识，拓展思维，锻炼能力，从而实现后勤的育人效果。

（三）服务制度的育人功能

后勤部门制定的各项规章制度，使后勤管理有章可循、井然有序，提高了后勤管理效率。后勤部门高效有序地运转能够使学生体会到制度的力量，重视制度的重要性。后勤部门按照规章制度对学生进行管理，学生在遵守规章制度的过程中，就会养成规则意识与制度意识。

（四）服务行为的育人功能

后勤人员良好的外在形象会对大学生起到熏陶的作用，能够使大学生在日常生活中注意自己的外在形象。后勤工作人员一丝不苟的工作态度、全心全意的服务意识、热情良好的道德素质，会对大学生思想行为的发展起到一定作用，有助于培养学生的爱岗敬业精神。后勤员工对学生生活上多关心，主动提供热情服务，给予学生及时和无私的帮助，不仅能够让学生在温馨的氛围中体会到无微不至的关怀，还有助于培养学生乐于助人的意识。后勤人员对突发事件和应急事件的高效处理，不但有助于维护校园的稳定，构建和谐校园，同时还能使学生学习到对突发事件和应急事件的处理方法。

二、制约高校后勤服务育人的主要因素

高校后勤具有十分重要的育人功能，然而，高校后勤育人因素的发挥受各种因素的制约。对后勤服务育人的功能重视不够、后勤队伍整体素质偏低以及大学生对后勤服务的关注不够，是制约高校后勤发挥育人功能的主要因素。

（一）对后勤服务育人的功能重视不够

由于受传统思想观念的影响，一些人认为："后勤部门只管物质保障，而思想政治工作是政工队伍的事，自己只要保证让学生有饭吃、有水喝就行，至于员工骂粗口、言行鲁莽一些也无所谓"。一些高校领导错误地认为，后勤部门的主要工作是为学校提供物质保障，至于育人功能则只是"副产品"，发不发挥这种功能和在多大程度上发挥这种功能，则无所谓。思政教师、辅导员和班主任等是高校服务育人的主体，其育人工作具有"显性"性质，而后勤育人工作则多以"隐性"方式表现。这使得一些高校看不到后勤的育人功能而将其"边缘化"。随着高校后勤社会化改革的推进，后勤部门的盈利性意识增强，一些后勤部门领导更加注重经济效益的开发，从而忽略了后勤工作的育人功能。

（二）后勤队伍整体素质不高

高校后勤工作内容简单却繁杂，程序单一且机械重复；一些后勤职工也缺乏工作的能动性和创新性，特别是由于对后勤人才的选拔和使用科学性不够，使得后勤队伍整体素质偏低，当前后勤队伍呈现出一种"三多三少"的不合理结构，即"低学历的多，高学历的少；普通工人多，技术人员少；简单劳动者多，具有现代化管理知识的人才少"。后勤队伍整体素质偏低，导致育人意识欠缺，服务态度不佳，管理理念缺失，专业技能不足，因而严重影响了后勤队伍对服务育人功能的发挥。

（三）后勤设施建设相对不科学

高校的一切环境设施都具有服务育人的潜质，而高校普遍更重视楼房与环境是否美观、豪华，却忽视了对这些设施背后所蕴含的"精神"和"灵魂"的塑造，忽视其环境设施的服务育人功能的发挥。"在高校实行后勤社会化的今天，不少公寓管理中心对学生宿舍的管理都是按照'以物为中心'的模式来进行，即注重对宿舍配置物品及设施的管理，对学生住宿管理中如何发挥学生主人翁的作用和如何实施人性化管理重视不够，而且公寓管理人员的素质严重制约了管理水平的提高，更谈不上思想政治教育工作。"

三、后勤服务育人功能的有效途径

加强后勤的育人工作意义是：中共中央、国务院《关于进一步加强和改进大学生思想政治教育的意见》明确指出，"后勤服务人员要努力搞好后勤保障，为大学生办实事、办好事，使大学生在优质服务中受到感染和教育"。在新形势下，充分认识后勤服务育人的重要性，结合制约后勤育人功能发挥的主要因素，探寻高校后勤服务育人的有效途径，具有重要的理论价值和实践意义。

（一）重视后勤育人功能，增强育人意识

高校领导应当进一步加强对后勤育人功能的认识，深刻认识到新形势下充分发挥后勤的育人功能具有重要的意义，充分认识到后勤管理的真谛是育人，在潜移默化的过程中蕴含无声的教育。

在社会化改革的背景下，后勤部门领导也不能只注重经济效益，而应当增强育人意识，认识到后勤部门的教育作用，坚持经济效益与社会效益并重的原则，在校领导的指导下，通过各种形式开展对学生的思想政治教育。

（二）加强后勤队伍建设，提升员工素质

后勤队伍建设，是发挥育人功能的组织支撑。应当加强思想政治教育，让员工清晰自己的角色定位，充分认识到自己既是服务者也是教育者，树立服务意识与育人意识，以自己良好的服务形象与服务态度影响、熏陶、教育学生，培养学生具备良好的职业道德素养应当加强对后勤员工专业技能的培训。让员工掌握先进的技术手段，了解先进的管理理念，提升员工的工作技能，提高后勤的管理效率，使大学生从后勤人员优质、高效的服务中受到感染和教育。后勤工作要发扬积极向上的"后勤精神"，形成高效优质服务的氛围。后勤精神对内对外都有积极的引导作用，对内可以调动职工的积极性，形成统一认识，对外可以展示后勤职工风貌，促进和谐校园的建设。后勤部门要加强对全体员工行为的引导和规范，将积极正确的行为升华为永葆先进性的"后勤精神"。

（三）加快基础设施建设步伐，发挥环境育人优势

后勤部门应当加快基础设施建设步伐，在校园美化、膳食营养、公寓安全舒适、教室整洁卫生等方面多花心思，构建建筑美、自然美、形式美、艺术美、生活美和谐统一的美丽校园。"后勤组织必须把后勤管理和服务与贯彻党和国家的教育方针，与培养德才兼备的高素质人才的要求紧密结合起来，围绕学校的教学和科研中心工作，通过劳动、经营、管理来提供生活服务保障，来创造优美的学习、工作、生活环境，既有物质文明建设，又有精神文明建设。"要将教育理念融于校园内建筑物、道路、绿化、景点等与学生长期接触的校园环境的建设和规划中，防止乱写、乱画、乱贴现象的发生，使得每一栋楼房，每一棵花草，都能教育人于无形之中。此外，"后勤物业服务单位要对教学课桌、椅及家具等各类设施及时检修，对教室、卫生间等环境卫生常保洁，在醒目的公共部位张贴一些积极的宣传警语、字画等，努力创造良好的教学育人环境。"

（四）搭建活动平台，实现育人功能

后勤部门在为学生服务的过程中，可以针对学生各个时期出现的不良习惯，经常开展各种活动以达到教育学生的目的。比如，可以针对学生浪费水电现象，联合相关学生组织，开展节约型高校和节约型后勤创建活动，引导学生树立节约意识，养成节约习惯；可以针对乱扔垃圾现象，开展"弘扬生态文明，绿化美化校园""世界环境日"等宣传活动，引导学生增强环保意识。后勤部门还可以采取灵活多样的方式让学生参与后勤管理与服务，增长学生的才干与实际

工作能力，提高学生的综合素质，比如在后勤员工的指导下，建立一些与后勤服务密切相关的组织，如学生伙食管理委员会、自律会、文明纠察队，或通过聘请一些学生作为后勤服务督查信息员，反馈服务情况，督查服务质量，让学生在自我服务、自我管理、自我监督中增进对后勤工作的了解，增进责任感，提升综合素质。要大力发挥勤工助学的服务育人功能。"勤工助学岗位在促进学生走进后勤、了解后勤的同时，还能促进学生锻炼自己、提高能力；推进'不上讲台的老师的活动，加强对一线岗位职工的培养。"后勤部门要结合后勤工作设立勤工助学岗位，提高后勤人员服务育人的参与意识，在帮助经济困难的学生解决生活困难的同时，锻炼学生、教育学生，培养经济困难学生自强不息的精神。

（五）加强制度建设，强化制度育人功能

建立科学完善的管理制度，实现后勤管理的制度化、规范化与程序化，促进后勤员工提高服务质量，确保后勤教育学生重要作用的发挥。"后勤管理是学生从进校到毕业一直都要面对的，学生不管是在教室、图书馆还是食堂都处在后勤管理的范围内，都受着学校后勤管理制度的约束，它将日常思想政治教育中对学生的种种要求加以规范化、制度化，保证思想政治教育基本要求的实现"。后勤部门应当重视员工管理，坚持"职责明确、责任清楚、各司其职、协调配合、有条不紊"的原则，建立一系列规章制度，坚持按制度管人、管事，通过有章可循、井然有序的管理秩序影响、教育学生，让学生认识到制度的力量和遵守规章制度的重要性。要健全政务公开制度，规范民主决策管理制度，完善监督制约机制，健全学生参与机制。对后勤服务活动进行监督，在监督过程中培养学生的自律意识和民主意识。后勤部门应当积极听取、广泛采纳各方面的意见和建议，鼓励学生参与管理，主动接受师生监督，要健全学生参与后勤服务的机制，对学生参与后勤服务实践的目的、内容、程序、职责等作出详细规定，使学生参与后勤服务实践实现制度化、机制化，更好地实现后勤实践活动服务育人的作用。

服务育人是一项系统的工程，后勤部门应正确认识服务育人的长期性和艰巨性，增强与其他部门的交流与合作，努力利用一切可以利用的教育资源，提高服务育人工作的实效性。只要高校后勤部门高度重视，措施得当，高校后勤一定能发挥出其应有的服务育人功能。

第三节　发挥高校后勤育人功能的途径

一、新形势下加强高校后勤育人的必然性

1. 高校后勤改革发展的新形势要求加强服务育人

自20世纪九十年代以来，我国高等教育改革和发展取得了巨大成就，教育规模扩大、结构效益得到提升。在改革过程中，高校后勤逐步推进社会化改革，实现由传统的"行政模式"向实行"面向市场、有偿服务、自负盈亏、自我发展"的模式转变。后勤内部运行要讲成本核算、自负盈亏，要按市场经济规律办事，因而利益意识就不可避免地渗透到服务机制中来，这在一定程度上淡化了为师生服务的观念，冲击了真诚奉献精神，甚至淡忘了高校后勤的育人属性，客观上形成了经济效益和社会效益的矛盾。很多高校的后勤也采取了一些措施改进，注意强调社会效益的优先原则，通过开展"优质服务月""创建文明窗口"等活动，来提升服务质量。但是由于转制和改革的复杂环境，后勤部门在服务过程中仍然较多地考虑经济效益，在服务的形式和内容上较多地带有商业化和功利性的特点，有向社会上相近行业的优质服务看齐的倾向，这些都游离了高校的教育人、培养人这个中心，混淆学校后勤服务和社会服务组织的根本区别，遗忘了高校后勤工作的核心价值和根本宗旨。这就要求后勤部门强化服务意识和育人职能，做到服务育人与有偿服务的结合与统一，要把社会效益和育人效果放在追求经济效益的全过程和中心环节，确保高校后勤的本质和职能不变。

2. 对学生的教育也使得后勤服务育人成为必然

教育的过程实际上就是引导学生不断规范自己的行为和确立自己的人生观、价值观。当前，高校对学生的教育不再是单纯的老师"教"和学生"学"那种简单的主客体关系，而是向多层次和多元化方向发展。教师主要在课堂的主渠道发挥作用，而学生的成长是覆盖全校园和全学习阶段的，这样就产生了教育过程中时间和空间的分离，这就要求后勤员工要积极主动承担教育培养学生的责任，使后勤做到"管理育人"和"服务育人"成为必然。同时，多种沟通方式和教育载体的运用，给学生提供了更多吸取知识、发展个性的空间，也要求后勤部门管理育人和服务育人变得越来越重要，成为对学生进行教育的重

要补充，成为做好思想政治工作的重要阵地，甚至关系到学校的稳定大局。后勤人员作为"不上讲台的教师"，依托于服务，通过为学生提供各种后勤管理和服务来达到育人的目的，是"服务育人"的德育工作者。

二、高校后勤服务育人的作用

1. 培养学生爱校的意识

校园是学生每天学习、生活的场所，校园环境的好坏对学生的健康成长有着直接的影响，校园环境包括学校的自然环境和精神环境。自然环境指的是校园自然景观和绿化建设，要注重建设有文化特色的建筑，命名有浓郁文化气息的楼名、路名、桥名，小到一草一木、一路一径，大到亭台楼馆、广场水面，处处都能体现文化气息。精神环境指的是校园的文化、教师的教风、学生的学风、管理者的作风以及后勤服务状况和治安状况等方面。后勤部门不仅要为学生提供一个优美、整洁的自然环境，而且要牢固树立服务意识，以优质的服务为学生的学习、生活提供保障，使他们健康成长。优美的环境不仅有利于激发与教育学生保护生态环境的意识与行为，自觉维护校园环境，而且促使他们铭记母校。

2. 培养学生的职业精神和专业技能

大学是学生进入社会开始职业生涯的前站。后勤员工身上体现的敬业精神、职业道德和专业技能，在工作中规范细致、热情周到，其教育影响作用是显而易见的，可以说是大学生在步入工作岗位之前进行职业教育的活教材。特别是随着大学社会服务力度的加强，对社会生活和国家经济建设的广泛参与，学校后勤人员的工作覆盖面、工作复杂度和业务素质要求也在扩大和提高，很多高校后勤人员的素质和业务能力是按照现代企业的标准设定的，学生在与后勤人员交往的过程中，自然会从他们的职业化、专业化的工作水平和工作风貌中受益匪浅。

3. 体现核心价值体系

后勤服务也可以让核心价值体系深入学生心田。如按照班级编排学生宿舍就可以培养学生的集体主义意识，有利于培养学生的组织纪律观念。饮食服务上，在物价上涨的情况下，国家加大对学生的补贴，后勤宁可不盈利甚至亏损仍然坚持不涨价，通过物美价廉的饮食产品的供给，保障学生的伙食，让学生感受党和政府的温暖。同时高校后勤的不断改革、创新管理方式，也让学生体会到改革创新精神。可以说后勤无小事、处处是教育，也是贯彻教育部"处理好经济效益、社会效益的关系和遵循教育规律"的具体体现。

三、实现高校后勤服务育人功能的有效途径

1. 服务载体育人

在学生日常生活环境中，最主要的教育载体就是校园环境。校园是为学生提供学习、生活的空间、场所。同时，美丽的校园，是建筑美、自然美、形式美、艺术美、生活美的和谐统一，校园内的建筑物、道路、绿化、景点等的色彩、线条、形体、声音等，长期、重复地被学生所接触、所感受，能够培养学生健康高尚的道德情操，增强凝聚力、向心力，促进校风学风建设。后勤部门提供的食堂、宿舍、医务室、商业网点等各种场所也可以成为教育的"第二课堂"，可以成为学校思想政治工作的重要补充。烘托高校文化学术气息的教学楼、实验楼、图书馆等，对学生是一种内涵的教育。校园雕塑、文化设施、校园网络的风格等都可以让学生受到教益。高校要创造优美的校园环境，创新服务载体，让学生在自觉与不自觉间受教育。李岚清同志曾指出，高校要做到"五进"，即学生党团组织进公寓、学生辅导员进公寓、安全保卫进公寓、学生自我管理组织进公寓、校园文化进公寓，实际上就是发挥后勤服务的育人功能。

2. 服务行为育人

高校后勤的工作过程，就是后勤职工与服务对象的交往过程。后勤干部职工的工作态度、工作作风、工作技能、精神风貌等无一不在影响、感染着学生的行为和思想。后勤职工热爱本职工作，认真钻研业务，掌握过硬技术，干一行、爱一行、专一行，有强烈的事业心和责任感，工作中脚踏实地、任劳任怨，这对学生是一种无声的鞭策。后勤工作人员在服务过程中热情周到，关怀、体贴、爱护服务对象，想他人所想，急他人所急的行为感染激发学生关心他人。例如，在天寒地冻时，清洁工顶着寒风清扫校园；清晨，炊事员就做好了可口的早餐等，都会给学生以巨大的感染和心灵上的震撼，培养学生乐于奉献、助人为乐、团结友爱、热爱集体、尊师爱校的道德情感。后勤人员在工作中，举止文明、语言规范、装容整洁、操作规范准确，就能创造良好的工作环境，增进与服务对象的亲近感，可赢得学生的尊重支持与帮助，培养人与人之间的互信，能引导学生养成各种文明习惯，促进大学生健康成长。

3. 实践活动育人

在高校后勤服务过程中，采取灵活多样的方式让学生参与管理与服务，可以增长其才干，提高其实际工作能力。在后勤员工的指导下，建立与后勤服务密切相关的学生社团组织，如学生伙食管理委员会、宿舍管理委员会、文明纠察队等，或者聘请一批学生作为后勤服务的督查信息员，反馈服务情况、督查服务质量，就能让学生在自我服务、自我管理、自我教育中增进对后勤工作的了解和情感，培养正确的利益观、价值观，增进责任感，思想可以得到升华，综合素质得到提高。

一些高校后勤部门配合学校教务部门实施学生的劳动课，组织学生参加校内公益劳动，有的甚至组织学生到校办工厂劳动，也让学生受到了劳动锻炼和教育，培养其劳动光荣的观念。后勤服务还可以为贫困学生提供勤工助学岗位，如宿舍设立管理员助理岗、食堂餐厅设立经理助理，接受和处理宿舍、食堂突发事件和投诉等。通过勤工助学，既让学生体验了后勤工作的辛劳，又加深了对后勤的理解，能够有效地帮助大学生培养劳动观念和提升职业道德，锻炼品格毅力，帮助他们自立自强，提高综合素质，实现德、智、体、美全面发展，也让学生在参与服务活动中把理论和实践、感性认识和理性认识、直接经验和间接经验结合起来，使学生丰富了知识、训练了思维、锻炼了实际动手能力。同时也有助于贫困家庭学生获得一定经济收入、缓解经济困难，对构建和谐校园具有重要作用。

4. 管理服务制度育人

"没有规矩，不成方圆"。规章制度就是规矩，就是准绳。加强高校后勤管理，提高服务质量，离不开制度保障。为了保证正常的教学、生活秩序，后勤部门必须制定各项规章制度，使后勤管理有章可循，如从住房、饮食、宿舍管理，到乘车、用水、用电，以及使用的校具、教具等都应按规矩来规范约束。要求全体教职员工包括学生自觉地遵守和执行各项规章制度，比如对践踏损坏花草树木、违规用水用电等，不管是学生还是老师，都要严格按规章处罚。帮助学生牢固树立纪律观念，养成良好的生活习惯和文明修养。同时，后勤员工按照有关管理制度的要求对学生的某些行为进行直接指引和规范，也培养了学生的规则意识。后勤部门制定的各项规章制度，必须认真落实，不折不扣地做到按章办事，只有这样才能在学生心目中牢固地确立行为规范和准则，并自觉地体现在其行动中，使管理工作顺利进行，发挥制度育人的功效。

总之，高校后勤是经营、管理、服务、育人的统一整体，互相依存，互相作用。经营是形式、管理是保证、服务是表现，育人是目的。只有做到服务育人，办师生满意的后勤，才能建立新型的后勤保障体系。做到服务学生、关心学生、爱护学生的工作。不管高校后勤体制如何改革、如何转变，"服务育人"的宗旨不能变，以师生的利益为根本的理念不能变，要满足师生员工的需要，充分发挥高校后勤服务育人的功能。

第九章 高校后勤服务育人发展路径探索

第一节 高校后勤服务育人的基础——队伍建设

员工是企业的基石，是服务工作的实施者，是服务育人的主体要素。因此，育人机制的构建应以人为本，从人才队伍建设上着手。本书第二章从要素的角度出发，对高校后勤工作者应具备的素质要求进行了详细的阐述。从队伍建设的角度看，高校后勤要真正肩负起服务育人的重任，必须建设好以下三支队伍：高素质的管理队伍、高水平的技术队伍以及甘于奉献的服务队伍。

尽管和社会服务企业相比，大部分的后勤企业并不具备法人地位，其终极目的也不相同，但经过多年的发展完善，后勤企业在运营方式特别是在管理方式上已与社会企业相近。越来越多的后勤管理者已充分认识到现代化经营管理理念的重要性，并运用到实际的生产经营中。作为社会管理中最活跃的因素，企业经营管理经过多年的发展积累，逐步形成了诸如"分粥理论""鲶鱼效应"等企业管理学定律。这些管理定律虽然来源于企业经营管理实践，但对于后勤企业三支队伍的建设也有很大的启示和借鉴作用。

一、运用"分粥理论"，提高管理队伍综合能力

"分粥理论"就是在肯定人的利己性的前提下，采用一定的方式把一桶粥平等地分给七个人。如果选择其中一个人来分，结果是一人喝饱六人挨饿；如果选择一个人分、一个人监督，结果是两人喝饱五人挨饿；最合理的方式是由一个人分粥，一个人监督，然后让其他五个人先端，而让负责分粥、监督的两个人最后端粥，将粥公平地分给每个人。分粥是"谋事"，端粥是"干事"，只有将策略谋划与执行落实之间的关系处理好，才能将粥公平地分好。

管理人员是组织中的核心力量，同时肩负着谋事和干事的职责。他们既是后勤企业领导层决策的辅助者，又是政策制度的落实者、具体工作的承办者和督办者，在组织中所起的作用最为关键。高校后勤要想更好地履行育人职能，就必须要培育一支既了解高等教育发展规律和当代大学生思想行为特征，又懂得现代企业管理的且具有较高综合素质的管理队伍。因此，在这支队伍的建设上，要始终坚持从提高管理人员的综合能力抓起，引导各单位管理人员正确处理好谋事、干事两个职责之间的关系。既能善于"干事"，认真履行承办、督办职能，做领导的"参谋助手"，确保决策和安排部署落到实处；更能善于"谋事"，从"事务型"向"谋略型"转变，把自身置于本单位和上级指令工作的全局之中，树立起辅助领导决策的责任感和服务育人的使命感，通过多种形式和途径掌握真实情况，及时提供细致、全面的决策信息和缜密翔实的决策建议，切实履行好管理职责。

如何提高管理人员的综合能力，使他们在干好事的同时成为参谋助手，这是每一个后勤管理者都在思考的问题。在现阶段，后勤企业可以通过以下方式来提高管理人员的干事和谋事的能力。

1. 增强培训针对性

传统的后勤企业注重管理人员育人理念和奉献精神的培养，理念和精神是干好后勤工作的基础。这本无可厚非，但随着后勤社会化改革的不断深入和生产力的不断发展，这种单一的培养方式已无法适应时代的要求，必须丰富培训内容，并根据不同类型管理人员的特点，把握好谋事和干事的尺度。基层管理人员是企业各项政策的传递者和执行者，以干事为主，谋事为辅。这就要求他们能正确理解政策的内涵，在执行过程中及时发现偏差并有效加以控制，因此他们必须充分了解后勤企业的内涵特征及运营方式，同时具备一定的管理理念，掌握一定的管理方法。

企业可以通过专业性的培训来加深他们对后勤企业的了解，并提升现代化管理的能力和水平。此外，由于基层管理人员在日常工作中经常需要直面师生，因而他们也必须充分了解服务对象的特点，特别是他们的心理特点，从而有效地开展沟通工作。中层管理人员是管理队伍中的中坚力量，除了执行领导层的决策，很多时候组织要求他们扮演参谋助手的角色，为领导者提供参考信息或参与到有关制度的制定中，因此他们必须同时具备较好的谋事、干事能力。在培训中，不仅要使他们了解企业的特征和规律，更要使他们全面掌握高等教育和市场经济的发展规律，进而在谋事中把握全局，发挥更大的效用。

2.创新培养方式

管理人员通常具备较高的文化水平，或是在长期的服务育人实践中积累了丰富的经验，因此他们的接受能力较强。后勤企业可以采用"请进来，走出去"的方式，一方面邀请有关行业的专家到企业来授课，如邀请与后勤业务有关的餐饮服务、物业、商贸等行业或政府职能部门、管理学、心理学方面的专家学者授课；另一方面，可以派遣管理人员到本行业比较优秀的企业去实地学习，如在工作合理安排的前提下，分批派遣他们到全国各大高校后勤去挂职锻炼，取经学习。此外，企业还可以通过素质拓展等活动，培养和锻炼管理人员的团队协作能力。

二、发挥"鲶鱼效应"，实现技术队伍自我提高

挪威人酷爱吃沙丁鱼，尤其是活鱼，因此活鱼的价格往往是死鱼的几倍。为了获得更多的收益，渔民们想方设法提高沙丁鱼的存活率，但回到港口后仍然经常死鱼满舱。有位船长想了一个简单的办法，在鱼舱里放进了几条以鱼为主要食物的鲶鱼。鲶鱼进舱后四处乱窜，使沙丁鱼受到威胁。为了生存，沙丁鱼加速游动，增大了活动频率，从而使生命得到了延续。这一理论告诉我们，组织必须采用一定的方式来增强其活力。

我们都知道，后勤育人是"身教"育人，即通过优质的服务来教育和引导学生，因此，育人的前提是要具备提供优质服务的能力。随着师生物质文化需求的不断提高，传统、单一的服务已无法满足这些需求，后勤企业必须从硬件和软件两方面着手进行改善。专业技术人员作为后勤的技术骨干力量，为提高竞争力、提升服务育人水平、促使后勤企业快速健康发展提供了坚强的人才保证和技术支持，是软件中的重要组成部分。然而由于历史原因，后勤员工的技术水平相对薄弱，尽管近几年随着后勤事业的发展，越来越多的企业加大了对技术人员的培养力度，但成效并不明显。与社会企业相比，后勤企业餐饮、物业等大部分岗位招人门槛较低，同时受各种客观条件的限制，员工普遍缺乏竞争意识，往往是被动地接受培训，自然也就无法获得预期的效果。因此，在技术队伍的建设上，也需要一点"鲶鱼效应"，通过建立起充满活力的人才竞争、激励和保障机制，在"加压"的同时，实现技术人员的自我提高，以此加强后勤企业技术力量。

要实现技术人员的自我提高，关键是要让他们产生提高的愿望。这种愿望来自于技术人员对自身发展的要求和对后勤事业的使命感、责任感。实现技术人员的自我提高需要企业和员工双方的共同努力，这其中很重要的一个前提是企业对员工进行指导。在得到恰当的指导后，技术人员便可以依靠自己的努力获得提高和进步。后勤企业可以从以下两个方面对技术人员进行引导，促使他们不断实现自我提高。

1. 营造竞争氛围

竞争氛围的营造可以从两个方面进行：一是建立技术人才培养选拔机制。按照滚动培养、重点资助、跟踪管理、鼓励竞争的要求，根据实际的人才需求和岗位设置，培养和引进一批不同层次的技术人才。通过组织推荐和公开选拔，将技术水平较高的员工纳入到培养队伍中，并在薪酬上有所体现。同时实行动态管理、定期考核，并根据考核结果进行优胜劣汰。这种梯队式的培养方式将有利于技术人员明确发展方向和努力目标，为了进入培养队伍或者晋升到这一队伍的更高层级，他们会更加用心地提升自身技能和本领。二是定期开展技能比武。作为员工岗位技术考核的一项举措，技能比武在提高员工技能水平、选拔技术能手、树立典型人物方面起着重要的作用。通过技能比武，营造浓郁的"比、学、赶、帮、超"的氛围，促使技术人员在比赛竞争的环境中自我提高，不断发展。

2. 提高责任意识

责任感是人进取的源泉，一个人只有具备强烈的事业心和责任感，才能感受到自我存在的价值和意义，才能把全部心思投入到工作中。作为"传帮带"的中坚力量，技术骨干在基层工作中发挥着重要的作用。要通过教育培训，提高技术人员的责任意识，使他们深刻感受到提升技术水平对后勤服务工作的重要性，不断地进行自我提高，进而带动部门中的其他员工共同进步，不断提高后勤服务的质量和水平，为提升服务育人能力打下坚实的基础。

三、遵循"水桶定律"，弥补服务队伍自身差距

一只水桶能装多少水，取决于水桶中最短的那块木块而不是最长的那块木板，这就是水桶定律。它告诉我们：任何一个组织都有一个共同点，即虽然组成组织的各个部分经常优劣不齐，但劣势部分往往影响着整个组织的水平。

服务队伍，即一线员工队伍，在后勤的日常工作中，和服务对象接触最多的莫过于这些出现在一线的工作人员。服务人员是后勤服务的实施者，是服务育人最主要的参与者，后勤有关服务育人的理念、决策和任务，都需要他们去执行、去完成、去体现。毫无疑问，他们的一言一行、一举一动都直接影响到服务的质量和育人的效果。高校后勤是劳动密集型企业，员工人数众多，文化素质参差不齐，为避免出现由于个别员工的不良言行和服务态度影响服务对象对后勤的整体印象，应帮助服务人员查找自身差距。

"最短的木板"当然也是组织中有用的部分，强弱只是相对而言的。如何将它们加长，发挥更大的效用，这是组织需要考虑解决的。对于服务人员，我们不能只看到他们存在的缺点，而是要帮助他们查找自身存在的主要问题，并将"最短的木板"加长。具体可以从以下两个方面来帮助服务人员弥补其自身的差距。

1. 进行观念更新

后勤工作者来自五湖四海，教育背景和成长环境各不相同，有很大一部分是外来务工人员。要使外来务工人员转变为一名合格的高校后勤工作者，观念更新至关重要。首先要更新价值理念，改变旧的、不适应社会和企业发展的世界观、人生观。如果说世界观、人生观更新能促使员工树立全面的、符合现代生活和工作潮流的观念，那么价值理念更新则向员工传达了企业精神、服务理念、企业文化，促使员工自觉自愿为达成企业的目标而努力。高校后勤的宗旨是"三服务，两育人"，服务育人是后勤企业文化的核心体现。要通过对服务育人这一价值理念的更新，形成后勤企业文化的人格化特征，使每一个服务人员明白自己肩负的育人使命，从而使他们的日常工作始终体现育人职能，取得育人效果。

2. 开展岗位培训

除了观念的更新，后勤企业还应对服务人员开展育人技巧、服务礼仪、安全卫生、操作规范等内容的岗位技能培训，提升他们的服务水平。由于服务人员本身的接受能力不强，课堂式的教学很难达到预期的效果，可以采用案例式教学方式。具体来说，就是抓住实际工作中随时出现的案例，针对案例中反映出来的问题或模式，利用日常工作中的空余时间在现场进行剖析。通过这种方式，员工能及时从鲜活的案例中学到正确的观念，明白自身存在的不足，从而确保企业的服务育人理念得以正确地贯彻。在要求服务人员加强自身整改、提高学习的同时，后勤企业也要有针对性地选择骨干员工和技术能手，通过"传、帮、带、教"，带领、指导他们尽快提高，将"最短的木板"加长。

四、应用"弗里施法则"，满足队伍的整体需求

许多企业都习惯于将客户满意度挂在嘴边，并为此绞尽脑汁翻新着服务的花样，但人们往往会发现，这些新花样到最后起到的效果并非总是那么显著。原因何在？德国慕尼黑企业咨询顾问弗里施指出，这是因为这些企业忽视或者没有足够重视"让自己的员工满意"。这就是著名的"弗里施法则"，它告诉我们，提高员工的满意度和忠诚度是提升企业服务水平的有效措施。

在一条完整的服务价值链上，服务产生的价值是通过人实现的，也就是企业的员工在提供服务的过程中体现出来的。员工的态度、言行融入到每项服务中，并对服务对象的满意度产生重要的影响。而员工是否能用快乐的态度、礼貌的言行对待服务对象，则与他们对企业提供给自己的各个方面的软硬条件的满意程度息息相关。在后勤企业队伍建设中，已经有越来越多的管理者认识到，要做到让学校满意、师生满意，首先是要让自己的员工满意。如果员工合理的需求得不到满足，自身处在焦虑的状态，让他们去服务育人只能是空谈。

如何满足员工的需求以提高他们的工作积极性和育人自觉性？行为科学告诉我们，应从物质利益、工作条件以及精神上加以激励和满足。所谓激励，就是组织通过设计适当的外部奖酬形式和工作环境，以一定的行为规范和惩罚性措施，借助信息沟通来激发、引导、保持和规范组织成员的行为，以有效实现组织及其成员个人目标的系统活动。简单地说，激励是作用于动力、愿望、需要、祝愿，以及类似力量的整个类别。哈佛大学的詹姆斯教授在对激励问题进行专题性研究后，提出了"如果没有激励，一个人的能力仅能发挥20%~30%，如果加以激励，则可发挥到80%~90%"。以下是后勤企业可以采用的四种激励措施。

（一）薪酬激励

员工参与生产、经营、服务，为后勤企业产生经济效益与社会效益，自然应该获得相应的薪酬。这既是对其过去努力工作的肯定，也是促使其在未来努力工作的一种激励方式。随着社会的发展，员工的薪酬体现已不仅仅是其劳动

所得，它在一定程度上代表着员工自身的价值，甚至还代表了员工的个人能力、品行和发展前景。所以，薪酬激励不单单是金钱激励，实质上已成为企业激励机制中一种复杂的激励方式。同时，员工的报酬应依"多劳多得，少劳少得，效率优先，兼顾公平"的原则，按员工个人的工作量与质量来确定其报酬，让他们看到个人的收入与自己的贡献是正相关的，进而出现一个双赢的结果，这样既实现了个人获取高报酬的需要，也实现了企业提高经济效益的目标。

（二）参与激励

现代人力资源管理的实践经验和研究表明，作为组织中独立的个体，员工都有参与管理的要求和愿望，因此，创造和提供机会让员工参与管理是调动他们积极性的有效方法。让员工参与管理与决策，尤其是参与与他们自身利益密切相关的决策，通常会提高他们的积极性，增强他们的主人翁意识与责任感，使他们对组织更忠诚，并在心理上产生一定程度的满足感。

（三）发展激励

后勤企业应该注重对员工的人力资本投资，健全人才培养机制，为员工提供受教育和不断提高自身技能的学习机会。当员工认为自己仅仅是企业的一个"打工仔"时，就很难形成对企业的绝对忠诚。因此，在为员工提供一份与其贡献相称的报酬，使其分享到自己所创造的财富的同时，也要充分了解员工的个人需求和职业发展意愿，为其提供适合其要求的上升道路。

（四）领导者的言行激励

领导者是后勤企业生产、经营、服务活动的决策者、组织者，也是员工的教育者。因此，后勤的领导者除了通过各种工作激励员工的积极性外，还要通过自己的言行、思想情感影响并激励员工的积极性。

1. 领导行为激励

所谓领导行为激励，是指领导者通过自己高尚的思想品德和以身作则的模范行为影响并激励员工。领导者思想品德和行为表现如何，是能否激励员工的关键。领导言行激励主要体现在两个方面，一是要提高自身素质，包括思想品德素质、知识素质、业务能力素质和作风素质。二是要以身作则，遵纪守法，廉洁奉公，身先士卒。凡是要求员工做到的，领导首先做好；要求员工不做的，领导首先不做。领导者的高尚品质、出众的能力和模范行为，本身就是一种巨大的号召力、影响力和对员工的吸引力，同时也是对不良风气的约束力。

2. 支持激励

作为一种心理需要，员工都希望得到领导者的承认、肯定和支持，这实际上也是一种激励因素。对员工的支持激励主要有三种：一是尊重员工，即尊重员工的人格、尊严，尊重他们的意见、劳动，而不是唯我独尊。二是信任员工，要放手让员工在其授权的范围内大胆工作，充分发挥他们的才能。三是支持、爱护员工，对员工做得对、做得好的工作要予以承认、肯定，对他们的难处要予以理解，对他们的困难要在物质上或精神上予以帮助解决。对他们工作中的失误，不要一味地责备，要勇于承担责任，并帮助他们总结经验教训。

3. 关怀激励

关怀激励实际上是一种情感激励，它是指领导者对员工在工作、生活上予以关怀，调动他们的积极性。虽然关怀激励需要解决一些实际问题，但作为一种精神上的激励，这种激励往往需要领导者投入更多的情感。一是政治思想上的关怀，即关心员工思想的进步、政治的发展；二是工作上的关怀，即关心他们是否学非所用、对工作是否满意、工作有何困难，并关心他们业务水平的提高；三是生活上的关怀，即关心他们的疾苦，关心他们的衣、食、住、行，在条件允许的前提下，设法满足他们的合理需求。

第二节 高校后勤服务育人的保障——科学管理

服务育人从其本意而言属于理念范畴，一旦被贯彻落实，则转化成为一种行为。那么，在从理念转化为行为的过程中，就需要有一套能够保障其被真实"表达"的机制，通常我们称之为科学管理，其中包含管理的理念、方法和手段。所谓科学管理，其原理是由科学管理之父费雷德里克·泰勒所提出的，最主要的思想包括共同财富最大化、建立科学的生产率标准和制度、工人劳动效能最大化、雇主与工人真诚合作、专业化的管理职责等。因此，从构建并保障服务育人理念得以实现的角度讲，应从以下几方面着手。

一、培育先进的管理理念

高校后勤的管理范围，无非人、财、物三大块。这三块内容是相对独立却又紧密相关的。无论是管财还是管物，首先要管好人。只要人管好了，对于财和物的管理基本就变得水到渠成。人力资源是21世纪最大的资源，也是决定企业竞争力的最关键因素。高校后勤服务育人理念的实践必须依赖于人这一主体，因为服务更多展示出来的是人与人之间的互动行为，在某种程度上也可以看作是服务者素质的展现过程。由此可见，高校后勤人力资源管理的终极目标，不是为了通过管理而达到管人的目的，而是通过管人来达到服务的目的。因此，以下理念是高校后勤在人力资源管理中需要着重培育的。

1. 人本管理理念

以人为本，在当今社会是一个人尽皆知的话题，但是人尽皆知却未必意味着人皆能做到。从管理的角度讲，以人为本就是要以员工为本，然而该理念真正被贯彻执行起来，并不是一件非常容易的事情，因为这往往涉及成本以及经营者利益等问题。但是，依据人的个体特性，"投之以桃，报之以李"的法则基本是被普遍适用的。同样地，对于企业的职工而言，如果他们在企业里能够获得关心、尊重、理解，他们必然会对企业产生较高的忠诚度和归属感，会树立起一种主人翁意识。在这样一种状态下，他们会以更主动的姿态、更大的激情投身于企业的生产经营活动，给企业带来更大的效益。

高校后勤是依存于高等教育而存在的，是服务于高等学校及其高校师生的具有教育属性的企业，是需要承担服务育人的功能和职责的。那么，人本管理理念自然而然就成为一个无法回避的话题，是最迫切需要在实际管理过程中贯彻执行的。高校后勤的人本管理理念应主要体现为：认识员工的价值，尊重员工的劳动，倾听员工的意见，关心员工的生活，考虑员工的需求。只有让员工满意了，员工才能真正将企业当作自己的家，才能更好地在服务过程中践行企业的服务理念，为广大师生提供最优质的服务。

2. 人力资源开发理念

高校后勤所提供的产品是服务，并且是比较基础且传统的服务，所以高校后勤的员工大多文化知识水平不高，基本以初高中学历的外来务工人员为主。但是这些员工所处的恰恰都是展示后勤形象的一线窗口服务岗位，其一言一行、一举一动，在师生眼里都代表着后勤的形象。另外，"优质服务"是高校后勤一以贯之的服务理念，要想为师生提供最优质的服务，就必须要具备一支综合素质过硬的队伍，包括管理队伍、技术队伍和服务队伍。这就要求高校后勤必须制定人力资源开发战略，包括员工队伍建设总体目标、内部结构比例、相关培训举措等，营造事业留人的良好氛围，一方面做到人岗匹配、人尽其用，另一方面也为企业的发展培养和储备更多的人才。

3. 无差别管理理念

大多数高校后勤，从完全企业化的角度而言是不能称之为企业的，其一般兼具事业和企业的双重性格，也就是我们通常所说的"事业属性，企业运作"。这种根深蒂固的事业属性决定了高校后勤无法真正像一般意义上的企业那样进行运作，如果用纯粹企业化的眼光去评判高校后勤的许多做法，甚至会觉得其中存在不少畸形之处，这在劳动用工方面表现得特别明显。

在1999年全国性的后勤社会化改革浪潮中，不少高校在实现后勤从学校整体剥离的过程中，对于人事方面基本采取的是"老人老办法，新人新办法"的制度，这就从身份上将后勤的员工一分为二。而后勤企业出于自身队伍建设的考虑，必然会在后续的运营过程中引进一批文化层次、知识水平、技术能力各不相同的人员，或是由于学校对后勤自行引进人才政策的不同，或是由于后勤企业自身在人才引进政策方面的阶段性差异，最终导致的结果就是在同一后勤企业内，员工的身份类别往往被分成好几种。由于身份决定了企业给予员工的福利和待遇，因此不同身份员工之间的差异还是比较大的。

鉴于当前高校后勤的管理体制和运行机制，员工的身份差异在短期内难以消除，所以在其内部实行"无差别管理"存在着巨大的阻力。但是，所谓"不患寡而患不均"，有差异必然有比较，有比较就会产生不平衡感，而不平衡感是最容易影响人的工作情绪和积极性的。所以，在目前尚无法摆脱高校后勤事业属性的大环境下，高校后勤应努力尝试在企业内部管理方面尽量体现"无差异管理"的理念和原则。也就是说，虽然学校给予"老人"的特殊待遇在"新人"身上不予考虑，但是企业内部所制定的各项政策包括岗位聘任、考核奖惩、绩效工资、工会福利等，都不应该因为身份的差异而有所不同。

二、构建完善的制度体系

所谓"无规矩不成方圆"，规矩也就是制度，是确保最终目标达成的有力保障。尤其在后勤的管理过程中，如果缺少制度，整个秩序将会处于混乱状态，员工将会无所适从，最终完全有可能偏离发展的轨道而将企业引向歧路，甚至走向灭亡。应该说，制度的重要性是不言而喻的。虽然这些年高校后勤在人、财、物及体系建设上取得了一些成绩，为育人打下了良好的制度基础，但为了更好地服务教学、科研和师生生活，确保后勤管理、经营、服务目标的实现，高校后勤必须要进一步构建完善的制度体系。在制度体系的构建和执行过程中，应注意把握好以下几个方面。

1. 体现全面性和可操作性

制度是行为的依据、做事的法则，只有充分体现了制度的全面性，才使得后勤的各项活动可以做到"有章可循，有据可依"。高校后勤的制度体系必须涵盖管理、经营、服务的各个环节，才能确保各项活动能够按照预定的轨道不偏不倚地向前发展。所谓制度的可操作性，就是说后勤所制定的制度必须要符合实际情况，切合后勤的发展现状，能够被全体员工所领会并加以执行。如果制度制定得过于空洞，或者过于超前、滞后，与现实发生矛盾，执行起来就会显得困难重重，甚至会遭遇下属部门和员工的抵触。所以在每一项制度出台之前，必须充分地开展调查研究，充分地征求下属部门和广大员工的意见，集思广益，这样制度出台之后，才会受到欢迎，才能够得以顺利推广和执行。

2. 体现延续性和一致性

依法办事的目的，最主要的就是防止很多办事的规则因为企业领导人的改变或注意力的转移而改变。任何一项制度在制定的过程中，绝不能"头痛医头，脚痛医脚"，必须要考虑到其执行的稳定性，或者说至少要考虑到在可预期的时间内是能够一直适用的。同样地，制度一旦制定，除非客观环境发生较大的预料之外的变化，否则不应该轻易修改。如果朝令夕改，就会大大降低制度的严肃性和可信任性，员工也会对制度产生轻视和漠视的态度；同时还会使员工显得无所适从，对企业的管理、经营、服务活动会产生极大的干扰和负面作用。高校后勤服务育人是一个长期积累的过程，不可能一蹴而就，只有制度保持基本恒定，实际执行的规范和标准才会保持前后一致，才能因其长期积累而发挥更多的作用。所以，任何制度确实可能因为实际情况发生变化而需要变更，但也必须要充分体现尊重历史、尊重现实的态度，而不应否定一切，全盘推倒。

3. 体现公平公正性

中国有句老话，叫作"王子犯法，与庶民同罪"，这是对于法律面前人人平等精神的最直白的诠释。法律是由国家制定的，适用于国家的所有公民；后勤的制度则是由后勤制定的，同样应适用于后勤的所有成员，无论其职务大小、身份高低。如果在执行制度的过程中出现因人而异、因事而异的不公正现象，则很容易导致员工内心的不满，尤其是那些因违反制度而遭受处罚的员工的不满，那么阳奉阴违的现象也就很容易发生。所以，要想制度能够得以不折不扣地被执行，就必须要在制度的执行过程中做到"不偏不倚，不倾不斜"。

在整个制度体系的构建过程中，高校后勤还必须要注意加强执行力的建设。制度的执行力直接关系着制度的实施成效，制度一旦出台，就不存在任何讨价还价的余地，必须要在制度涉及的范围之内完全地被执行。"有令不行"是一件比"无令可行"更为可怕的事情，所产生的不良后果也将更为严重。具体来说，可以从三个方面加强执行力建设：一是在制度制定过程中尽可能显得完善。制度一旦存在漏洞，就可能被人钻空子，所以越完善的制度越容易被切实地执行；二是领导层带头执行。领导层是制度的制定者，也是整个企业的榜样和典范，任何制度，一旦领导层首先遵守并执行了，必然会在内部产生一种强化的效果，极容易被员工所尊重和效仿；三是加大"违法必究"的惩处力度。对于违反制度者，应做到不论是谁，都要让其付出违反制度的代价，真正体现"法的公平性"。

三、建立科学的评价体系

在后勤的管理、经营、服务过程中，必然会对下属部门以及员工设置一定的责任目标，在经过某一个任务时间段以后，则自然涉及到对于该任务完成情况的评价，也就是通常所说的到底有没有完成、是不是在规定时间内完成、有没有取得预期的成效、还存在哪些需要在下一步工作中注意和改进的地方……由此，就需要后勤对此建立一套科学的考核评价体系。

1. 绩效评价

绩效评价实际上就是对某一项目标任务的责任部门和责任人所开展的关于目标任务完成情况的评价。从大多数高校后勤的现行运作情况来看，绩效评价大多是在年终考核时进行的，也就是对于下属部门以及部门负责人就年初下达的经济与管理服务目标完成情况进行评价，其评价内容基本涉及经济目标完成情况、部门内部管理情况、固定资产保值增值情况、治安综合治理情况、服务满意度调查结果等。从绩效评价体系的可操作性看，一般应事先制定科学的评价体系，同时能够将评价体系中的每一项指标进行量化分解，这样一来，无论是执行考评者或者被考评者，只要根据该计算标准，并对照自身任务完成情况，其得出的结果应该是一致的。

事实上,绩效评价体系的建立,对于激发下属部门以及广大员工的积极性是有极大好处的。一般来说,绩效评价的结果必然是与奖惩直接挂钩的,尤其对于以经营为主的部门而言,是直接与员工的收益挂钩的,所以也可将此称之为涉及物质和精神双重层面的管理手段。当然,在绩效评价体系的构建过程中,必须要注意把握普遍性和特殊性相结合。因为大多数高校后勤所涉及的范围比较广,下属部门的类别也各不相同,有以服务为主的部门,诸如物业服务、公寓服务、医疗保健等;有以经营为主的,诸如商贸服务、建筑安装服务等;也有服务与经营相互融合性质的,诸如餐饮服务、绿化服务等。对于不同属性的部门,其绩效评价的标准也应有所区别,即使是同一评价指标,其在整个评价体系中所占据的权重也应有所区别,如此才能体现整个评价体系的科学性和合理性。

2. 职业素养评价

职业素养评价在某种程度上与绩效评价相关联,但其更多关注的是员工个人的职业适应能力。每一个岗位均有各自的岗位要求,因此对于从事该岗位员工的职业素养要求也各不相同。相对而言,对于服务人员的职业素养评价比较简单,只要员工能够按照既定的岗位职责执行就可以,这些岗位职责大多简洁易懂,基本都是涉及劳动纪律和具体操作层面的。然而对于管理人员的职业素养评价则相对复杂,体现的是个体的综合素质。

高校后勤对管理人员职业素养的评价,一般应涉及到以下几个层面:一是职业道德层面,即是否具有爱岗敬业精神、团结拼搏精神、吃苦奉献精神,是否对后勤具有忠诚度等,这也是对管理人员最基本的要求;二是岗位适应能力层面,即是否能够在部门内树立权威并具有相应的核心凝聚力作用,以及是否具有带领本部门员工共同完成部门阶段性和年度目标任务的能力;三是执行力层面,即是否具有较强的政策领悟能力,并能够对于后勤所制定的各项制度、决议在工作中切实加以贯彻执行;四是服务意识层面,即针对高校后勤服务行业的特性,是否具备为学校教学、科研和师生生活提供优质服务的意识,是否具有为部门内员工真诚服务的意识;五是廉政建设层面,因高校后勤的大多数部门均涉及经营性质,经常要与金钱打交道,管理人员是否能够做到廉洁自律、洁身自好,不以权谋私,不损公肥私,是非常关键的。所以,职业素养评价体系的构建,有助于后勤真正建立"能者上、平者让、庸者下"的优胜劣汰机制,对于提高后勤的整体队伍素质和管理水平将发挥积极的作用。

科学的管理体系是企业所有理念精神在制度上的直接体现，也是决定企业能否生存发展的关键性因素。对于高校后勤而言，科学的管理体系不仅决定了后勤的发展命运，而且还关系到高校后勤服务育人功能是否能够真正得到实践。因此，高校后勤科学管理体系在其构建过程中，必然始终围绕"服务育人"这一命题，既要契合后勤管理的内在性要求，也要契合教育管理的天赋性原理。管理的精神必须要与育人的宗旨紧密相关，管理的手段必然要成为充分发挥服务育人功能的必要性手段，如此才能取得事半功倍的效果。

第三节　高校后勤服务育人的途径
——"四结合"

服务育人的机制包含很多构成要素，它既有实施服务育人的内在原因及内部要素，又有外部的作用方式及表现形态。高校后勤实施服务育人的基础及保障是服务育人机制的内部要素，当我们已经建立了一支强有力、高素质的后勤队伍，以及一套高效、有序的管理体系时，通过何种途径去达到服务育人的最终目标，在众多服务育人途径中如何进行有效的结合去实现育人的最佳功效就成为摆在我们面前亟待重点解决的问题。这一节，笔者将从理论上分析和构建一个系统性的、多角度的服务育人途径。

一、高校后勤服务育人的目标与途径的选择

在高校的育人体系中，高校后勤服务育人的目标是什么？当代大学生究竟需要培养哪些品质？什么样的育人途径更容易被大学生所接受？只有对这些问题进行深入透彻的分析，我们寻求的育人途径才会清晰地显现。

高校后勤服务育人的目标是什么？

高校后勤服务育人是高校培养全面发展的大学生系统中的一个重要的分支系统，是大学生素质教育的重要补充，在学校培养德、智、体、美全面发展，以及知识、能力、素质综合协调发展的高级专门人才的系统工程中，后勤同样承担着重要的育人责任和历史使命。近几年，后勤通过自身的努力，在实现不断发展和壮大的过程中，除了为师生提供优质高效的后勤保障外，在高校育人

工作中再立新功成为越来越多的后勤企业的追求目标。目标的实现依赖于一定的途径，途径是提出能实现目标的现实条件，又是保证目标得以实现的现实力量。合理的途径必须是紧密围绕目标来设定的。

当今时代，社会需要的是全面的综合性高素质人才，不仅需要有高智商，更需要具备独立解决问题的能力，以及具备与他人之间的合作能力、处理问题的应变能力、持续性学习的能力、自我激励的能力和自我提升的能力等。培养全面发展的专业人才是高等教育的目标，而全面推进大学生素质教育则是高校实现目标的途径。大学生素质教育包括四个方面：思想道德素质、文化素质、业务素质和身体心理素质。实施素质教育，就是以德育教育为核心，以培养学生创新精神和实践能力为重点，就是把德育、智育、体育、美育有机地统一在教育活动的各个环节中。也就是说，学校的教育不仅要抓好智育，更要重视德育，还要加强体育、美育和社会实践的教育，使这几方面相互渗透、协调发展，促进学生全面发展和健康成长。但是，这些素质并不是靠单一的课堂教育所能培养出来的。大学生在校期间，除在教室接受老师教育外，其余的时间里大部分的行为活动都与后勤工作息息相关。在这期间，老师以及学生工作管理人员不可能抽出更多的时间去弥补在课堂之外的这一教育真空地带。而后勤的服务育人恰恰是填补这一空白的有力手段。

随着高等教育不断向大众化阶段推进，高校后勤改革的持续深入，高校后勤服务育人的途径日益呈现出多样化的态势，不管是后勤提供的优质服务、优美环境，还是后勤员工的朴实品质、规范化服务，以及指导学生劳动体验、职业实践等都是服务育人的有效手段。事实上，在我们对高校后勤服务育人的现状分析中也不难看出，高校后勤虽然在自觉或不自觉地通过各种手段行使服务育人的职责，后勤工作者也在积极地规范自身的行为，力求通过优秀的品德素养发挥"身教"的作用，但这些努力在一定程度上只发挥了有限的影响。值得注意的是，整个大学生群体对于高校后勤服务育人概念基本处于"集体无意识"状态，都是只知有服务，却不知服务中还蕴含有育人的功能，因此，高校后勤实体的育人工作也还只是停留于表面，没有深层次地去挖掘、实施多方位的育人途径，收效甚微。

当代大学生究竟需要培育哪些品质？

前文提及，大学生的综合素质主要包括四个方面：思想道德素质、文化素质、业务素质和身体心理素质。思想道德素质包括政治素质、事业心和责任感、艰苦奋斗精神和务实作风等方面；文化素质包括知识、能力、方法、仪态等，它是知识和能力的综合体现，表现为良好的现代科学文化素质，以及运用知识的方法和能力；业务素质要求做到博、专、精、特、思，以及具有创造性意识、科技创新能力和实践动手能力；身体心理素质是指健康的体魄、良好的身体素质，能正确评价自我，胸襟开阔、豁达大度、积极乐观、坚韧不拔，有自信心及心理调试能力。

由此可见，高校后勤服务育人的实施必须要满足服务育人全方位目标的实现，要积极发挥服务育人多角度的功能，从强化大学生思想道德素质、文化素质、业务素质、身体心理素质等综合素质着手。通过仔细观察和认真分析，不难发现，打造优美、怡人的校园环境能够陶冶学生的情操，净化学生的心灵，促进学生树立正确的人生观、世界观、价值观；后勤工作者的工作态度、工作作风、工作技能、精神风貌等行为方式可以潜移默化地影响、教育学生，促进学生良好行为、道德素养的养成；后勤组织学生开展劳动实践、提供勤工助学岗位等体验式的互动能够培养学生的实践能力、创新能力和就业能力；后勤工作者给予学生亲人般的爱、亲情式的服务，以爱育人、以情感人，能够让学生体会爱、感悟爱，培养学生健全的人格和充满爱的心灵。这些正是服务育人对提升大学生综合素质的有力手段。

什么样的育人途径更容易被大学生所接受？

高校后勤服务育人的活动是服务者与大学生双方的共同活动，只有引起学生的思想共鸣，使学生在内心上接受后勤服务的育人理念，这样才能达到服务育人的目的，否则服务者的一切育人行为都将成为空谈。因此，服务育人途径的实施必须要考虑大学生更愿意接受什么样的育人途径。在"服务对象特征分析"这一节中，我们重点分析了大学生的群体特征及心理特征。大学生是一个特定的社会群体，是青年当中最重要的、特殊的群体，他们文化知识高、心理敏感性强、自我意识逐渐成熟。而我们的后勤员工文化水平相对较低，如果用"说教"的育人方式，大学生不仅不愿意听，更不愿意接受文化知识水平与其相差甚远的后勤员工的教育。因此，后勤的服务育人必须要借助"身教"的方式，并且要潜移默化、大象无形地去影响和教育学生。此外，服务育人有着"显性"和"隐性"两种层次。全面的育人途径必须要满足显性层次和隐形层次的双重要求。显性层次是通过外在服务行为、服务形象、服务环境、服务规范来教育和约束服务对象；隐性层次是指后勤的所有活动都有潜移默化地影响学生的作用。通过广泛的座谈和访谈了解信息，采取环境、行为、体验、大爱的育人方式综合考虑大学生的特殊性，是大学生乐于接受的感染式、互动式、体验式的育人途径，这四个育人途径不仅符合提高大学生综合素质的多元化要求，而且覆盖了服务育人显性和隐性的双重层次，是一个由浅层到深层、由低级到高级、由惠及大众到照顾个体的育人体系。我们称之为环境育人、行为育人、体验育人、大爱育人的"四结合"育人途径。

二、"四结合"育人途径的内容

一是环境育人。环境是指环绕着人群的空间及其中可以直接或间接影响人类生活和发展的各种自然因素和社会因素的总称。高校校园环境由物理环境和心理环境构成。前者主要指建筑、设施、校园的花草树木等自然景观；后者指人际环境、校风、学风和教风以及各类文化艺术活动氛围等人文因素。良好的校园环境可以使人心情舒畅，产生一种奋发向上、昂扬进取的积极精神，这种精神潜移默化地、润物无声地作用于师生员工，塑造着师生员工的良好心态和美好的心灵，提高着学校的教育效果及师生员工的学习效率和生活质量。心理学研究也证明，人在优美、舒适、卫生的环境下工作和生活，心情会更舒畅，精神会更愉快，人的潜能也会发挥得更充分，从而提高工作效率。因此，高等学校创造一个优美、整洁、文明、安静的校园环境，一方面体现了校园风貌，同时也是对学生进行文明道德和热爱祖国、热爱集体的教育的需要。虽然这些作用和效果并非完全是直接的，但无疑都具有十分重要的教育意义。

二是行为育人。行为一般指人有意识、有目的的社会活动，是人与环境相互作用的产物和表现。高校后勤的工作过程，就是后勤职工与服务对象的交往过程。后勤工作者的工作态度、工作作风、工作技能、精神风貌等无一不影响、感染着作为服务对象的学生。后勤工作者热爱本职工作，认真钻研业务，掌握过硬技术，干一行、爱一行、专一行，有强烈的事业心和责任感，工作中脚踏实地、任劳任怨、克己奉公，对学生是一种无声的鞭策，能很好地引起他们学习效仿。后勤工作者在服务过程中热情周到，关怀、体贴、爱护服务对象，想他人所想，急他人所急的行为感染激发学生关心他人，从而培养学生乐于奉献、助人为乐、团结友爱、热爱集体、尊师爱校的道德情感。后勤工作者在工作中举止文明、语言规范、装容整洁，操作规范准确，能创造良好的工作环境，增进与服务对象的亲近感，可赢得学生的尊重、支持与帮助，培养人与人之间的互信，能引导学生养成各种文明习惯，促进大学生健康成长。总体而言，行为育人就是在高校后勤的工作过程中，展示热情、周到、文明、礼貌的服务言行，通过优质服务的行为过程，直接或潜移默化地影响、教育学生，使学生从中受到有益的熏陶和教育，从而达到育人的目的。

三是体验育人。体验是以亲身经历、实践活动为基础，是对经历、实践和感受、认知和经验的升华。事实上，体验服务育人的过程就是高校后勤与服务对象不断互动、不断沟通，并对彼此产生正面意义影响的过程。在高校后勤服务过程中，可以采取灵活多样的方式让学生参与管理与服务，产生体验经历，增长其才干和实际工作能力。①参与劳动育人，组织学生进行劳动体验，参加帮厨、清扫校园、植树等公益劳动，让学生在劳动中体味服务工作的艰辛，体味劳动者的伟大，感悟做人做事的道理；②参与管理育人，指导学生建立与后勤服务密切相关的学生社团组织，鼓励支持学生参加服务、管理、监督等工作环节。如学生伙食管理委员会、宿舍管理委员会、文明纠察队，或者聘请一批学生作为后勤服务的督查信息员，反馈服务情况，督查服务质量，让学生在自我服务、自我管理、自我教育中增进对后勤工作的了解，培养正确的利益观价值观，增进责任感，思想可以得到升华，综合素质得到提高；③职业锻炼育人，扩大学生勤工助学岗位，为贫困学生和其他类别学生提供勤工助学岗位，有些岗位含有一定技术含量，这就能让学生在参与服务活动中把理论和实践、感性认识和理性认识、直接经验和间接经验结合起来，丰富了学生的知识，训练了思维，锻炼了实际动手能力。以上这些就是体验育人形式的一些列举及其意义所在。

四是大爱育人。大爱是人对人的自身价值、前途和命运的自觉持久的关爱精神和高度负责行为的统一，是主体对客体在行为上的高度负责的表现。陶行知先生曾说："爱是一种伟大的力量，没有爱就没有教育"，爱是教育的灵魂和生命，教育的最有效手段就是"爱的教育"。在和谐社会建设中，大爱育人就是要求高校后勤在服务过程中用大爱无边的热情和海纳百川的胸怀塑造一个真诚、无私、和谐的文化环境，营造宽容、关心、爱护的文化氛围，并且通过后勤工作者细致入微的服务，博爱宽容的品质，以后勤工作者对学生前途、生活无私且深远的关爱为特征，以多样化的手段，用真诚的心去引导、培养、激发学生热爱学习、热爱生活、关爱他人，塑造学生成为一个全心全意为社会服务的人，培养学生成为明辨荣辱、富有爱心与责任感的社会主义事业合格建设者和可靠接班人。

三、"四结合"育人途径的辩证关系

环境、行为、体验、大爱"四结合"的育人途径是相互联系、相互制约、相辅相成的有机整体。这四种途径不仅相互支撑,而且相互补充,从不同层面满足了服务育人的多方位的需求,共同构成了高校后勤服务育人的系统工程。

(一)环境育人是服务育人的"基础"环节

大学学子学习在校园、饮食在校园、居住在校园、活动在校园。校园是教育的环境,是育人的环境,是无声而又时时显效的特殊课堂,是一种影响人、塑造人的综合教育力量。毋庸置疑,环境对人的心理和行为具有深远影响。高校的校园环境如何,对大学生身心健康发展有着直接的影响。和谐优美的校园环境不仅有利于学生健康、幸福成长,全面、主动的发展,更有利于高校营造一种健康向上、教书育人的氛围。因此,全方位优化校园环境,强化校园环境的隐性教育功能,能够营造良好的育人氛围,并通过良好的物质环境和精神环境的塑造,在培育大学生的过程中发挥它们潜移默化的引导、塑造、规范和陶冶功能,优化校园环境是大学生成长成才的重要条件,是育人的基础环节。

(二)行为育人是服务育人的"引导"环节

行为育人是指在高校后勤服务过程中,通过后勤工作者与服务对象面对面的接触,将后勤人的工作态度、工作作风、工作技能等言行举止传递给大学生,从而在学生的世界观、人生观、价值观和道德品质形成过程中起到可模仿的作用。育人先育己,行为育人是一种通过行为引导的育人方式,它必然要求后勤工作者对自身高标准、严要求,努力搞好后勤保障工作,为大学生办实事、办好事,使大学生在优质服务中受到感染和教育;同时利用完善的规章制度,对学生日常行为实行规范管理,培养学生良好的学习、生活习惯。行为育人的引导,能够潜移默化地实现教育的目的,属于服务育人的"引导"环节。

事实上,除了环境育人的基础功能,行为育人的引导功能外,环境育人、行为育人有着诸多的相似之处。首先,在育人方式上,它们均由后勤单方面发出,作为一项公益性的育人方式,具有公共产品的特性;不管是校园环境的打造,还是服务行为的提供,都不以服务对象个体的不同而随意改变。其次,在育人特点上,它们都具备潜移默化影响的特点。这两种育人途径都是通过后勤工作人员的工作及行为举止来影响学生、教育学生,影响是较浅层的,需要学生自身的感受和体会来达到教育的目的。此外,在育人功效上,环境育人、行为育人对美化学生心灵、培养学生优秀品质有着积极的促进作用,这同时有利于增进学生对后勤的理解与沟通。可见,环境育人、行为育人是面向全体学生的基础性、引导式的育人途径,它们为实施深层次的互动式育人途径做好了坚实的铺垫。

(三)体验育人是服务育人的"强化"环节

体验育人是一种互动式的育人途径,是育人途径中的强化环节。体验育人并不针对全体学生,而是根据有需求的学生个体的不同要求提供有针对性的体验服务。体验育人就是让学生主动地参与到后勤的管理、服务中来,参与到后勤提供的岗位实践、劳动锻炼中来,通过后勤员工手把手地教授,通过学生自身的体验和感悟来达到育人目的。在当前深化改革开放和发展社会主义市场经济中,社会对高校培养的大学生实践能力、创造能力和就业能力、创业能力的要求越来越高,而体验育人正是这方面能力培养的最直接、有效的方式,后勤的体验育人旨在帮助大学生提高职业能力,为帮助大学生顺利地从校门迈入社会做好准备。这一育人途径在环境育人、行为育人的基础上,从基础性的、引导性的育人方式,到体验式的育人方式,在大学生能力培养方面更加深入、具体、细致,是前两种育人方式的强化和递进。

(四)大爱育人是服务育人的"升华"环节

马斯洛的需求层次理论指出,人的需求由高到低依次分为生理需求、安全需求、爱与归属需求、尊重需求和自我实现需求。在满足了大学生生理和安全的需求后,他们对爱与尊重的需求就显得尤为重要和突出。大爱育人就是一种升华式的育人途径。从某种角度而言,我们可以将"大爱"思想的核心理解为以人为本,结合后勤工作实际,这个"以人为本"应该是以员工为本、以教职工为本和以学生为本的三者结合。因此,"大爱"思想不仅要考虑服务对象的利益,也要考虑服务工作者的利益,实现两者之间共同和谐的发展。当然,站在本文的主旨上,大爱育人就是要求每一位后勤工作者关心学生,爱护学生,把学生当亲人,在服务过程中做到"四心",即诚心、热心、耐心、细心,细微之处显关爱,危急时刻显真情,让爱生如子的"亲情化"服务,给学生以情感和心理方面的沟通、理解、鼓励和支持,为学生教育管理起到一种"以情感人,以情动人"的效果。这种育人是发自内心的育人,需要引起学生对"爱"的共鸣,产生发自内心的认同和接受。大爱育人在一定程度上满足了学生高层次的需求,用博爱宽容的态度展现了深层次服务育人的作用。

参考文献

[1] 蔡鑫明. 高校后勤管理服务育人新途径分析 [J]. 就业与保障, 2023, (1): 46-48.

[2] 毕菲, 袁洪君. 服务育人导向的高校后勤人力资源管理探索——哈尔滨工程大学后勤集团样本研究 [J]. 高校后勤研究, 2022, (2): 43-45.

[3] 秦国飞. 高校后勤管理服务育人新途径研究 [J]. 中国管理信息化, 2021, (23): 211-213.

[4] 郑尚标. 福州市属高校后勤管理人员绩效考核研究 [D]. 福州：福建师范大学, 2021.

[5] 卢俊, 陈福北. "三全育人"视阈下高校后勤管理育人和服务育人途径探讨 [J]. 广西教育, 2020, (35): 31-32.

[6] 顾科鹏. 高校后勤社会化改革研究 [D]. 武汉：华中师范大学, 2019.

[7] 祝晓明. 基于服务育人的高校后勤管理建设模式研究 [J]. 现代物业 (中旬刊), 2019, (10): 10.

[8] 黄振兴. 高校后勤管理移动应用系统的设计与实现 [D]. 武汉：湖北工业大学, 2018.

[9] 黄晓时. "服务育人"视角下的高校后勤管理改革路径研究 [J]. 福建广播电视大学学报, 2018, (3): 26-29.

[10] 胡位彪. 某高校后勤管理系统的设计与实现 [D]. 南昌：南昌航空大学, 2018.

[11] 张百军. 关于强化高校后勤管理育人、服务育人功能的思考 [J]. 课程教育研究, 2018, (18): 249-250.

[12] 马季. 基于大数据的高校后勤管理信息系统数据采集与实现 [D]. 兰州：兰州大学, 2018.

[13] 范琳琳. 大连市高校后勤管理社会化运行改进研究 [D]. 大连：大连理工大学, 2018.

[14] 戴江雪. W 大学后勤管理现代化现状与改进策略调查研究 [D]. 武汉武汉大学, 2017.

[15] 张睿. 基于微信公众平台的高校后勤管理系统的设计与实现 [D]. 济南：山东大学, 2016.

[16] 马刘军. 高校后勤管理系统的设计与实现 [D]. 西安：长安大学, 2016.

[17] 卢张伟. 基于 B/S 模式的高校后勤管理系统的设计与实现 [D]. 成都：电子科技大学, 2015.

[18] 吴烨. 基于业务流程再造理论视角下的高校后勤管理优化研究 [D]. 南京：南京农业大学, 2015.

[19] 尹彬成. 高校后勤管理服务体制和实体运行机制创新研究 [D]. 南京：东南大学, 2015.

[20] 庄孝彦. 广州地区高校后勤管理信息化建设中存在的问题及对策研究 [D]. 广州：华南理工大学, 2013.

[21] 魏国勇. 高校后勤管理信息系统设计与实现 [D]. 济南：山东大学, 2013.

[22] 曲倩劼. 高校后勤项目化管理模式研究 [D]. 大庆：东北石油大学, 2013.

[23] 林舒翔. 节约型高校后勤管理体制与运行机制创新 [D]. 福州：福建农林大学, 2013.

[24] 王明庆. 高校后勤管理系统的设计与实现 [D]. 成都：电子科技大学, 2012.

[25] 王丽楠. 高校后勤管理问题研究 [D]. 天津：天津师范大学, 2012.

[26] 王芳. 精细化管理视角下的我国高校后勤管理研究 [D]. 大连：大连理工大学, 2011.

[27] 赵庆龙. 关于强化高校后勤管理育人、服务育人功能的思考 [J]. 高校后勤研究, 2004, (2): 65-66.

[28] 赵庆龙. 关于强化高校后勤管理育人、服务育人功能的思考 [J]. 呼伦贝尔学院学报, 2004, (1): 43-44.

[29] 樊桂林. 浅议高校后勤工作中的服务育人与管理育人 [J]. 江苏理工大学学报, 1995, (3): 41-44.

[30] 叶宏玉. 谈高校后勤工作的服务育人与管理育人 [J]. 荆州师专学报, 1991, (1): 81-83.

[31] 亓德全. 高校后勤工作的"服务育人"与"管理育人"[J]. 临沂师专学报, 1990, (4): 83-86.

[32] 赵洪绪. 浅议高校后勤管理中的服务育人 [J]. 黑龙江高教研究, 1989, (4): 55-57, 60.

[33] 肖良添. 管理·服务·育人——高校后勤工作断想 [J]. 赣南师范学院学报, 1989, (2): 82-86.

[34] 钟稳浓. 高校后勤管理必须树立"服务育人"的新观念 [J]. 惠州学院学报, 1987, (1): 7-12.